現代暗号の誕生と発展

ポスト量子暗号・仮想通貨・新しい暗号

岡本龍明 著

近代科学社

◆ 読者の皆さまへ ◆

平素より，小社の出版物をご愛読くださいまして，まことに有り難うございます．

㈱近代科学社は 1959 年の創立以来，微力ながら出版の立場から科学・工学の発展に寄与すべく尽力してきております．それも，ひとえに皆さまの温かいご支援があってのものと存じ，ここに衷心より御礼申し上げます．

なお，小社では，全出版物に対して HCD（人間中心設計）のコンセプトに基づき，そのユーザビリティを追求しております．本書を通じまして何かお気づきの事柄がございましたら，ぜひ以下の「お問合せ先」までご一報くださいますよう，お願いいたします．

お問合せ先：reader@kindaikagaku.co.jp

なお，本書の制作には，以下が各プロセスに関与いたしました：

- 企画：小山 透
- 編集：石井沙知
- 組版：大日本法令印刷（LaTeX）
- 印刷：大日本法令印刷
- 製本：大日本法令印刷
- 資材管理：大日本法令印刷
- カバー・表紙デザイン：菊池周二
- 広報宣伝・営業：山口幸治，東條風太

- 本書の複製権・翻訳権・譲渡権は株式会社近代科学社が保有します．
- JCOPY 〈(社)出版者著作権管理機構 委託出版物〉
  本書の無断複写は著作権法上での例外を除き禁じられています．複写される場合は，そのつど事前に(社)出版者著作権管理機構（https://www.jcopy.or.jp, e-mail: info@jcopy.or.jp）の許諾を得てください．

はじめに

　1976年は暗号の歴史において特筆すべき年である．この年に発表されたディフィーとヘルマンによる論文「暗号における新しい方向(New Directions in Cryptography)」[63]が暗号の世界を一変させたのである．この論文では，暗号の新たな概念である「公開鍵暗号」や「ディジタル署名」などが提示されており，これは数千年にも及ぶ暗号の歴史において初めてとなる革命的な出来事であった．これら斬新な概念は，何の理由もなく突然生まれたわけではない．インターネットの原型となるプロジェクト (1969年に始まるアーパネットという米国国防省のプロジェクト) が始まったことに触発されて生まれたのである．それまで，暗号は主に軍事技術として厚いベールに覆われた国家機密に属する技術であった．ところが，公開鍵暗号は，インターネットのような (技術的には盗聴が可能な) 安全でないネットワークを利用する一般の人々が安全に通信を行うために発明された，全く新しいタイプの暗号なのだ．時を同じくして，米国標準局は従来タイプの暗号 (共通鍵暗号) の標準化を行うことで，アルゴリズム公開 (共通鍵) 暗号という道を切り開いた．このように1970年代半ばに誕生した公開鍵暗号とアルゴリズム公開暗号は，闇の世界の技術だった暗号を表の世界に引きずり出したといえよう．

　これ以降，暗号は大学や民間企業の研究者・技術者らを中心に研究・開発が行われる分野に生まれ変わる．新しく誕生したこの研究分野 (現代暗号とよばれる) には，計算機科学，数学，物理，情報理論，電気通信などさまざまな分野から数多くの研究者が参入し，ゴールドラッシュで湧く金鉱のような様相を呈するようになる．爆発的に多くの新しいアイデアや理論が，学会や論文誌などの場で発表された．その中でも，1980年代は特別な時代であった．この時代に，新しく生まれ変わった暗号 (現代暗号) の理論的な基礎

づけが確立したからである．つまり，暗号が雑多な技法（アート）の集まりであった時代から，体系だった学問分野としての暗号に生まれ変わったのである．この時代を象徴する理論が，暗号の標準モデルに基づく安全性証明理論，ゼロ知識証明理論，秘密計算理論などである．

1990年代には，1980年代に基礎づけられた理論体系を実用的な観点で実現する方法論が急速に発展するとともに，さまざまな観点から新たな解読・攻撃方法が見出された．共通鍵暗号では差分解読法や線形解読法など新たな暗号解読手法が発見され，公開鍵暗号に関しては素因数分解や離散対数を求める数体ふるい法などのアルゴリズムの研究が大きく進展した．また，消費電力などを解析して物理装置内に格納された秘密鍵を探索するサイドチャンネル攻撃（実装攻撃）の研究が始まった．大学間の計算機ネットワークとしてスタートしたインターネットが一般の人々にも普及しはじめ，現代暗号の利用が一気に進展したのもこの時期である．これを受けて，PKIやSSLなど現在ネットワークで広く使われている基本的暗号機能を利用する枠組みが整備された．

1990年代に起きたもう一つの大きな出来事は，現在ネットワークで利用されている公開鍵暗号のほとんどを量子計算機により破ることのできるアルゴリズムが発見されたことである．現在はまだこのような量子計算機は実現されていないが，将来実現したときには現在ネットワークで利用されている暗号の多くが破られるのだ．この発見を契機に，量子計算機が実現しても安全であると期待される暗号の研究が始まる．このような暗号はポスト量子暗号とよばれ，現在最も重要な研究課題の一つとして活発に研究が進められている．

21世紀になると様相が一変する．まず，それまで定式化された暗号の安全性概念を統一的に，しかも最も強い意味で定式化する試みとして，「汎用的結合可能性」という概念が登場し，暗号の安全性概念が新たな形で集大成されることになる．さらに，暗号の概念を拡げる大きな変革が始まった．それを代表するものが，完全準同型暗号，関数型暗号などの新たな暗号である．これらの暗号は，単に秘匿性を保証するだけではなく，秘匿性を保証したままさまざまな演算や高度なデータ検索を可能とする．つまり，暗号化し

たままクラウド計算を行ったり，ビッグデータ検索を行ったりすることが可能となるのである．1976年に，新たなコンセプトのネットワークであるインターネットの誕生に触発されて公開鍵暗号が生まれたように，これら新たな暗号概念は，クラウド計算やビッグデータといった21世紀に入ってからのネットワークの大きな発展のうねりの中から生まれてきたのである．

　一方，1980年代より暗号を利用した電子マネーの研究が脈々と行われてきたが，いずれも権威ある（電子マネー）発行機関の存在を前提としていた．ところが，2008年に誕生したビットコインはそれまで研究されてきた電子マネーの概念を一変させたのである．そこでは，発行機関のような特別な機関は存在せず，誰もがお金（ビットコイン）を発行することが可能なのだ．これはある意味で，電子マネー革命ともいえる大きなパラダイム転換であった．インターネットが，それまで電話会社が一元的に管理運用していたネットワーク（電話網）を分散化・オープン化するものとして登場したように，ビットコインは通貨（マネー）という国（権威ある発行機関）が一元的に管理運用していたものを分散化・オープン化する試みとして登場したといえよう．ビットコインをはじめとする仮想通貨（暗号機能を使うため暗号通貨ともよばれる）の試みはいまだ揺らん期であり，これから社会の中でどのように使われるかは今のところ不明である（インターネットや公開鍵暗号も誕生してから広く利用されるまで20年以上の歳月を要している）．しかし，分散化・オープン化という大きな歴史的流れの中でとらえると，仮想通貨の試みがさまざまな目的や形態で社会の中に浸透していくことは間違いないだろう．最近は，ビットコインの中核技術であるブロックチェーンをさまざまな用途に利用する試みも活発に行われている．これも従来一元的に管理運用されてきたシステムの分散化・オープン化をめざした動きと考えられる．インターネットの登場で，ネットワークを中核とした応用・サービスが社会のあらゆる分野に変革をもたらしているように，ブロックチェーンはその流れを分散化・オープン化という形でより一層推し進める原動力となる可能性を秘めている．

　本書は，このように激変する暗号の世界を（前提知識を必要としないで）できるだけ平易に解説することをめざして執筆したものである．本文では，

極力数式等は用いないように解説することを心掛けた．一方，いくつかの重要な技術については，より詳細な説明を付録で行っている．技術的詳細に興味のある方はこの付録を参照してほしい．

なお，本書で紹介したように暗号という分野は大変活発に研究や開発が進展している分野であり，そのカバーする領域も大きな広がりをもっている．本書が取り上げた内容は，その中でも公開鍵暗号や仮想通貨に関連する分野に限定していることをお断りしておきたい．本書であまり取り上げなかった暗号プロトコル，共通鍵暗号，実装（攻撃），整数論アルゴリズム，量子アルゴリズム，形式証明，暗号理論など多くの分野でそれぞれ活発に研究が行われている．本書で暗号に興味をもたれた方は，ぜひこのような分野についても関連する書籍や文献を読み進めてもらえれば望外の喜びである．

本書は，サイバー創研の黒田幸明氏ならびに近代科学社の小山透氏により執筆の機会を与えられました．近代科学社の石井沙知氏には本書の編集，出版にあたり大変ご尽力頂きました．サイバー創研の中山良平氏と月江伸弘氏には本書執筆に関する技術調査と図表作成でご協力頂きました．青木和麻呂氏，阿部正幸氏，高島克幸氏には草稿に対して貴重なご意見を頂きました．以上の皆様方に対して深く感謝いたします．

2018 年 12 月
岡本龍明

目　次

はじめに .... *iii*

第1章　現代暗号の誕生：公開鍵暗号の発見と暗号標準化
1.1　公開鍵暗号 *1*
1.2　ディジタル署名 *9*
1.3　インターネットと現代暗号 *12*

第2章　現在のネットワークで使われている暗号
2.1　ネットワークにおける暗号の役割 *15*
　　2.1.1　ネットワークに要求されるセキュリティと暗号 *15*
　　2.1.2　共通鍵暗号と公開鍵暗号 *17*
　　2.1.3　ハッシュ関数 *18*
　　2.1.4　メッセージ認証 *18*
　　2.1.5　ディジタル署名 *19*
　　2.1.6　相手認証 *21*
2.2　現在のネットワークで用いられる暗号方式 *21*
　　2.2.1　共通鍵暗号 *21*
　　2.2.2　公開鍵暗号とディジタル署名 *23*
　　2.2.3　ハッシュ関数 *30*
2.3　暗号技術の利用の仕組み *31*
　　2.3.1　公開鍵の正当性を保証する公開鍵基盤 (PKI) *31*
　　2.3.2　ネットワークにおける暗号技術の利用例 *34*

第3章　現代暗号の理論

- 3.1 暗号理論のモデル ……………………………………… *39*
  - 3.1.1 数理モデル ……………………………………… *39*
  - 3.1.2 暗号におけるモデル化の難しさ ……………… *40*
  - 3.1.3 暗号における標準モデル ……………………… *42*
  - 3.1.4 その他のいくつかのモデル …………………… *44*
  - 3.1.5 形式論によるモデル …………………………… *44*
- 3.2 安全性の定式化とゼロ知識証明 ……………………… *46*
  - 3.2.1 情報理論における情報量 ……………………… *46*
  - 3.2.2 計算量を考慮した情報量 ……………………… *48*
  - 3.2.3 シミュレーションパラダイム ………………… *50*
  - 3.2.4 ゲームベース安全性 …………………………… *52*
  - 3.2.5 ゼロ知識証明 …………………………………… *53*
- 3.3 汎用的結合可能性 ……………………………………… *58*
  - 3.3.1 単独の安全性からより一般的な安全性へ …… *58*
  - 3.3.2 汎用的結合可能性の定式化 …………………… *60*
  - 3.3.3 コミットメントのUC安全性 ………………… *64*
  - 3.3.4 UC定理 ………………………………………… *66*
  - 3.3.5 UCに関する結果 ……………………………… *67*

第4章　ビットコインの誕生：電子マネー革命

- 4.1 電子マネー ……………………………………………… *69*
  - 4.1.1 電子決済の分類 ………………………………… *70*
  - 4.1.2 電子マネーの分類 ……………………………… *71*
  - 4.1.3 電子マネー（電子証書型）の研究を振り返って … *73*
- 4.2 ビットコイン …………………………………………… *74*
  - 4.2.1 ビットコイン（仮想通貨）で用いる基本的暗号技術 … *75*
  - 4.2.2 ビットコインの仕組み ………………………… *77*

	4.2.3	ビットコインの安全性 ……………………………	89
4.3	ビットコインの問題点 …………………………………	92
4.4	問題点への対処策とその他の仮想通貨 ………………	94
4.5	仮想通貨で使われるその他の暗号技術 ………………	99
	4.5.1	ウォレット（鍵生成）で使われる暗号技術 ………	99
	4.5.2	プライバシーを高めるために使われる暗号技術 …	100
4.6	ブロックチェーン ……………………………………	102

第5章　ポスト量子暗号

5.1	計算とは ………………………………………………	105
5.2	量子計算 ………………………………………………	106
5.3	量子計算による脅威 …………………………………	107
5.4	ポスト量子暗号 ………………………………………	108
5.5	格子暗号 ………………………………………………	114

第6章　新しい暗号：進化発展する公開鍵暗号

6.1	完全準同型暗号 ………………………………………	120
6.2	関数型暗号 ……………………………………………	126

付録A　準備

A.1	記号のまとめ …………………………………………	137
A.2	代数系と整数 …………………………………………	139
A.3	楕円曲線 ………………………………………………	141
A.4	双線形写像 ……………………………………………	143
A.5	格子 ……………………………………………………	145
	A.5.1	格子とは ………………………………………	147
	A.5.2	格子の代表的な問題とその困難性 ……………	147
	A.5.3	LWE仮定とSIS仮定 ……………………………	149

	A.5.4	LWE 問題および SIS 問題のトラップドア …………	*151*
	A.5.5	環 LWE …………………………………………	*153*
A.6	基本的な安全性定義 ……………………………………………		*155*
	A.6.1	識別不可能性，擬似乱数，擬似ランダム関数 ………	*155*
	A.6.2	ハッシュ関数 …………………………………	*157*
	A.6.3	公開鍵暗号 ……………………………………	*158*
	A.6.4	ディジタル署名 ………………………………	*160*
	A.6.5	コミットメント ………………………………	*161*
	A.6.6	ゼロ知識証明 …………………………………	*162*

付録 B　インターネットと仮想通貨で使われている代表的な暗号方式

B.1	共通鍵暗号方式 …………………………………………………		*167*
	B.1.1	AES ………………………………………………	*167*
B.2	公開鍵暗号方式 …………………………………………………		*171*
	B.2.1	RSA 暗号：PKCS#1 v1.5 ………………………	*171*
	B.2.2	RSA-OAEP 暗号 ………………………………	*173*
	B.2.3	楕円エルガマル暗号 …………………………	*173*
	B.2.4	ディフィー–ヘルマン鍵共有方式 ……………	*175*
B.3	ディジタル署名 …………………………………………………		*176*
	B.3.1	RSA 署名：PKCS#1 v1.5 ………………………	*176*
	B.3.2	RSA-PSS 署名 …………………………………	*177*
	B.3.3	楕円 DSA (ECDSA) 署名 ……………………	*178*
B.4	ハッシュ関数 ……………………………………………………		*179*
	B.4.1	SHA-2 (SHA-256) ……………………………	*179*
	B.4.2	SHA-3 …………………………………………	*182*

付録 C　仮想通貨で利用されるゼロ知識証明

C.1	非対話ゼロ知識アーギュメント (ZK-SNARK) の定義 …………	*189*

C.2　2次算術問題 (QAP) *191*
C.3　グロスの ZK-SNARK *192*

付録 D　格子暗号の実現例

D.1　レゲフ公開鍵暗号方式 *197*
D.2　双対レゲフ公開鍵暗号方式 *198*
D.3　GPV 署名方式 *199*
D.4　ルバシェフスキー認証方式および署名方式 *200*
D.5　環 LWE 仮定に基づく効率的公開鍵暗号 *202*

付録 E　完全準同型暗号の実現例

E.1　GSW 完全準同型暗号方式 *205*
E.2　ブートストラップ *207*

付録 F　関数型暗号の実現例

F.1　関数型暗号の定義と安全性 *209*
F.2　内積述語暗号 *214*
　F.2.1　内積述語暗号の定義と応用 *214*
　F.2.2　双線形写像の線形演算への利用方法 *216*
　F.2.3　岡本-高島内積述語暗号方式 *218*
F.3　一般関数の属性ベース暗号 *219*

おわりに　　*223*

参考文献　　*225*

索　引　　*241*

第1章

現代暗号の誕生：
公開鍵暗号の発見と暗号標準化

> **本章の概要**
> 　現在のネットワーク社会において必要不可欠な技術として広く利用されている公開鍵暗号，ディジタル署名，（アルゴリズム公開）共通鍵暗号を中核とする現代暗号が誕生したのは1970年代である．本章では，現代暗号がどのような時代背景からどのような形で誕生したのか，何をめざしてどのような原理で作られているのか，などについて紹介する．

1.1　公開鍵暗号

　1974年，カリフォルニア大学バークレー校の計算機科学の学部学生で22歳になったばかりのマークル (Merkle) は，指導教官の理解のない状態で孤立しながらも，一つの画期的なアイデアに到達した．それは，盗聴されてもいい通信路を使って2つの参加者が安全に秘密情報を共有する方法についてのアイデアであった．

　この問題は，インターネットの原型である米国国防省のプロジェクトアーパネット (ARPANET) が1969年に始まったことに触発されたものである．アーパネットは米国全土のさまざまな大学にあるコンピュータを通信回線で結んでコンピュータネットワークを構築するプロジェクトであった [61]．ここでの基本方針は，通信手順（プロトコル）だけを決めておき，あとは自主的に大学間でネットワークを構築する草の根ネットワークである．ネットワーク全体を管理する機能はなく，通信のセキュリティやプライバシーを守る機能もない．アーパネットは，1969年に米国西海岸の2つの大学（UCLA

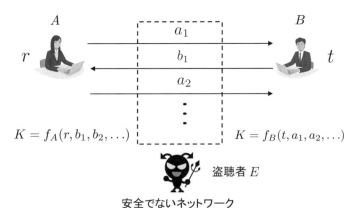

図 1.1 安全でないネットワークを使った情報共有

とスタンフォード大学）の間で最初のネットワークが構築され，1970 年代にはカリフォルニア大学バークレー校など西海岸の大学から全米の大学へと広がっていった．

1970 年代初頭にアーパネットプロジェクトを知り，マークルが気付いた問題は，セキュリティ機能がない（盗聴される可能性がある）ネットワークを使った安全な通信（安全な情報交換）は可能であるかということであった．

この問題を図 1.1 を用いて説明しよう．いま，事前に何ら共有情報を保持していない 2 人の利用者 A と B が，安全でない（盗聴される可能性がある）ネットワークで結ばれているとしよう．このネットワーク上で A と B が通信を行い（A から B へは $a_1, a_2, \ldots$ を送り，B から A へは $b_1, b_2, \ldots$ を送る），盗聴者 E には分からないように 2 人だけの間で情報 K を共有することは可能であろうか？

A と B は事前に共有情報を保持していないので，彼らが計算する K の値はすべて通信した情報 ($a_1, a_2, \ldots, b_1, b_2, \ldots$) のみに依存しているはずである．しかしそれらの情報はすべて盗聴者 E に知られている．そのような状況で，盗聴者 E には分からないように 2 人だけの間で情報 K を共有することは一見難しそうに見える．しかし，ここでよく考えると，A, B と E の間には，保有情報にギャップがあるのである．A は送信情報 $a_1, a_2, \ldots$ を

作るときに，A しか知らない秘密情報 r を使っている可能性があるのだ．このとき，$a_1, a_2, \ldots$ から r を計算するのは困難であり，事実上 E は r を知ることができないと仮定しよう．同様に，B は送信情報 $b_1, b_2, \ldots$ を作るときに，B しか知らない秘密情報 t を使うことができる．このとき，それぞれ秘密情報をもっている A と B は共有情報 $K = f_A(r, b_1, b_2, \ldots) = f_B(t, a_1, a_2, \ldots)$ を計算できるが，E はこれらの値を計算できないということが起こり得るのだ．このようなことが実現できれば，マークルの問題が解決したことになる．

　この問題の重要性は，今ではインターネット上で安全に通信をするための最も基本的な問題として広く認知されているが，1970年代初めにはごくわずか（マークル，ヘルマン (Hellman)，ディフィー (Deffie) を含めた数人）の人にしか認識されていなかった（実際，マークルは大学の教官にこの問題を説明したものの，その意義を全く理解してもらえなかった）．この問題は，今日では，**鍵共有** (KE: Key Exchange, もしくは KA: Key Agreement) 問題として知られている [134]．また，マークルの発見したアイデアは，**マークルのパズル** (Merkle's puzzles) とよばれて，歴史上初の鍵共有方式として知られている [135]（その効率はあまり良くないが）．マークルがその画期的な問題提起とマークルのパズルを論文として ACM の論文誌に投稿したのは，発見の次の年の 1975 年であったが，その論文は最初は拒絶され，最終的にその論文誌に掲載されたのは 3 年後の 1978 年であった．

　そのころ，マークルのいたバークレー（サンフランシスコから少し北）と同じ米国西海岸のスタンフォード大学（サンフランシスコから少し南のシリコンバレーの中）にいたディフィーとヘルマンはマークルとは独立にこの問題の解決をめざして，周りからは変わり者扱いされながら奮闘していた．ディフィーとヘルマンは暗号という糸に運命的にたぐりよせられた結果，1974 年から共同研究を開始していたのである．ヘルマンはスタンフォード大学の電気工学科の若き助教授（当時 29 歳）であったが，学位ももたず 1 歳年上だったディフィーを大学院生兼助手として雇うという形での共同研究であった．

　マークルがディフィーとヘルマンの共同研究に加わるのは，1975 年か

1976年のことである．マークルの鍵共有方式の発見を知ったディフィーとヘルマンは，より効率の良い鍵共有方式をめざして研究を進め，ついに今日ディフィー–ヘルマン鍵共有 (DH 鍵共有，Diffie-Hellman key exchange) とよばれている方法を発見する（付録 B.2.4 項参照）[1]．1976 年，この鍵共有方式と公開鍵暗号およびディジタル署名の概念などを含む論文が IEEE の論文誌に掲載され，暗号の歴史を一変させることになる [63]．つまり，「はじめに」で述べた暗号革命の始まりとなった[2]．特に公開鍵暗号の概念が，図 1.1 で紹介した「安全でないネットワークを使った情報共有」問題への見事な解決策にもなっており，この暗号革命を象徴する概念であることは，この後で述べよう[3]．

　マークルやディフィー，ヘルマンたちが新しい暗号をめざして奮闘していたころ，暗号分野においてもう一つの大きな動きがスタートしていた．それは，米国連邦政府による米国標準（共通鍵）暗号制定に向けた動きである．前に述べたアーパネットのプロジェクトとは別に，1960 年代後半より通信回線を経由して大型計算機を利用するデータ通信が，大手企業や銀行の間で次第に普及しはじめていた．米国連邦政府の標準局（当時 NBS (National Bureau of Standards) とよばれていた，現在の NIST (National Institute of Standards and Technology)）は，このような利用形態におけるセキュリティの確保のために暗号の必要性を認識しはじめていたのである．

　標準局は 1973 年と 1974 年に暗号アルゴリズムの公募を行い，唯一応募された IBM の提案である Lucifer（鍵長が 128 ビット）の鍵長を 56 ビットに修正して，標準暗号 **DES** (Data Encryption Standard) 案として 1975 年に公開した（国家安全保障局 NSA (National Security Agency) が鍵長を

---

1) このような経緯により，多くの人はマークルの貢献を忘れがちであるが，事情を熟知しているヘルマンだけは，いつもディフィー–ヘルマン鍵共有方式をディフィー–ヘルマン-マークル (DHM) 鍵共有方式とよんでいる．
2) イギリスの政府機関である GCHQ (the Government Communications Headquarters) では，エリス (Ellis)，コックス (Cocks)，ウィリアムソン (Williamson) が公開鍵暗号の概念と RSA 暗号の特殊版およびディフィー–ヘルマン鍵共有を 1973 年までに発見していた [208]．しかし，その事実は公開されず 1997 年まで国家機密とされていた．なお，彼らの発見は（秘匿）暗号に限定されており，ディジタル署名の概念の発見には至っていない．
3) ディフィーとヘルマンはこの業績により，2015 年のチューリング賞（計算機科学分野のノーベル賞とよばれている）を受賞している．

短くするようにするよう働きかけたとされている）．これに対してはディフィーとヘルマンも強い関心を示し，鍵長が短すぎることとアルゴリズムの中核となる変換テーブル（S ボックス）の設計方針が明示されていないことに対する批判書を提出している [64]．つまり，この変換テーブルに特別な仕掛けがしてあり，その仕掛けを知っている連邦政府（もしくは NSA）だけが暗号解読できるのではないかという疑いを提示したのである．このような仕掛けは**トラップドア** (trapdoor) とよばれ，ディフィーとヘルマンが発見した公開鍵暗号の基本概念そのものである（彼らは DES への批判から公開鍵暗号に思いを巡らせたかもしれない）．最終的に，DES は 1977 年 1 月に米国連邦標準 (FIPS) として制定された (FIPS PUB 46)[144]．

　この米国標準暗号 DES が画期的だったのは，暗号を標準化することにより，必然的に**アルゴリズム公開（共通鍵）暗号**となったことである．暗号は，古代より数千年にわたり主に軍事目的で広く使われてきたが，その場合，暗号通信の送信者と受信者はいずれも同じ組織（軍隊）の中のメンバーであり，暗号通信を行うために送信者と受信者の間で暗号の仕掛け（暗号アルゴリズム）を秘密に共有しておくことが自然である．つまり，このような軍事利用においては，暗号アルゴリズムを外部には秘密にしておく**秘密アルゴリズム**となるのである．

　ところが，商用目的で暗号を標準化して使う場合，標準化の性質上そのアルゴリズムは公開にせざるを得ない．暗号アルゴリズムを標準化し公開することで，その実装製品を広く流通させることが可能となり，また不特定多数の利用者間で利用することが可能となるからである．

　一方，アルゴリズムが公開であるということは，誰でもその公開アルゴリズムを用いて復号できる可能性がある．したがって，安全に暗号通信を行うためには，送受信者の間で何らかの形で秘密情報を共有する必要がある．それは，送信者と受信者のみが知っている暗号化/復号のための秘密鍵（共通鍵：パスワードのような秘密の情報）である．つまり，秘密鍵を送受信者以外に対して秘密にすることにより，暗号アルゴリズムを知っている暗号解読者に対しても簡単には復号できない状況を作り出せる．これが（標準化可能な）アルゴリズム公開の**共通鍵暗号** (symmetric-key encryption) の概念と

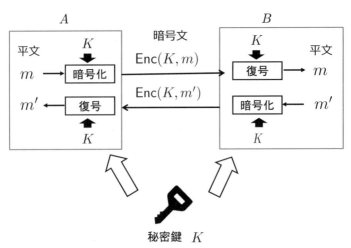

図 1.2 共通鍵暗号の概念

なる.この原理を以下に示す(図1.2参照).

[初期設定:鍵生成と共有] 暗号の安全性の度合いを示すセキュリティパラメータ k に関する秘密鍵 K をランダムに生成する.多くの実用的共通鍵暗号方式では,一様にランダムな k ビット列が K として選ばれる.ある利用者の対(送信者と受信者)A, B は,この K を事前に(何らかの方法で)共有する.

[暗号化] 利用者 A が利用者 B に(もしくは利用者 B が利用者 A に)メッセージ m を暗号化して送る場合には,事前に共有しておいた秘密鍵 K を用いて暗号文 $c = \mathsf{Enc}(K, m)$ を作る.

[復号] 暗号文 c を受け取った利用者 B (もしくは利用者 A)は,秘密鍵 K を用いて,c から $m = \mathsf{Dec}(K, c)$ を復号する.ここで,$m = \mathsf{Dec}(K, \mathsf{Enc}(K, m))$ が成立する.

さて,インターネットなどで共通鍵暗号を利用する際,この秘密鍵をどのように送受信者で共有するのであろうか?(盗聴の恐れがある)インターネット上で秘密鍵を送ることは,言うまでもなく危険極まりない.かといって,秘密鍵を共有しないことには,共通鍵暗号による通信を開始できないと

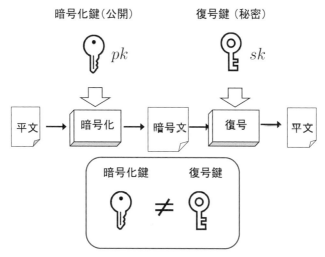

図 1.3　公開鍵暗号の概念

いうジレンマに陥ることになる．

　このような盗聴される可能性のある安全でない（インターネットのような）通信路を使って鍵共有の問題をいかに解決するかが，本章の最初に述べたように 1970 年代初頭にマークルが意識した問題であり，前述したディフィー–ヘルマン鍵共有はその典型的な解決策である．しかし，この方法では少なくとも 1 回のデータのやりとりが必要となる．鍵の共有時にデータやりとりの必要がない方法はないだろうか？　このような問題意識の下でのエレガントな解決策が**公開鍵暗号**（public key encryption/cryptosystems, 非対称暗号ともよばれる）である．

　公開鍵暗号では，暗号化するための鍵と復号するための鍵が異なり，暗号化のための鍵を公開し，復号のための鍵を秘密にしておく．公開鍵暗号の原理は以下である（図 1.3, 1.4 参照）．

［鍵生成］　ある利用者（受信者）A は，暗号の安全性の度合いを示すセキュリティパラメータ k の情報 1^k（1 の k ビット列）を入力として，自分で秘密に管理する秘密鍵 sk と公開する鍵 pk の対を鍵生成 Gen とよばれる方法で生成し，pk を公開する．対応する秘密鍵 sk は秘密情報と

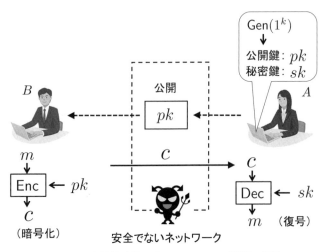

図 1.4 公開鍵暗号によるマークルの問題の解決

して管理する．なお，公開鍵 pk から秘密鍵 sk を計算するのは困難とする（この困難性の度合いを示すものがセキュリティパラメータ k である）．

[暗号化] ある利用者 B が受信者 A にメッセージ m を暗号化して送る場合には，m を A の公開鍵 pk を使って暗号化する．ここで，その暗号文 c を $\mathsf{Enc}(pk, m)$ と記す．

[復号] 暗号文 c を受け取った受信者 A は，秘密鍵 sk を用いて，c から $m = \mathsf{Dec}(sk, c)$ を復号する．ここで，$m = \mathsf{Dec}(sk, \mathsf{Enc}(pk, m))$ が成立する．

この原理でポイントとなるのは，利用者 B は利用者 A とは一面識もなく，事前に一切の情報を共有せずとも，A の公開鍵 pk を見るだけで，B はメッセージ m を暗号化し，安全に送れることである．つまり，A から B に一方的に暗号文を送るだけで，A と B の間でデータをやりとりする必要はない．

この公開鍵暗号の概念が先に述べたマークルの問題（図 1.1 で紹介した「安全でないネットワークを使った情報共有」問題）へのエレガントな解決

策にもなっていることを，図1.4に示す．

　このような公開鍵暗号は，どうすれば実現できるだろうか？　前にも述べたように，公開鍵暗号の原理は1976年にディフィーとヘルマンによって発表されたが，翌年（1977年）この原理を実に見事に実現したのが，リベスト (Rivest)，シャミア (Shamir)，エイドルマン (Adleman) であった．この方式は，これら3人の発明者の頭文字をとって**RSA暗号**とよばれる [174]（2.2.2項 (1) 参照）．このアルゴリズムは整数論に基づいており，実現するためには，素数判定が高速にできること，および大きな数の素因数分解が難しいことなどが必要とされる．

　公開鍵暗号の原理が発表されて以来，RSA暗号のほかにも実に多くの公開鍵暗号が開発されてきた．その中のかなりの数の方式は，すでに解読されている．いまだに解読されていない実用的な公開鍵暗号法の多くは，整数論に基づく方法であるが，それ以外に組合せ論的な問題に基づく方式も盛んに研究されている．

　この中で，現在のネットワークで広く使われている共通鍵暗号方式，公開鍵暗号方式などについては，第2章を参照されたい．また，量子計算機に対しても安全とされる公開鍵暗号として研究が進められている暗号方式については，第5章を参照されたい．

　公開鍵暗号にとって最も重要な性質は安全性であることは言うまでもない．したがって，公開鍵暗号の安全性の概念の研究は，現在に至るまで最も重要な研究課題の一つであった．現在標準とされている安全性の定義は，付録A.6.3項に記す．さらに詳細については，文献 [217] などを参照されたい．

1.2　ディジタル署名

　西暦2000年には，1000年に1回のミレニアム年としてさまざまな企画が行われた．その中で，米国のある著名な雑誌が企画した記事は，この1000年間に発明された最も重要な技術についてのアンケート結果に関するものであった．ここで，印刷技術や動力機関，自動車，さまざまな電気・電子機器，電話，インターネットなどに並んでディジタル署名が入っていたの

は大変興味深いことであった.

　紙の文書に対する署名や捺印は人類の歴史において1000年以上広く使われてきたものであり，契約や商取引において本質的に重要な役割を果たしてきた．しかし現在は，社会の高度情報化/ネットワーク化の進展に伴い，ネットワークを介した業務や情報のやりとりが主体になる社会となりつつある．そこでは，従来の文書に対する署名や捺印と同様の目的で，電子文書（ディジタル情報）に対する署名（ディジタル署名）が必要とされるようになる．また，ネットワークを介して通信している相手が誰であるかをきちんと認証したいという要求が生じる．ディジタル署名はディジタル文書に対する署名機能であり，多くの（公的な）文書が紙からディジタル情報になりつつある現在，このディジタル署名の技術の社会的な重要性はますます高まっている．これから1000年後にも使われ続ける可能性もあり，その意味で過去1000年間における最も重要な発明の一つといってもいいかもしれない．後述するビットコインやブロックチェーンにおいても，本質的な役割を果たしている．

　1976年のディフィーとヘルマンによる論文 [63] で提案された公開鍵暗号が鍵共有の問題を見事に解決したことを述べたが，この論文が生み出したもう一つの大きな成果は，公開鍵暗号原理に基づく**ディジタル署名** (digital signatures)（電子署名ともよばれることがある）の概念である．

　ここで，電子化された決裁文書を電子メールで転送する状況を考える．その決裁文書に部長の決裁印を付加するにはどうすればいいだろうか？　たとえば，部長の印鑑のパターン情報をその決裁文書に付加するとどうだろうか？　このような方法で実現すると，この印鑑パターンを受信した人は，その後自由に他の文書に部長の印鑑パターンを付加することができる．つまり，自由に部長の決裁文書を偽造できることになる．このように，紙の上での印鑑・署名のコピーや付加が物理的痕跡により発見できるのに対し，電子化された状況では，何の痕跡も残さずコピーや付加を行うことができることが，本質的にこの問題を難しくする．電子化された環境においては，改ざんの痕跡などの物理的特性が利用できないため，そのような物理的な特性を用いないで，情報のみの世界で自己完結した新たな認証技術が要求されること

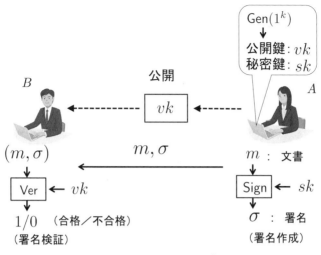

図 1.5　ディジタル署名

になる．このような要求に応える技術がディジタル署名である．

ディジタル署名には以下のような性質が必要とされる．

- 正しいディジタル署名を作成できるのは署名者本人だけである．
- 正しい署名者が作成したディジタル署名の正当性は誰でも検証できる．

以上の条件を満たすようなディジタル署名を実現するためには，以下のような公開鍵暗号概念に基づく構成が最も自然であろう．

- 正しいディジタル署名を作成するには，署名者本人しか知らない秘密情報（秘密鍵：署名鍵）を使用する．
- 正しい署名者が（署名者の秘密鍵を用いて）作成したディジタル署名の正当性を検証するには，誰でも知っている公開情報（署名者の秘密鍵に対応した公開鍵）を使う．

以上のような考え方に基づくディジタル署名の原理を図 1.5 に示す．

[鍵生成]　署名者 A は，セキュリティパラメータ k の情報 1^k（1 の k ビッ

ト列）を入力として，自分の秘密鍵（署名鍵）sk とそれに対応する公開鍵（検証鍵）vk の対を鍵生成 Gen とよばれる方法で生成し，vk を公開する．前に述べた公開鍵暗号の概念と同様に，公開鍵 vk から秘密鍵 sk を計算するのは困難とする．

[署名生成] 署名者 A が文書 m に署名をしたい場合，A の秘密鍵（署名鍵）sk と m より署名情報 $\sigma = \mathrm{Sign}(sk, m)$ を作成し，署名付き文書として (m, σ) を送付する．

[検証] (m, σ) を受信した検証者は，署名者 A の公開鍵（検証鍵）vk を用いて検証式 $\mathrm{Ver}(vk, m, \sigma) = 1$ を満足するかを検査し，満足すればこの文書 m は署名者 A により正しく署名されているとみなす．

ディジタル署名の安全性定義は付録 A.6.4 項に記す．また，さらに詳細については，文献 [217] を参照されたい．

なお，ディジタル署名の実現方式としては，現在 RSA 暗号を用いた RSA 署名方式や楕円曲線の理論を用いた楕円 DSA（ECDSA）署名方式などが広く使われている．これらについては第 2 章を参照されたい．また，量子計算機に対しても安全であるような署名として研究が進められている署名方式については，第 5 章を参照されたい．

1.3 インターネットと現代暗号

多くの革新的技術は，その時代を背景としてある種の必然性をもって生まれる．本章で紹介したように，公開鍵暗号やディジタル署名も，1960 年代末から始まるインターネット（アーパネット）の誕生・発展という時代背景の中から生まれたのである．また，1960 年代後半から広がりを見せはじめた計算機をネットワークに結びつけて遠隔利用するデータ通信の進展が，（アルゴリズム公開）共通鍵暗号の標準化を促す大きな原動力となった．

このようにして始まった現代暗号が広く社会に普及するのは，公開鍵暗号や米国標準共通鍵暗号が誕生してから 20 年ほど経過した 1990 年代である．これは，インターネットの商用利用が始まり，インターネットが多くの人々

1.3 インターネットと現代暗号

```
                    RSA暗号
              アルゴリズム公開
              共通鍵暗号の標準化    インターネットでの
                                  暗号利用の進展
                  公開鍵暗号
                  ディジタル署名
                  (ディフィ–ヘルマン)

          1969    1976   1978    1990
     ─────┼───────┼──────┼───────┼─────────
     インターネットの前身        インターネットの
     (アーパネット)              商用利用の広がり

     データ通信
```

図 **1.6** インターネットと公開鍵暗号

に広く使われるようになった時代と軌を一にする.

　次の章では，本章で紹介したような形で 1970 年代に誕生し，1990 年代より利用が広まった現代暗号が，現在のネットワークでどのように利用されているかを見る.

第2章

現在のネットワークで使われている暗号

> **本章の概要**
> 本章では，1970年代に誕生した現代暗号がどのように現在のネットワークで用いられているかを解説する．より具体的には，現在のネットワークで必要とされる基本的暗号機能として，共通鍵暗号，公開鍵暗号，ディジタル署名，ハッシュ関数などがあることを示し，どのような方式が用いられているかを紹介する．また，それらの暗号機能が公開鍵基盤 (PKI) という運用形態や TLS といった通信プロトコルの中で用いられていることを紹介する．
> ここで紹介する代表的な暗号方式の技術的詳細は付録 B で述べる．

2.1 ネットワークにおける暗号の役割

本章では，ネットワークを使用して安全に通信を行うための機能を実現するために現在利用されている実用的暗号の概要について述べる．

2.1.1 ネットワークに要求されるセキュリティと暗号

Web サーバへのアクセス，電子メールの送受信，インターネットバンキングやオークションの利用など，インターネットを介したさまざまな通信では，不正な第三者が本人と偽って通信を行う「なりすまし」，通信途中のデータを不正に傍受する「盗聴」，傍受したデータを変えて本来の宛先に送信する「改ざん」など，セキュリティ上の脅威を受ける危険がある．このような脅威に対して安全に通信を行うために，次のような暗号機能が利用されている．なお，共通鍵暗号，公開鍵暗号，ディジタル署名の概念については，

第 1 章を参照されたい．

- 秘匿　情報を秘匿する技術．
    - 共通鍵暗号　暗号化・復号アルゴリズムが公開された形で，送受信者だけが秘密に共有する秘密鍵を用いる．暗号化と復号に同じ秘密鍵（共通鍵）を用いる．処理速度は大変速い．しかし，送受信者で安全に秘密鍵を共有する機能を必要とする．この機能は公開鍵暗号で実現することが多い．
    - 公開鍵暗号　暗号化鍵を公開し，それに対応する復号鍵を秘密とする．処理速度は遅い．主に，共通鍵暗号の秘密鍵の鍵共有に利用される．
    - ハイブリッド暗号　データの暗号に共通鍵暗号を用い，共通鍵の鍵共有に公開鍵暗号を用いる．

- 認証　正当性を確認する技術．
    - ハッシュ関数　データを圧縮する関数で，共通鍵暗号系の技術である．同じ圧縮値になる2つの入力を見つけるのが難しいという衝突困難性が要求されるため，改ざん防止などさまざまな応用で利用される．
    - メッセージ認証　受信したメッセージが通信途中で不正な第三者により改ざんされていないかどうかを確認する．送受信者が同じ共通鍵を保持する共通鍵暗号系の技術で実現する．鍵付きのハッシュ関数と考えることができる．
    - ディジタル署名　受信した文書が正しく作成者のものと同じであるかを確認する．公開鍵暗号系の技術で実現することが多いが，ハッシュ関数など一方向性関数だけからでも実現可能である．対象となる文書を圧縮して署名するため，ハッシュ関数と併用することが多い．
    - 相手認証　通信相手の正当性を確認する技術である．最も単純な方法はパスワード認証方式であるが，より安全性を向上させた方式として，公開鍵系の方式と共通鍵系の方式が使われる．

2.1.2 共通鍵暗号と公開鍵暗号

共通鍵暗号では，前章（1.1 節，図 1.2）で述べたように，通信を行う者同士が事前に共通鍵という秘密情報を共有する必要がある．一方，公開鍵暗号では，公開される公開鍵と秘密に保管する秘密鍵をペアにして使用し，ある人 A に暗号文を送りたい場合，（事前に何の手続きもなく）誰でも A の公開鍵を使って暗号文を作り，A 宛てに暗号文書を送ることができる．その暗号文書を復号できるのは A 本人だけなので，送り手と A の間で安全な暗号通信が可能となる．つまり，インターネットのような利用環境で，事前に秘密共有などの準備をすることなく安全な暗号通信（鍵送信・共有）が可能となる（1.1 節，図 1.4）．

ネットワーク上での不特定多数の間の安全な通信のためには，「機能的には」公開鍵暗号だけで十分である．それでは，共通鍵暗号は必要ないのであろうか？　ここで処理速度を考慮に入れると状況は一変する．共通鍵暗号は処理速度が大変速いが，公開鍵暗号はとても遅いのである．したがって，大量のデータの暗号通信を行うときには共通鍵暗号を用いて，処理速度の遅い公開鍵暗号は上記のように（共通鍵暗号の）鍵共有のためだけに用いれば，両者の長所のみを利用する方法となる．このように共通鍵暗号と公開鍵暗号を組み合わせて利用する暗号は，ハイブリッド暗号とよばれている．

ネットワーク上で秘匿機能を実現するための暗号通信では，多くの場合，ハイブリッド暗号の形で共通鍵暗号と公開鍵暗号が併用される．ハイブリッド暗号では，図 2.1 に示すように，まず共通鍵（または共通鍵の生成に必要な秘密情報）を受信者の公開鍵で暗号化して送信する．受信者は秘密鍵を用いて送られてきた暗号文を復号し，共通鍵を得る．以後は，通信者が互いに共有する共通鍵を使用して暗号通信を行う．処理時間の大きい公開鍵暗号を使用するのは共通鍵の暗号化・復号のときだけであり，その後の大量のデータの暗号通信では処理効率の良い共通鍵暗号を使用するため，高速に暗号通信を行うことができる．

共通鍵の共有方法としては，図 2.1 で示したように公開鍵暗号を使う方法のほかに，1.1 節で紹介したディフィー–ヘルマン鍵共有方式（付録 B.2.4 項参照）を使う方法もある．

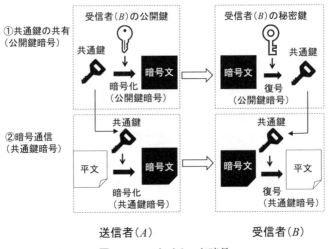

図 2.1　ハイブリッド暗号

2.1.3　ハッシュ関数

　ハッシュ関数は，任意の長さのデータを圧縮し，比較的短い固定長の圧縮データ（ハッシュ値）を出力する圧縮関数で，データが改ざんされていないかなどの確認に使用される．データが改ざんされずに作成時（送信時）のままであることを「データが完全である」といい，このことは多くの用途で必要とされる．ハッシュ関数は，ディジタル署名や公開鍵暗号，タイムスタンプ，ブロックチェーンなどさまざまな暗号（応用）機能の中で用いられる．

　このような目的で使われるハッシュ関数に要求される条件は，「ハッシュ値が同じとなる2つの異なる（入力）データを求めることが困難である」という衝突困難性である（付録 A.6.2 項参照）．それよりも少し弱い条件としては，「あるデータが与えられた場合に，そのデータのハッシュ値とハッシュ値となる別のデータを求めることが困難である」という目標衝突困難性（もしくは第2原像計算困難性）がある．

2.1.4　メッセージ認証

　共通鍵暗号系の技術の一つで送受信者が共通の秘密鍵を共有して，通信情報（メッセージ）が通信途中で改ざんされていないかを検証するものが，

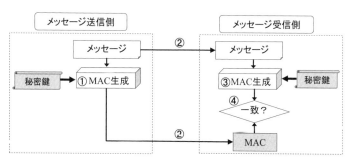

図 2.2 メッセージ認証

メッセージ認証 (**MAC**: Message Authentication Code) である [148, 151]．メッセージ認証の概要を図 2.2 に示す（ここでは，検証処理として認証コード (MAC) の一致による方法を示すが，より一般的な検証関数を用いる方法もある）．この図で示すように，手順は以下のとおりである．

1. 送信者はメッセージと認証鍵（秘密鍵）を用いてハッシュ関数で演算を行い，MAC を生成する．
2. 生成した MAC をメッセージと一緒に相手に送信する．認証鍵は送信者と受信者だけが秘密に共有している．
3. 受信者は受信メッセージと認証鍵を用いて送信側と同じ演算を行い，MAC を生成する．生成した MAC と受信した MAC を比較し，一致すれば改ざんがなかったと判断する．第三者が通信途中にメッセージと MAC を盗聴し別のメッセージに改ざんしようとしても，認証鍵を知らないため，改ざんしたメッセージに対する正しい MAC を生成することができない．このように，認証鍵の秘匿性を確保することにより，改ざんの有無を検証することができる．

2.1.5　ディジタル署名

ディジタル署名は，電子的文書に対する署名機能を提供する．この概念は，前章（1.2 節，図 1.5）で説明したように，署名者だけが秘密に保持する秘密鍵（署名鍵）を用いて署名作成を行い，その秘密鍵に対応する署名者

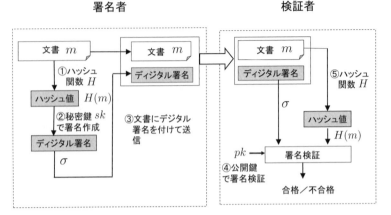

図 2.3 ディジタル署名

の公開鍵(検証鍵)を用いて署名検証を行うというものである.このとき,対象とする文書をハッシュ関数で圧縮したデータに対して署名作成,検証を行う.以下にハッシュ関数を併用したディジタル署名の概要を示す(図 2.3).

[鍵生成] 1.2 節で述べた鍵生成と同じであり,署名者 A は,鍵生成アルゴリズム Gen を用いて自分の秘密鍵(署名鍵)sk とそれに対応する公開鍵(検証鍵)pk を作り,pk を公開する.

[署名生成] 署名者 A が文書 m に署名をしたい場合,署名の対象とする文書 m をハッシュ関数 H に入力して作成したハッシュ値 $H(m)$ を計算する.A の秘密鍵 sk と $H(m)$ より署名情報 $\sigma = \mathsf{Sign}(sk, H(m))$ を作成し,署名付き文書として (m, σ) を検証者に送付する.

[検証] 署名付き文書 (m, σ) を受け取った検証者は,文書 m をハッシュ関数 H に入力して作成したハッシュ値 $H(m)$ を計算する.ハッシュ値 $H(m)$ とディジタル署名 σ に対して A の公開鍵(検証鍵)を用いて検証式 $\mathsf{Ver}(pk, H(m), \sigma) = 1$ を満足するかを検査し,満足すればこの文書 m は署名者 A により正しく署名されているとみなす.

ディジタル署名が安全に使用されるためには,使用される公開鍵が正しい

(つまり確かに本人のものである) ことが必要である．このための仕組みが公開鍵基盤 (PKI) であり，PKI によって公開鍵を管理する仕組みについては 2.3.1 項で述べる．

2.1.6 相手認証

単純にパスワードや定まった（秘密）認証情報を検証者（サーバ）に送るような方法で利用者の正当性を示そうとすると，一度送信された認証情報を傍受して再送するリプレイ攻撃により容易になりすましができる．そのような攻撃を無効にするため，検証者が利用者に毎回異なる質問（チャレンジ）を送り，利用者はそれに対する答え（レスポンス）を認証情報として送るような方法（チャレンジ-レスポンス方式）が広く使われている．

このような相手認証方式には，公開鍵系の方式と共通鍵系の方式がある．公開鍵系の方式においては，利用者が最初に検証者に情報を送り（コミット），その後にチャレンジ-レスポンスを行う 3 交信方式が使われることが多い．これは，その安全性証明の方法論が確立しており [72, 156]，またディジタル署名への一般的な変換方法（フィアット-シャミア変換 (Fiat-Shamir heuristic)) [75] が知られていることによる（格子暗号による 3 交信方式およびその署名への変換は付録 D.4 節参照）．

2.2 現在のネットワークで用いられる暗号方式

2.2.1 共通鍵暗号

共通鍵暗号は，ブロック暗号とストリーム暗号に大別される．ブロック暗号は，平文を 128 ビットなどの固定長のブロックに分割してブロック単位に暗号化・復号する方式である．ストリーム暗号は，平文をビット単位またはバイト単位で逐次，暗号化・復号する方式である．

現在のネットワークでは，ブロック暗号が広く使われている．新旧の米国標準暗号である DES (Data Encryption Standard) と AES (Advanced Encryption Standard) は，いずれもブロック暗号である．ブロック暗号には標準的な利用形態としていくつかの利用モード (mode of operation) があ

り，ブロック暗号を利用する場合はそのいずれかを用いる．最近は，メッセージ認証機能を併せもつ利用モード (**GCM, CCM**) が広く用いられている [149, 150]（このような暗号を認証暗号 (authenticated encryption) とよぶ）．ストリーム暗号はシンプルな構造で高速な処理が容易であるため，そのような特質を生かした特殊な目的に使われれることが多い．

1.1 節で述べたように，世界で初めて標準化された共通鍵暗号方式は米国政府が標準化したブロック暗号 DES である（ブロック長が 64 ビット，鍵長が 56 ビット）．DES は，1977 年米国標準局 (NBS: National Bureau of Standard，現在は米国標準技術研究所 (NIST: National Institute of Standards and Technology)) により米国政府の標準暗号方式として制定された [144]．

標準暗号の宿命として，DES は公開アルゴリズム暗号であるため（1.1 節参照），1990 年代に入り DES 暗号に対する強力な攻撃法（ビーハム (Biham) とシャミアによる差分攻撃 [27] や松井による線形攻撃 [129]）が学会等の場で発表されるようになった．1994 年には松井により線形攻撃を用いた攻撃が実装で確認され [130]，さらに 1997 年以降には DES 暗号の（56 ビットの）共通鍵が総当たり法で現実的な時間で解読されるようになったため，DES に代わるより安全性の高い暗号技術が要求されるようになった．そのような要求に答える暗号技術として，DES の処理を 3 回繰り返し，鍵長を実効上 112 ビットとしたトリプル DES が開発された [17]．しかし，ブロック長が 64 ビットと短いことを使った攻撃法があり，現在トリプル DES の利用は推奨されていない．

一方，NIST は 1997 年に，DES の後継とすべく次世代の共通鍵暗号 AES を全世界に公募した．NIST は約 5 年間，安全性と処理性能を評価した結果，複数候補の中からデーメン (Daeme) とライメン (Rijmen) が提案したラインデール (Rijndael) 暗号アルゴリズム [59] を採用した [147]．AES 暗号はブロック長が 128 ビットであり，鍵長は 128, 192, 256 ビットの選択がある．多くの実用的な応用では，128 ビット長の鍵を使用する．

共通鍵暗号とりわけブロック暗号に対する解読法は，1990 年代に急速に進展し，それに伴い暗号の設計法や安全性評価方法などが大きく変わった．

2000年前後に開発されたAESは1990年代に進展した解読法を十分に考慮した設計となっており，さらに処理速度もトリプルDESなどより高速である．AESの暗号アルゴリズムは付録B.1.1項で紹介する．

AESと同様に1990年代の暗号解読法を踏まえて開発されたブロック暗号方式として，2000年にNTTと三菱電機により共同で開発されたCamellia（カメリア）がある[205]．CamelliaはAESと同様に128ビットブロック暗号で，鍵長は128, 192, 256ビットの選択がある．AESとは異なり暗号化処理と復号処理が同じ構造で実現されることから，メモリ搭載量が少ないICカードや小型ハードウェアにおいて優位な性能を発揮すると考えられている．

ストリーム暗号の例としては，1987年にリベストによって開発されたRC4 (Rivest's Cipher 4) がある．RC4は無線LANやSSLなどで広く使用されてきたが，暗号強度が十分でないと考えられて，2015年2月には，アプリケーション層のデータの暗号化を行うTLS (Transport Layer Security)（2.3.2項参照）のすべてのバージョンにおいてRC4の利用を禁止するRFC 7465が公開された．

2.2.2 公開鍵暗号とディジタル署名

公開鍵暗号およびディジタル署名では，公開鍵から秘密鍵を求められないなどの安全性の根拠を，数学的問題の計算困難性においている．代表的な問題としては，以下のようなものがある．

- **代数的問題** 現在の実用的なシステムで使われている公開鍵暗号の多くが，このクラスの問題の中の素因数分解問題と離散対数問題に基づいている．
  - **素因数分解問題** 素数p, qの積である合成数$n(n = pq)$から素因数p, qを求める問題．
  - **乗法群の離散対数問題** 有限体の乗法群$\mathbb{G}$の要素gに関して，$y = g^x$としたとき，(g, y)からxを求める問題．
  - **楕円曲線上の離散対数問題** 有限体上で定義された楕円曲線上の

（加法）群 $\mathbb{G}$ の要素 G に関して，$P = xG$ としたとき，(G, P) から x を求める問題．
  − 楕円曲線の同種写像問題　有限体上で定義された同種な 2 つの楕円曲線を与え，その間の同種写像を求める問題．この問題は，量子計算機を用いても解くのが難しいと考えられている（第 5 章参照）．

- 組合せ論的問題　このクラスの問題の多くは NP 困難問題として特徴づけられる．これらの問題は単純な代数構造をもたず，量子計算機を用いても解くのが難しいと考えられている（第 5 章参照）．
  − 格子問題
  − 符号問題
  − 多変数多項式問題

現在，ネットワークで広く使われている公開鍵暗号およびディジタル署名の多くは素因数分解問題と離散対数問題に基づく方式であり，以下ではその代表的な方式の紹介を行う．

(1) RSA 暗号

1976 年のディフィーとヘルマンによる公開鍵暗号の概念の提案を受けて，初めてその概念を実現した方式が 1978 年に発表された **RSA 暗号** (RSA (Rivest-Shamir-Adleman) encryption) である [174][1]．

RSA 暗号は素因数分解問題の困難性に基づく暗号である．つまり，秘密鍵が 2 つの素因数 p, q であり，公開鍵がそれらの積 $n = pq$ である．素数

---

[1] マサチューセッツ工科大学 (MIT) の助教授とポスドクだったリベストとシャミアは，1976 年末に発表されたばかりのディフィー–ヘルマン論文を読んだものの，当初はこの論文に懐疑的で，公開鍵暗号の実現不可能性を証明しようと試みたという．しかし，次第に実現可能性の方向に傾いていき，さらに数論に詳しいエイドルマンが参加することになる．最終的に RSA 暗号の発見に成功したのは 1977 年 4 月であり，それが ACM の論文誌に掲載されたのは 1978 年 2 月である [174]．当時，米国を代表する科学雑誌 Scientific American (SA) 誌に数学コラムを連載していたガードナー (Gardner) と知り合いだったリベストは，RSA 暗号発見のニュースを彼に提供し，論文誌に掲載される前の 1977 年 8 月号の SA 誌のガードナーのコラムでその概要が紹介された．夏休みが終わって大学に戻ってきた彼らは，世界中から大学に届いていた論文請求の手紙の山に驚いたという（まだインターネットが一般に使われていなかった時代の話である）．

2.2 現在のネットワークで用いられる暗号方式

p,q が十分に大きいと（たとえば，それぞれ 1000 ビット程度で n が 2000 ビット程度），n の素因数を計算するのは，現在知られているアルゴリズムと現在の計算機の能力では大変難しいとされている．

RSA 暗号は以下のように構成される（用語等については付録 A.1 節，A.2 節を参照）．

[鍵生成] セキュリティパラメータ k が与えられたとき，k に対応するサイズの 2 つの素数 p,q をランダムに選ぶ（ここで，このサイズは素因数分解問題の困難度に対応し，たとえば，k ビット安全性（2^k の計算量相当の安全性）となるように定める）．$n = pq$, $L = (p-1)(q-1)$ としたとき，L と互いに素な正整数 e を適当に定める．$d = e^{-1} \bmod L$ を計算する．

公開鍵 (n, e)
秘密鍵 d （実質的な秘密鍵は (p, q) であるが，復号には d があれば十分である．）

[暗号化] 平文 $m \in \mathbb{Z}_n$ が与えられたとき，公開鍵 (n, e) を用いて，以下のように暗号文 $c \in \mathbb{Z}_n$ を計算する．

$$c = m^e \bmod n.$$

[復号化] 暗号文 $c \in \mathbb{Z}_n$ が与えられたとき，秘密鍵 d（および公開鍵 n）を用いて，以下のように復号する．

$$m = c^d \bmod n.$$

これが正しく復号できることは，オイラーの定理（付録 A.2 節，定理 A.2.1）とよばれている以下の定理

$$\text{どのような } x \in \mathbb{Z}_n^\times \text{ に対しても,} \quad x^L \equiv 1 \pmod{n}.$$

を用いると，$m \in \mathbb{Z}_n^\times$ に対しては，$c^d \equiv m^{ed} \equiv m^{1+sL} \equiv m \cdot (m^L)^s \equiv m \pmod{n}$ により得られる（$m \in \mathbb{Z}_n \setminus \mathbb{Z}_n^\times$ の場合については別途証明）．

ここで，平文 m をランダムに選んだとき $(m \xleftarrow{\text{U}} \mathbb{Z}_n)$，その暗号文 $c = m^e \bmod n$ と公開鍵 (n,e) から m を求めることが難しいという仮定を **RSA 仮定**とよぶ．

RSA 暗号の暗号化関数（RSA 関数とよばれる）$f_{(n,e)}(x) = x^e \bmod n$ は $\mathbb{Z}_n$ から $\mathbb{Z}_n$ への置換関数であり，RSA 仮定の下で一方向性関数である．また，秘密鍵を用いれば逆関数演算が効率的に計算できる（つまりトラップドアが存在する）．このような関数はトラップドア一方向性置換 (trapdoor one-way permutation) とよばれ，現在に至るまで RSA 関数しか具体的実現例が知られていない．

公開鍵暗号の標準的な安全性の定義は付録 A.6.3 項に記しているが，そこで要求されている安全性は**選択暗号文攻撃に対して強秘匿 (IND-CCA2)** である．RSA 暗号をそのまま用いると弱い安全性しかもてないため，望ましい安全性 (IND-CCA2) に変換するための方法が知られている．その一つが，1994 年にベラレ (Bellare) とロガウェイ (Rogaway) により提案された OAEP という利用フォーマット（変換方法）であり，RSA 暗号に適用した場合は **RSA-OAEP** 暗号とよばれる [20]．この安全性は，RSA 仮定の下で，3.1.4 項で述べるランダムオラクルモデル [19] において証明される [187, 81, 217]．

一方，RSA 暗号をより安全に利用するために RSA セキュリティ社が定めた利用フォーマット（変換方法）が，**PKCS#1** とよばれているものである（暗号版と署名版がある）．

PKCS (Public Key Cryptography Standards) は，RSA セキュリティ社により作られた公開鍵暗号技術標準で，規格の内容によって PKCS #1 から PKCS #15 まであり，このうち PKCS #1 は，RSA 暗号/署名の標準的な利用フォーマットを規定している．PKCS#1 v1.5 は，初めに 1998 年 3 月に RFC 2313 で規定された．その後，同年 10 月に RFC 2437 で更新されたバージョン 2.0 (v2.0) では，PKCS#1 v1.5 の暗号化の仕様は RSAES-PKCS1-v1.5 という名称で再定義され，署名の仕様は RSASSA-PKCS1-v1.5 という名称で再定義された．また，2003 年 2 月には PKCS#1 v2.1 が，2016 年 11 月には PKCS#1 v2.2 が発行された．これらのバージョンの更新にお

いては，署名で使用されるハッシュ関数（ダイジェスト・アルゴリズム）が追加されている．その最新版は v2.2 であり，暗号版の PKCS#1 v2.2 は理論的な安全性の裏付けのある RSA-OAEP 暗号に基づき作られている．

なお，現在実用的な製品・アプリケーションでは PKCS#1 v1.5（暗号版）が広く使われている．この v1.5 は，現在のところ特に大きな安全上の問題は指摘されていないが，あくまでアドホックな設計であり，安全性に関する理論的な裏付けはないことに注意されたい（復号処理でフォーマットチェックをするため，その情報を利用した選択暗号文攻撃の存在が理論上は知られている [28]）．付録 B.2.1 項に PKCS#1 v1.5，付録 B.2.2 項に PKCS#1 v2.2（暗号版）の基となっている RSA-OAEP 暗号を示す．

素因数分解のような整数論の問題は，RSA 暗号が生まれる以前は純粋に数学上の問題として扱われており，そのアルゴリズムの研究はあまり活発に行われていなかった．しかし，RSA 暗号で使われたことで素因数分解アルゴリズムの研究は注目を集め，活発な研究が行われるようになる．1980 年代から 1990 年代にかけて，素因数分解アルゴリズムにおいて楕円曲線の理論を応用した**楕円曲線法** [121] と代数的整数論を応用した**数体ふるい法** [120] という強力で斬新なアルゴリズムが発見された．現在でも，RSA 暗号の公開鍵を素因数分解する最も高速なアルゴリズムは，1990 年代に発見された（一般）数体ふるい法であり，RSA 暗号の鍵長の安全性を確かめるために，数体ふるい法を用いた素因数分解実装実験が行われている [115]．また，小さな素因数を含む自然な合成数を素因数分解するには，1980 年代に発見された楕円曲線法が用いられる．

(2) RSA 署名

RSA 暗号（関数）をディジタル署名の構成に用いたものが **RSA 署名** (RSA signatures) であり，以下のように構成される．

[鍵生成] RSA 暗号と基本的に同じで（ハッシュ関数が公開鍵に追加），公開鍵（検証鍵）が (n,e) およびハッシュ関数 $H:\{0,1\}^* \to \mathbb{Z}_n$，秘密鍵（署名鍵）が d である．

[署名作成] 文書 $m \in \{0,1\}^*$ が与えられたとき，秘密鍵（署名鍵）d（および n）を用いて，以下のように署名 $\sigma \in \mathbb{Z}_n$ を計算する．

$$\sigma = H(m)^d \bmod n.$$

[署名検証] 文書 m と署名 σ が与えられたとき，公開鍵（検証鍵）(n,e) を用いて以下の式が成立するかどうかにより，正当な署名かどうかを判定する．

$$\sigma \stackrel{?}{=} H(m)^e \bmod n.$$

ディジタル署名の標準的な安全性の定義は，付録 A.6.4 項に記しているが，そこで要求されている安全性は**選択文書攻撃に対して存在的偽造不可 (EUF-CMA)** である．上で紹介した RSA 署名方式は，RSA 仮定の下でハッシュ関数がランダムオラクル（3.1.4 項参照）でありかつフルドメイン（ハッシュ値が $\mathbb{Z}_n$ 全域に均等に分布する）と仮定すると，望ましい安全性 (EUF-CMA) をもつことが知られている [21, 217]．この方式は，**RSA-FDH 署名**とよばれている．ただし，安全性証明の帰着効率が悪いという欠点がある．RSA-FDH 署名の帰着効率を改善した方式として，1996 年にベラレとロガウェイにより **RSA-PSS 署名**とよばれる方式が提案されている [21]．

RSA 暗号と同様に，PKCS#1 では RSA 署名の利用フォーマットが定められており，最新版は v2.2 である．署名版の PKCS#1 v2.2 は，理論的な安全性の裏付けのある RSA-PSS 署名に基づき作られている．暗号版の PKCS#1 と同様に，現在実用的な製品・アプリケーションでは v1.5（署名版）が広く使われているが，現在のところ特に安全上の問題は発見されていないものの，アドホックな設計であり安全性に関する理論的な裏付けはないことに注意されたい．付録 B.3.1 項に PKCS#1 v1.5，付録 B.3.2 項に PKCS#1 v2.2（署名版）の基となった RSA-PSS 署名を紹介する．

(3) 楕円曲線暗号

楕円曲線暗号 (ECC: Elliptic Curve Cryptosystems) とは，有限体上の乗法群の上で構成されていた公開鍵暗号やディジタル署名を（有限体上の）楕円曲線の群の上で再構成した暗号の総称である．乗法群や楕円曲線上の群については，付録 A.2 節および A.3 節を参照されたい．このような楕円曲線上の群を用いた楕円曲線暗号の概念は，1985 年に数学者のミラー (Miller) [141] とコブリッツ (Koblitz) [116] により独立に提案された[2]．

有限体上の乗法群の離散対数問題の困難性に基づき 1982 年に作られた公開鍵暗号が，エルガマル暗号である [70]．それを（有限体上の）楕円曲線上の群の上で構成したものが**楕円エルガマル暗号**である（付録 B.2.3 項参照）．同様に有限体上の乗法群の上で 1994 年に NIST により作られたディジタル署名方式が，DSA (Digital Signature Algorithm) である [146]．それを（有限体上の）楕円曲線上の群の上で構成したものが**楕円 DSA** (ECDSA: Elliptic Curve DSA) 署名である [152]（付録 B.3.3 項参照）．

楕円曲線暗号が（RSA 暗号などに比べて）実用上優れているところは，安全性の根拠とする楕円離散対数問題が（RSA 暗号の安全性の根拠となっている）素因数分解問題や有限体上の離散対数問題よりも難しい問題と考えられている点である．つまり，楕円曲線暗号では RSA 暗号などよりも短い鍵を用いても同等の安全性が保証されるため，より効率の良い方式を実現することが可能となる（図 2.4 参照）．もう少し詳しく述べると，素因数分解問題や（有限体の乗法群上の）離散対数問題では指数算法という強力な手法が適用できるため，計算時間が準指数時間となるような解読法をもつ．

---

[2] 1980 年代半ばは，楕円曲線の応用が華々しく始まった時代であり，アムステルダム大学数学科の大学院生であったスクーフ (Schoof) による有限体上の楕円曲線の位数（有理点の数）を計算するアルゴリズムの発見（1983 年ころ）がその嚆矢となる（なお，最初にこの論文を投稿したところ，応用がないという理由で拒絶されたという．いまでは楕円曲線暗号において必須のアルゴリズムであることを考えると隔世の感がある．その後，有限体上の確定的平方根アルゴリズムへの応用を加えて論文は受理された [181]．）スクーフの指導教官だったレンストラ (Lenstra) は，スクーフの結果から想を得て素因数分解の楕円曲線法を発見する（1984 年ころ）[121]．スクーフがマサチューセッツ工科大学 (MIT) で行った講演を聴いていたキリアン (Kilian) は，楕円曲線を利用した素数判定法（ゴールドワッサー–キリアン法）を思いついたという（1985 年ころ）[97]．ミラーとコブリッツの楕円曲線暗号は，このような時代背景の中から同年に独立に提案されたものである．

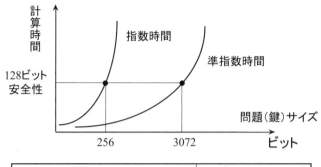

図 2.4 楕円離散対数と素因数分解・乗法群離散対数の鍵サイズ

ところが，(一般的な曲線の) 楕円離散対数問題に対しては，現在のところ計算時間が指数時間の解読法しか見つかっていないのである．したがって，図 2.4 に示すように，楕円離散対数問題では，3000 ビット程度の素因数分解や (乗法群上の) 離散対数問題と同等の安全性 (128 ビットの総当たり攻撃と同等の計算困難性：128 ビット安全性) を確保するための問題のサイズ (鍵のサイズ) は，256 ビット程度で十分である．それに伴い計算速度も高速化できる．

2.2.3 ハッシュ関数

1990 年にリベストにより **MD4** (Message Digest Algorithm 4) が提案されて以来 [172]，MD4 の設計原理に基づいたハッシュ関数が開発されてきた．MD4 の脆弱性はすぐに発見されたため，これを改良した **MD5** が 1991 年に提案された [173]．MD5 は MD4 と同様，入力に対して 128 ビットのハッシュ値を出力するハッシュ関数である．現在，MD5 でも理論的な弱点が存在し，安全性が不十分とされている．

SHA-1 (Secure Hash Algorithm 1) は，米国政府の標準ハッシュ関数として，1995 年に米国標準技術研究所 (NIST) で開発されたものである [154].

SHA-1 は 160 ビットのハッシュ値を出力するハッシュ関数である．この場合，安全性（衝突困難性）は 2^{80} の総当たり攻撃相当（80 ビット安全性）であることが要求されるが，2005 年にワン (Wang) らにより 2^{69} の計算量で衝突困難性が破れることが示された [200]．

SHA-2 は，2001 年に NIST で開発されたハッシュ関数で，SHA-1 よりもハッシュ値が大きく複数のハッシュ値サイズ（224, 256, 384, 512 ビット）に対応している [154]．ハッシュ値サイズが 256 ビットの SHA-2 は広く使われ，**SHA-256** とよばれる．

SHA-1 は米国政府標準ハッシュ関数としてだけでなく，全世界で最も広く使われてきたハッシュ関数であるが，ワンらの攻撃を受けて，2010 年に SHA-1 から SHA-2 への移行計画が進められた．現在までのところ，SHA-2 はワンらによる SHA-1 への攻撃法では破れていないが，2001 年の設計の段階ではそのような攻撃を考慮していなかった．そこで NIST は，ワンらの攻撃が発見されて以降の攻撃法の進展を受けて，2007 年に新たなハッシュ関数を公募することとし，2012 年に，応募された多数の候補の中から Keccak の一部が **SHA-3** として選ばれた [153]．

SHA-2 (SHA-256) と SHA-3 のアルゴリズムについては，付録 B.4 節を参照されたい．

2.3 暗号技術の利用の仕組み

以上で述べたように，ネットワークのセキュリティ機能としては，情報の秘匿，データや通信相手の認証などが必要とされる．本節では，2.1 節や 2.2 節などで述べた暗号技術を使用して，ネットワークのセキュリティ機能を確保するための基本的な仕組みについて述べる．

2.3.1 公開鍵の正当性を保証する公開鍵基盤 (PKI)

公開鍵暗号を安全に利用するためには，秘密鍵を外部に漏れないように管理することはもちろんのこと，公開鍵が正しく本人のものであることを保証することが必要となる．もし不正な者が他の利用者になりすまして自分で作

った公開鍵を公開すると（その秘密鍵は不正者がもっている），なりすまされた利用者宛ての（その公開鍵を使って作られた）暗号文は不正者に解読され，またその利用者になりすまして（借用書などの）署名付き文書を発行できることになる．

このような不正行為を防ぐために公開鍵が正しいものであることを保証する仕掛けが，**公開鍵基盤**（**PKI**: Public Key Infrastructure）である．PKIでは，公開鍵の正しさは，**認証局**（**CA**: Certificate Authority）という信頼できる機関によって発行される**公開鍵証明書**（ディジタル署名によって認証されたディジタル文書）によって保証される．これは，捺印の正当性を保証するために役所などで発行される印鑑証明書の公開鍵版と考えることができる．CAは公開鍵が正しく利用されるために次の情報を提供する．

- 公開鍵証明書の発行元がCAであること．
- 公開鍵とその所有者の情報（公開鍵証明書に含めて提供）．
- 公開鍵が有効であること．

PKIにおけるCAの役割を図2.5に示す．公開鍵証明書の発行元がCAであることは，公開鍵証明書に添付されるCAのディジタル署名によって確認される．下記のように，CAより公開鍵の登録，証明書の配布が行われる（下記①～⑦で行う処理は図2.5の番号に対応）．

① 公開鍵・秘密鍵の作成者は，CAに登録を申請する．
② CAでは，CAのディジタル署名を添付した公開鍵証明書を発行する．公開鍵証明書には申請者が作成した公開鍵が含まれる．
③ CAは発行した公開鍵証明書をリポジトリで公開する．リポジトリとは，公開鍵証明書の登録，配布において使用されるデータベースである．
④ 一般利用者は，CAから通信相手の公開鍵証明書を取得する．また，CAの公開鍵が入っているCA証明書を取得し，CAの公開鍵で通信相手の公開鍵証明書に添付されているディジタル署名を検証し，公開鍵証明書が正しいことを確認する．

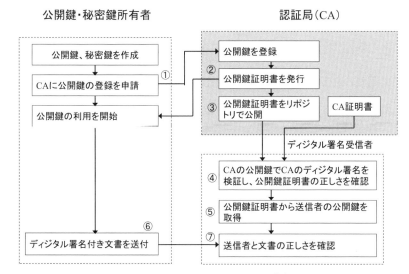

図 2.5　PKI における CA の役割

⑤　公開鍵証明書から通信相手の公開鍵を取得する．
⑥　送信側で，文書にディジタル署名を添付して送信する．
⑦　受信側で受信文書を受理し，ディジタル署名を送信者の公開鍵で検証して認証する．

　CA は，日本においては「電子署名及び認証業務に関する法律」（略して「電子署名法」ともいう）による特定認証業務として，電子証明書（公開鍵証明書）の発行と有効性の公表を行う．諸外国でも同様の法律が制定されている．電子証明書は，民間の電子商取引や，住民基本台帳カード（住基カード）を使用した公的個人認証サービスなどで使用されている．

　公開鍵証明書は，「ディジタル証明書」または「電子証明書」ともよばれ，一般的に，ITU（International Telecommunication Union，国際電気通信連合）が標準化した X.509 に従った形式が使われ，図 2.6 に示すように被証明者の識別名や被証明者の公開鍵が含まれる．また，公開鍵証明書にはCA（認証局）のディジタル署名が添付される．

　秘密鍵が外部に漏えいすると，それを使用したディジタル署名が安全に実

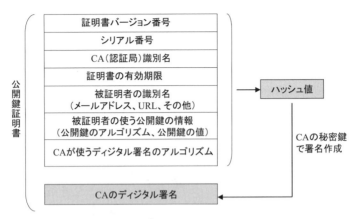

図 2.6　公開鍵証明書の形式（例）

施できなくなるため，漏えいしたときには，CA は直ちに該当の公開鍵証明書の配布を中止するとともに，公開鍵証明書が失効したこと（効力がなくなったこと）を一般に公表する．公開鍵証明書の失効は，**証明書失効リスト/証明書破棄リスト**（**CRL**: Certificate Revocation List）により公表される．CRL は失効した公開鍵証明書の一覧で，利用者は公開鍵証明書と CRL を照合することにより公開鍵証明書が有効であるか確認できる．また，失効した公開鍵証明書をオンラインで簡便に検索できるようにした機能 OCSP (Online Certificate Status Protocol) がインターネット上で提供されている [110]．

2.3.2　ネットワークにおける暗号技術の利用例

ネットワークを介して安全に情報をやりとりするために，ユーザー認証，メッセージ認証，暗号処理が通信の中に組み込まれて実行される．これらを規定するセキュリティ・プロトコルとして，インターネット上のクライアントと Web サーバ間の通信では，**SSL** (Secure Sockets Layer) に基づき作られた **TLS** (Transport Layer Security) が使用される．SSL は，最初に米国の民間企業（ネットスケープコミュニケーションズ社）によって開発されたもので，SSL3.0 をもとにインターネットの標準化を行っている IETF (Internet Engineering Task Force) で標準化が行われ，TLS と名付けられた．

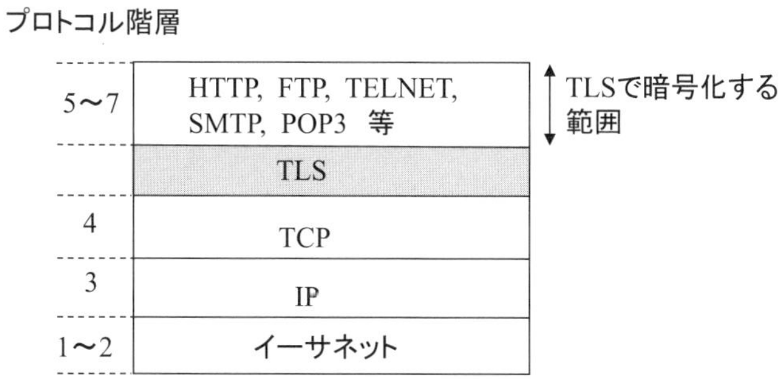

2.3 暗号技術の利用の仕組み

```
プロトコル階層

5～7  | HTTP, FTP, TELNET,    ↑ TLSで暗号化する
      | SMTP, POP3 等         ↓ 範囲
      | TLS
  4   | TCP
  3   | IP
1～2  | イーサネット
```

図 2.7　TLS のプロトコル階層

SSL3.0 と TLS1.0 はほぼ同じである．現在は IETF で標準化された TLS の仕様が広く使用されているため，ここでは TLS と記載する．

TLS は，図 2.7 に示すように，トランスポート層 (TCP) とアプリケーション層（HTTP, FTP, POP3, SMTP など）の間に位置するプロトコルである．そのため，アプリケーションの処理に影響を与えず，さまざまなアプリケーションの通信に利用できる．

TLS では，公開鍵証明書による通信相手の確認，暗号化による通信データの秘匿，メッセージ認証 (MAC) が行われている．図 2.8 に TLS (1.2) を使用した通信シーケンスの概要を示す．

① 暗号化/ハッシュアルゴリズムの合意

はじめに，クライアントから使用可能な暗号化/ハッシュアルゴリズムを Web サーバに通知する．Web サーバでは，提示された暗号化/ハッシュアルゴリズムの中から最も安全性の高いものを決定し，クライアントに通知する．

② 公開鍵証明書による Web サーバの認証

Web サーバの公開鍵証明書をクライアントに送付する．クライアントでは，CA の公開鍵を使用して公開鍵証明書に添付されている CA のディジタル署名を検証し，公開鍵証明書は CA が発行したものであること，および公開鍵証明書が Web サーバのものであることを認証する．

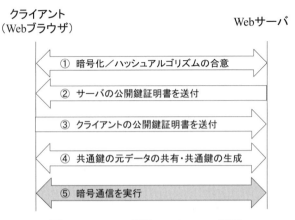

図 2.8　TLS の通信シーケンスの概要

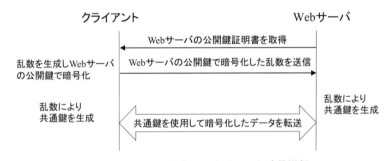

図 2.9　TLS におけるハイブリッド暗号通信

③ 公開鍵証明書によるクライアントの認証

　　クライアントの認証はパスワードなどで行われる場合もあるが，クライアントの接続をより安全に行うため，Web サーバがクライアントの公開鍵証明書で認証を行うことがある．

④ 共通鍵の生成

　　クライアントは，共通鍵暗号および MAC で使う認証鍵の元データとなる乱数を，Web サーバの公開鍵証明書から入手した Web サーバの公開鍵で暗号化して送信する．Web サーバでは自身の秘密鍵で乱数を復号する．クライアントとサーバは，このようにして共有した乱数より

同一の共通鍵と認証鍵を生成する（図 2.9）．
⑤ 暗号通信の実行

　　上記④で生成した共通鍵を使用して通信データを暗号化する（図 2.9）（これは，2.1.2 項で述べたハイブリッド暗号を実現したものである）．また，認証鍵を使用して MAC を作成し，通信データの改ざんの有無を確認する．

第3章

現代暗号の理論

> **本章の概要**
> 　現代暗号の理論的基礎づけは 1980 年代に確立された．本章では，その中核となる概念として，安全性証明のための標準モデル，証明手法としてのシミュレーションパラダイムおよび識別不可能性などを紹介するとともに，それらの概念に基づく代表的暗号機能として，ゼロ知識証明を紹介する．暗号理論は 1990 年代を通じてさらに発展を続け，2001 年にはそれまでのいずれよりも強い安全性概念として汎用的結合可能性 (UC) の形で集大成される．本章では，暗号安全性の基礎理論がどのように拡張されて汎用的結合可能性として定式化されたかなど UC の概念の紹介を行う．
> 　付録 A.6 節では，本章で紹介した基礎理論に基づき基本的な暗号機能の安全性がどのように定義・定式化されているかを具体的に示し，付録 C では，仮想通貨などで用いられる実用性の高いゼロ知識証明の紹介を行う．

3.1 暗号理論のモデル

3.1.1 数理モデル

　さまざまな自然現象や社会現象を数学的に解析することは，それら現象の理解のための非常に強力な方法として広く使われている．たとえば，将来予想されている大震災が発生したときにどのような事態が起こり得るかについての予測では，さまざまな計算機シミュレーションが駆使される．そのようなシミュレーションでは，対象となる地震・津波などの自然現象や人々の行動などを数学的にとらえ，適切な数学手法を用いて解析が行われる．このように解析したい対象を数学的にとらえることを，数理モデルとよぶ．

日本応用数理学会「設立趣意書」では，さまざまな分野で共通に潜む技術的な問題を解決する有力な方法論として数理的手法や発想の重要性が述べられている [220]．その中で，以下のような文章がある．

「技術面における問題解決の一般のプロセスにおきましても，はじめから個々の問題を個別に解決するよりも，まずは抽象的に，すなわち数理的に考察を行って一般的方法ないし手順を確立し，しかる後，個別の問題にその結果を適用するほうが，はるかに効率的であります．」

これは数理的な方法論の本質をとらえており，ある技術的な問題を解決しようとするならば，まずその対象となる問題を数学のような厳密で明確な概念を使って表現し，しかるべき後にその数学的に表現された問題を数学的な手法を使って一般的方法として解決し，それをふたたび対象となる現実的問題に引き戻して解決しようという意味である．このように「数理的」な方法論では，対象を数学的に表現することがまず重要な一歩となり，このことはしばしばモデル化とよばれる．具体的な対象は通常非常に複雑な系であるため，このモデル化にあたっては，対象とする問題に焦点を当てる形で，何らかの単純化や理想化を行うことになる．

3.1.2 暗号におけるモデル化の難しさ

さてこれから，暗号という技術におけるモデル化を考えてみたいと思う．暗号とは，情報通信システムにおいて秘密の情報を用いる広範な技術の総称であり，単に通信の秘匿を保証するだけの技術ではなく，通信相手の身元を保証したり電子的な文書の正当性を保証する認証技術（たとえば電子署名，相手認証など）や，クラウドなどさまざまなネットワークサービスにおいて安全性を保証する技術全般（たとえば電子マネー，電子投票，電子契約やプライバシーを守り計算や検索を行う技術）のことである．

このような暗号技術においては，秘密情報が存在し，その秘密情報を何らかの形で奪おうとする攻撃者が存在することを前提とする．この世のすべてが善人のみで構成され攻撃者が存在しなければ，暗号技術は必要とされない．つまり，暗号技術はさまざまな不正行為を行う攻撃者の存在を前提と

3.1 暗号理論のモデル

するのである．残念ながら我々が住む世界では，不正にシステムに侵入して情報を操作したり，ネットワーク上に流れる情報を奪い取ろうとするような犯罪が絶えない．つまり，この世界は暗号技術を必要としており，数学的真理の追求の中で生まれた純粋数学の粋とでもいうべき整数論や代数学などが，このような人間の業とでもいうべき不正行為を防ぐために暗号の中で使われることになるのは皮肉というべきかもしれない．この攻撃者は人間であると同時に，最新のコンピュータやネットワーク技術さらには最先端の計算アルゴリズムなどを駆使する，極めて高度なサイボーグ人間とでもいうべき存在である．我々が暗号の安全性を考えるとき，ある暗号方式が安全であるとは，どのような攻撃者に対しても破れない（解読されない）ことを要求する．つまり，どのような極めて高度なサイボーグ人間にも破れないことを要求することになる．

　ある暗号方式が安全であるかどうかという問題を数理的手法で解決するためには，まずその問題を数理モデルとしてとらえることをめざす．安全性を数理モデル化するには，その前に攻撃者をモデル化することが必要である．つまり，攻撃者という（サイボーグ）人間を数学的に定式化することが求められる．

　自然科学においては，天体の動きや地上のさまざまな現象を理解するために，できるだけ簡潔な法則でそれらの現象を説明するような理論を作ってきた．そこでは，観測する主体である人間をその理論体系から排除することで，普遍的かつ客観的な理論となることをめざしてきた（量子力学における観測問題や宇宙論における人間原理は，そこでめざした客観性の喉元にささったとげのようなものであるが）．数理的な方法論を適用する多くの工学的応用においても，客観的な物理原理などに基づき解析ができる対象を扱うため，人間そのものを数理モデル化の対象とすることはない．

　一方，社会科学においては，多くの場合人間の行動がモデル化の対象になる．たとえば，経済学は人間の行う経済活動を対象とするため，さまざまな形で人間の行動に関するモデル化を行う．当然，人間の行動は極めて複雑なので，かなり大胆な単純化や理想化が必要となる．たとえば，多くの経済モデルでは人間は経済的に合理的な行動を行うというモデル化を行う．しか

し，実際の人間の行動の多くは非合理的であるため，このようなモデル化の下での経済理論の信頼性については批判があり，ノーベル賞を受賞したような代表的経済学者の間でもさまざまな異論があるようだ．つまり，社会科学においては，人間の行動に関する標準的なモデルというものは現在のところ存在しないようであり，これからもモデル化は難しいと思われる．このことは，人間をモデル化するということが，いかに難しいかということを物語っている．

3.1.3 暗号における標準モデル

　暗号の理論においても，そこで中心となる概念の攻撃者，つまり人間をどのようにモデル化するかが大きな問題となる．現代暗号が誕生してから数年後の1980年代に暗号の理論化が大きく進展したが（この理論化に大きく貢献したゴールドワッサー (Goldwasser) とミカリ (Micali) は，その業績により計算機科学のノーベル賞と言われるチューリング賞を2013年に受賞した)，現在，暗号の分野ではこのときに行われた理論を標準的な理論とし，その中には攻撃者である人間の標準的なモデルも含まれている．

　この標準的な理論は，1960年代から1970年代にかけて確立された計算量理論に基づいている．計算量理論では，現実的に計算できる問題を多項式時間で計算できる問題として特徴づけた [189]．ここでは，ある問題をさまざまなサイズの問題の集合としてとらえ，サイズを順次大きくしていったときの計算時間の漸近的なふるまいを考える．多項式時間とは，漸近的な計算時間が問題のサイズのある多項式で抑えられるものである．また，1970年代の計算量理論では，サイコロを振りながら計算する確率的計算という手法の有効性が認知されるようになった．これは，多少計算誤りがあってもある程度の確率で正しい計算をしてくれれば実際に有益であり，誤りを認めない場合よりも強力な計算手法となり得ることを示す．

　1980年代に確立した暗号の標準的理論では，攻撃者を「確率的多項式時間チューリング機械」とモデル化する（チューリング機械は，計算の数学モデルである）[89, 90]．つまり，前に述べたサイボーグ人間である攻撃者を，（確率的多項式時間）計算機としてモデル化するのである．人間は計算機で

3.1 暗号理論のモデル

はないという批判は残るものの,計算機を使って暗号解読する人間,という観点で数理モデル化したとき,計算機というモデルは妥当であろう.また,確率的多項式時間チューリング機械は数学的に厳密に定義されており,数理モデルとしての要件を満たしている.暗号分野では,通常このモデルを**標準モデル** (standard model) とよび,ある暗号方式が安全であることは,「すべての確率的多項式時間チューリング機械に対してもその方式が破れない」と定義する.このモデルでは,必然的にすべての(攻撃者でない)送受信者や装置も,確率的多項式時間チューリング機械と考える.

現在の暗号理論ではこの標準モデルが広く用いられているが,次のような本質的な問題点を内在している.それは,このモデルでは安全性を絶対的に証明するのが非常に難しいということである.絶対的に証明するとは,何らかの仮定を用いることなく証明するという意味である.それに対して,ある仮定の下で安全性を証明することは,相対的な証明ということになる.絶対的に安全性を証明することの難しさは,計算量理論でよく知られている「P対NP問題」を解決する難しさに依存する.この問題のPとは多項式時間で計算可能な問題の集合のことで,NPとは非決定性多項式時間で計算可能な問題の集合である(非決定性多項式時間とは,大雑把にいえば,問題の答えが与えられたときにその答えが正しいことを多項式時間で検証できるような問題).P対NP問題は有名な未解決問題であるが,2つの解決があり得る.一つはP = NPで,もう一つがP ≠ NPである.もしP = NPだとすると,標準モデルにおいて,すべての(計算量に基づく)暗号方式は安全でないことになる.したがって,もしある暗号方式が標準モデルで絶対的に安全であると証明できたとすると,それはP ≠ NPの証明にもなっているのである.P対NP問題は極端に難しい問題とされているので,現在の我々は,標準モデルを用いる以上,絶対的な安全性証明はあきらめて,相対的な安全性証明を安全性証明と割り切ることになる.また,標準モデルを用いるということは,P ≠ NPが正しいということを仮定していることになる(ある意味で公理のように).実際,多くの計算量理論の研究者はP ≠ NPと予想しているが,それは標準モデルの暗号が存在していると予想していることと同じである.

3.1.4 その他のいくつかのモデル

暗号においては，標準モデル以外のモデルも，目的や用途に応じて使われる．まず，攻撃者のモデルを計算機（チューリング機械）ではなく，（多項式サイズ）回路族としてモデル化することもある．この攻撃者は，標準モデルのものよりも少し強力になるので，ある意味でより強い安全性を意味するが，その分より強い仮定を必要とするのが一般的である．このようなモデルを導入する一つの理由は，より強力な攻撃者モデルを用いることにより，安全性証明が容易になることがあるためである．さらに，将来量子計算機が実現されることを想定して，攻撃者モデルを（確率的多項式時間）量子計算機とすることもある．

標準モデルだけに限定すると安全性証明を行うのが難しいが，モデルを少し変更すると安全性証明が簡単にできるというような場合がある（なお，ここでの安全性証明はすべて，相対的な安全性証明である）．その一つが，ある種の関数（ハッシュ関数）をランダム関数として理想化するモデルで，ランダムオラクルモデル (random oracle model) とよぶ [19]．このモデルは，その特定の関数以外は標準モデルと同じである．標準モデルではすべての関数を多項式時間で計算可能な関数とするので，ランダム関数のような関数は標準モデルでは扱うことはできない．このような場合，現実の暗号方式で使う関数は実際に計算可能な関数であるので，理想化されたランダム関数に基づく安全性証明との間にギャップが生じる．なお，このようなギャップが生じないことが標準モデルの大きな長所の一つである．

同様に，暗号の構成に用いるある種の群を，限定された攻撃法しかないと理想化した群（ジェネリック群とよぶ）と想定するモデルもある．これはジェネリック群モデル (generic group model) とよばれる [186]．ランダムオラクルモデルと同様に，現実の暗号方式とジェネリック群モデルでの安全性証明の間にはギャップが生じる．

3.1.5 形式論によるモデル

標準モデル以外のモデルとして代表的なものに，形式論（フォーマルメソッド）によるモデルがある [67]．形式論とは，数学基礎論の証明論とよばれ

る分野で発展した方法論で，定理の自動証明などの研究を通じてさまざまな実用的なツールや手法が開発されてきた．たとえば，集積回路やプログラムの動作の正当性を検証する手法など，多くの実用例が知られている．

　暗号でこの手法を用いる場合，攻撃者ができる行為（攻撃）をすべて形式的に定義する．標準モデルでは，攻撃者は確率的多項式時間で計算できることはすべてできる．それに対してこの手法では，ある種の証明系における公理のような形で，暗号系の仕様ならびに攻撃者のとり得る攻撃行為を形式的に規定する．いったんこのような規定を行うと，その規定と推論規則などを用いることで，とり得るすべての動作を知ることが可能となる．そのすべての動作がいずれも暗号解読に到達しなければ，その暗号方式は安全であるとする．このような解析（証明）は，多くの場合計算機上のツールを使って行われる．つまり，このモデルでは暗号の安全性を自動的に証明することも可能となる．

　このモデルの優れた点は，標準モデルと異なり安全性証明が絶対的に明快で簡潔にできるということである．また，計算機上のさまざまな形式論のツールを用いることにより，証明の自動化も可能となる．一方，攻撃者のモデル化における形式論による規定/定義の妥当性に関しては，疑問も生じる．攻撃者という高度に複雑なサイボーグ人間を，ある暗号の解読という観点のみに特化して，大胆に簡略化したモデル化を行うことになるので，どこまで妥当で説得力のあるモデル化ができるかがこの形式論モデルの課題ともいえる．

　以上のようなことを考慮すると，このモデルは，単体の暗号方式の安全性証明よりも，暗号機能を複雑に組み合わせた暗号プロトコルの安全性証明のようなところにより適していると考えられている．複雑な暗号プロトコルでは，人間が手作業ですべての安全性証明/検証を行うことが難しい場合が多いため，ある程度攻撃者モデルを単純化することにより複雑なプロトコルの安全性を形式論手法で機械的に証明/検証することの意義は，これからも高まっていくと思われる．

　なお，暗号の標準モデルに基づく暗号方式やその安全性証明を中心に紹介した文献が [217] であり，暗号や暗号プロトコルの形式論モデルによる手法

を包括的に紹介したものが [215] である.

3.2 安全性の定式化とゼロ知識証明

本節では，情報の秘匿を対象とする暗号において，（漏えいする）情報の量や安全性がどのように定式化されているかについて紹介する.

3.2.1 情報理論における情報量

現代社会は，情報が重要な価値をもつ情報社会とよばれている．我々が日常使っているこのような「情報」という概念を，情報が多いか少ないかという観点で「情報量」として数理的に定義したのが，シャノン (Shannon) である [184]．彼が定義した情報量は，シャノン・エントロピー (Shannon entropy) とよばれている．また，この情報量概念に基づき，情報の圧縮や誤り訂正などを研究する分野は情報理論とよばれている.

エントロピーという概念はもともと熱力学において導入された概念であるが，それを統計力学的観点から再定義して乱雑さの度合いであることを明確にしたのが，ボルツマン (Boltzmann) である.

シャノンが情報量の概念としてシャノン・エントロピーを導入したとき，その定式化とボルツマンによるエントロピーの定式化との類似性に注目して，シャノンの定義した情報量をエントロピーと命名するように勧めたのが，物理学にも精通した数学者のフォン・ノイマン (von Neumann) といわれている．実際，フォン・ノイマンが気付いたように，シャノン・エントロピーは本質的にボルツマン・エントロピーと同じ概念であり，（ある確率分布の）乱雑さの度合いを表したものとなっている[1]．なお，ある情報が完全にランダムなとき，そのシャノン・エントロピーはその情報の長さ（ビット長）と一致するように定義されている.

この情報量が情報圧縮や誤り訂正に関する情報理論にとって有効である理

---

[1] 情報理論とは違って，日常生活で我々が「情報量」という言葉を使うときは，「意味」を込めた形で用いることに注意しよう．たとえば，「あの人の講演は私にとってあまり情報量がなかった」というような表現をした場合，その「情報量」は，乱雑さの度合いではなく，さまざまな「意味」の体系においての情報量となっている.

3.2 安全性の定式化とゼロ知識証明

由は，乱雑さの度合いが情報圧縮や誤り訂正と本質的に結びついているからである．完全にランダムな情報はそれ以上情報圧縮できない．ある情報をどこまで圧縮できるかは，その情報の乱雑さの度合いで定まる．また，情報の誤りを訂正するためには，冗長情報が必要となる．ある情報にどの程度の冗長情報があるかは，その情報の乱雑さが少ない度合い（その情報の長さからその情報の乱雑さの度合いを引いた量）で測れる．

それでは，この概念は暗号においてどのように使われるだろうか？ すぐに分かるように，完全にランダムな情報は，「理想的に安全な」暗号となる．暗号文の長さがその暗号文のエントロピーと一致するような暗号は，攻撃者が無限の計算能力をもっていても破れない理想的に安全な暗号となるのである．このような安全性は**情報理論的に安全** (information theoretically secure) とか**無条件に安全** (unconditionally secure) とよばれる．別の言葉で表現すると，「情報理論的に安全」な暗号は，無限の計算能力をもつ攻撃者に対しても「漏えいする情報量が0である」ということが言える．

ワンタイムパッド暗号とよばれる暗号を用いて，情報理論的に安全な暗号の一例を示す．ワンタイムパッド暗号では，送りたい情報を $m = (m_1, \ldots, m_n)$ ($m_i \in \{0,1\}$, $i = 1, \ldots, n$) としたとき，一様かつランダムに選ばれた秘密鍵 $k = (k_1, \ldots, k_n)$ ($k_i \in \{0,1\}$, $i = 1, \ldots, n$) を用いて暗号文 $c = (c_1 = m_1 \oplus k_1, \ldots, c_n = m_n \oplus k_n)$ を作る．ここで，$\oplus$ は排他的論理和を意味し，$x \oplus y = x + y \bmod 2$ となる．暗号文 c の受信者が秘密鍵 k を保持しているとき，$(c_1 \oplus k_1, \ldots, c_n \oplus k_n)$ により $m = (m_1, \ldots, m_n)$ ($m_i \in \{0,1\}$, $i = 1, \ldots, n$) を復号できる．

いま，3ビットの情報（ここで，'101' とする）を3ビットの秘密鍵 $k = (k_1, k_2, k_3)$ を使って暗号化することを考える．暗号文 $c = (c_1, c_2, c_3)$ は，$(1 \oplus k_1, k_2, 1 \oplus k_3)$ となる．このとき，$1 \oplus k_1$，k_2 および $1 \oplus k_3$ のいずれも 0（もしくは 1）となる確率が（それぞれ独立に）1/2 となるため，c のエントロピーは3ビットとなる．一方，c の長さは3ビットなので，この暗号文は完全にランダムであり，ワンタイムパッド暗号が情報理論的に安全であることが分かる．

このように，シャノン・エントロピーに基づく情報理論を用いることに

より,「無限の計算能力をもつ攻撃者に対しても漏えいする情報量が0である」ことを定式化することができる.

3.2.2 計算量を考慮した情報量

現代暗号で用いる多くの暗号は,計算量が限定された攻撃者に対してのみ安全性が保証される.たとえば公開鍵暗号は,無限の計算能力をもつ攻撃者は公開鍵から秘密鍵を計算することができるため,「情報理論的に」安全ではない.そのようなことを踏まえて,前に紹介したように,暗号の標準モデルでは,攻撃者を計算量が限定された「確率的多項式時間チューリング機械」(PPT) としている.

前項では,無限の計算能力をもつ攻撃者に対して漏えいする情報量がエントロピーという概念を用いて定式化できることを紹介したが,暗号の標準モデルに対応するためには,計算量が限定された (PPT) 攻撃者に対しても漏えいする情報量を定式化することが必要となる.そのようなことをめざして,**計算量的エントロピー (computational entropy)** という概念を導入したのがヤオ (Yao) である[2].ヤオは,まず**識別不可能性 (indistinguishability)** という概念を導入した [202, 89, 217].これは,与えられた2つの確率分布 X と Y を,どのような PPT 攻撃者にとっても区別することが難しいとき,X と Y は「(計算量的に) 識別不可能」であると定義するものである(付録 A.6.1 項参照).つまり,大きな計算能力をもつ攻撃者には区別できるようなものでも,PPT 攻撃者には区別できなければ,それらを同じものとみなすのである.これは,「猫に小判」とか,「馬の耳に念仏」といったことわざに一脈通じるかもしれない.

次に,エントロピーの小さい確率分布 X と大きなエントロピーをもつ確率分布 Y が識別不可能であるとする.このとき,X のエントロピー $H(X)$ そのものは小さい値であるが,PPT 攻撃者にとっては Y と区別がつかないので,X は Y のエントロピー $H(Y)$ をもつように見える.つまり,PPT 攻撃者にとっては,X は擬似的に大きなエントロピー $H(Y)$ をもつと考え

---

[2] ヤオは,この仕事のみならず理論的計算機科学全般にわたる数々の貢献により,2000年にチューリング賞を受賞している.

3.2 安全性の定式化とゼロ知識証明

ることができる．この見かけのエントロピー $H(Y)$ を X の計算量的エントロピーとよぶ．

ヤオはこの概念を用いて，**擬似乱数** (pseudorandom string) を定義した．擬似乱数は，それ以前にブラムとミカリにより別の形で定義されていたが [30]，ヤオは識別不可能性の概念を用いて再定義し，以前の定義との等価性を示した [202]．擬似乱数とは，短い乱数の種（シード）s（たとえば 100 ビット）を用いて生成された長い系列 $G(s)$（たとえば 100000 ビット）で，それが一見本当の乱数のように見えるものである．ヤオは，$G(s)$ が同じ長さの真の乱数 R と識別不可能であるならば，$G(s)$ を擬似乱数であると定義したのである（付録 A.6.1 項参照）．このとき，$G(s)$ のもつエントロピーは s の長さ（たとえば 100 ビット）であるが，$G(s)$ の計算量的エントロピーは $G(s)$ の長さ（たとえば 10000 ビット）となる．

この擬似乱数を用いると，前に紹介した情報理論的に安全なワンタイムパッド暗号の計算量版（計算量が限定された攻撃者に対して安全な暗号）を作ることができる．ワンタイムパッド暗号では，送りたい情報と同じ長さの秘密鍵（乱数）$k = (k_1, \ldots, k_n)$ を用いたが，k を擬似乱数 $G(s)$ とすることで秘密鍵を s にすることができる．つまり，どんなに長いデータも短い秘密鍵 s を用いて暗号化することができる．この暗号方式はもはや情報理論的な安全性はもたないが，PPT 攻撃者に対してはそれと同等の安全性をもつ（計算量的に安全な）暗号となる．

この擬似乱数の概念をさらに発展させたものとして，**擬似ランダム関数** (pseudorandom function) という概念がゴールドライッヒ (Goldreich)，ゴールドワッサー (Goldwasser)，ミカリにより導入された [92]（付録 A.6.1 項参照）．擬似乱数が乱数を擬似的に実現するのに対し，擬似ランダム関数はランダム関数（3.1.4 項で述べたランダムオラクル）を擬似的に実現する．擬似乱数生成に短い秘密の乱数（シード）が使われたように，擬似ランダム関数生成においても短い秘密の乱数であるシードが使われる．このシードを用いた擬似ランダム関数のプログラムやハードウェアは，入出力だけを観測するとランダム関数と見分けがつかない（シードさえ秘密にしておけば，擬似ランダム関数が公開されていても）．たとえば，100 個の独立な

乱数を擬似的に発生させたいとして，この擬似ランダム関数に順次 1～100 の値を入力したとき，その 100 個の出力は真にランダムで独立な 100 個の乱数と見分けがつかないことになる．

　この性質を用いて，多くの暗号の応用で鍵の生成に擬似ランダム関数が利用される．なお，シードさえ秘密にしておけばこの擬似ランダム関数そのものは公開してよいため，この鍵生成プログラムはオープンソースとすることが可能である．たとえば仮想通貨において，多数の秘密鍵を生成する必要のあるウォレットとよばれるソフトウェアやハードウェアでは，各利用者ごとに設定した秘密のシードを（公開の）擬似ランダム関数に入力して，安全に鍵（秘密鍵とアドレス）を生成することができる（4.5.1 項参照）．

3.2.3　シミュレーションパラダイム

　暗号では，単純な暗号機能だけでなく，基本的な暗号や認証機能などを部品として使うことでより複雑な暗号機能を構築する．たとえば電子投票のシステムでは，多くの参加者を対象に，各自の投票内容を隠した上で投票の集計結果だけを出力するような機能を提供する．

　複雑な暗号機能においては，やりとりされる情報の確率分布はさまざまな偏りをもつため，単純にエントロピーや計算量的エントロピーといった尺度のみを用いて安全性を証明することは難しい．

　このように多様な確率分布をもつ暗号機能の安全性（隠したい情報を攻撃者に漏えいしないこと）を証明するために導入された方法論が，シミュレーションパラダイム (simulation paradigm) である．この方法論は，前にも紹介したゴールドワッサーとミカリらによって導入された [98, 99]．シミュレーションパラダイムでは，攻撃者がある暗号機能の動作において見えるすべての値の確率分布（これを攻撃者の「ビュー」とよぶ）を公開情報とその（理想的）暗号機能の出力だけを用いてシミュレーションできるならば，その暗号機能は攻撃者に余分な（その暗号機能の出力以外の）情報を漏えいしていないと考える．シミュレーションには（隠したい）秘密の情報が含まれていないため，シミュレーションと同じ（もしくは違いを識別できない）分布である攻撃者のビューにもその秘密の情報が含まれていないと考えるのは

3.2 安全性の定式化とゼロ知識証明

自然である.

別の言い方をすれば,攻撃者のビューは**現実世界** (real world) で実際に見える情報であり,シミュレーションした情報は隠したい秘密情報を一切使わずに仮想的に作った**理想世界** (ideal world) の情報である.もしこの 2 つの情報が同じように見えるならば,現実世界でも理想世界と同様に安全である(秘密が漏れていない)と考えることができるのである.

ある暗号機能がこの性質を満たすとき,その暗号機能を「ゼロ知識である」ということがある(シミュレーションパラダイムは暗号において広範に使われており,しばしば「シミュレーションに基づき安全である」ともいわれる).後に説明するゼロ知識の概念において,シミュレーションと攻撃者のビューが全く同じ分布である場合を「完全ゼロ知識」,それら 2 つの分布がほぼ等しい場合を「統計的ゼロ知識」,さらに 2 つの分布が(計算量的に)識別不可能である場合を「計算量的ゼロ知識」という.ここで,完全ゼロ知識は情報理論的な安全性となり,無限の計算能力をもつ攻撃者に対しても余分な情報を漏らさない.

なお,前項で紹介したワンタイムパッド暗号やその計算量的安全性版の安全性も,このシミュレーションパラダイムの中で定式化できる.まず,ワンタイムパッド暗号に関して,n ビットの一様にランダムな情報 $c' = (c'_1, \ldots, c'_n)$ はビット長 n のみを用いて容易にシミュレーションできる.この暗号の攻撃者のビューは,暗号文 $c = (c_1, \ldots, c_n)$ だけなので,c' と c が確率分布として同一であることにより,いわゆる完全ゼロ知識となることが分かる.同様に,ワンタイムパッド暗号の計算量的安全性版(擬似乱数を用いた方式)では,シミュレーション c' と攻撃者のビュー(暗号文)c が(計算量的に)識別不可能なので,計算量的ゼロ知識であることが分かる.このように,個々の方式の特徴に着目してエントロピーや計算量的エントロピーを用いて示した安全性を,より一般的なシミュレーションパラダイムを用いて示すことができる.

上記の概念を一般化して,攻撃者に高々 x ビットしか情報を漏らしていないことを次のように示すことができる($x = 0$ の場合がゼロ知識である).公開情報とその暗号機能の出力に加えてさらに x ビットの情報を用いるこ

とで攻撃者のビューをシミュレーションできるならば，その暗号機能は攻撃者に（その暗号機能の出力以外には）高々xビットの情報しか漏えいしていないと考える．このような形で定式化した（攻撃者に漏れる）情報量（高々xビット）を**知識情報量** (knowledge complexity) とよび [95]，ゼロ知識のときと同様に，「完全知識情報量」，「統計的知識情報量」，「計算量的知識情報量」が定義できる．

前に紹介した識別不可能性とこのシミュレーションパラダイムは，暗号全般にわたって安全性（攻撃者に漏れ得る情報量の評価）を定式化する最も基本的な方法論となっている．

3.2.4　ゲームベース安全性

前項で紹介したシミュレーションパラダイムにより示された安全性を，**シミュレーションベース安全性** (simulation-based security) とよぶ．それに対して，暗号では**ゲームベース安全性** (game-based security) という定式化も使われる [217]．ゲームベース安全性では，安全性が攻撃者と挑戦者の間のゲームとして定義され，どのようなPPT攻撃者に対してもこのゲームに攻撃者が勝つ確率が自明な確率とほぼ同じであるとき，安全であると定義する．

シミュレーションベース安全性は対象となる暗号機能の安全性の意味から作られた安全性定義であり，望ましい安全性を自然に定式化したものといえる．それに対してゲームベース安全性は，ゲームの形で表現することでより取り扱いの簡単な（より証明するのが簡単な）定式化となっている．一般には，シミュレーションベース安全性のほうがゲームベース安全性よりも強い（望ましい）安全性をもっている．

一方，シミュレーションベース安全性では強い安全性をもつが具体的な実現方法がない（もしくは何らかの制約付きでないと実現できない）が，ゲームベース安全性では具体的な実現方法が存在するという場合がある．したがって，どちらの定式化を用いるかは目的により使い分ける場合も多い．たとえば6.2節で紹介する関数型暗号ではこのようなことが起きるため，実用的な方式の安全性証明にはゲームベース安全性を用い，より理論的な安全性の

解明にはシミュレーションベース安全性を用いる（付録 F.1 節参照）．

公開鍵暗号とディジタル署名においては，シミュレーションベース安全性とゲームベース安全性の等価性が示されているため [217]，通常，取り扱いの簡単なゲームベース安全性が用いられる．公開鍵暗号とディジタル署名のゲームベース安全性による安全性定義を付録 A.6.3 項と付録 A.6.4 項に示す．

3.2.5　ゼロ知識証明

3.2.3 項で紹介したゼロ知識という用語は，ほとんどの場合，証明系と組み合わせてゼロ知識証明 (ZKP: Zero-Knowledge Proofs) という形で使われる．そこで，シミュレーションパラダイムの代表例としてゼロ知識証明を紹介しよう（付録 A.6.6 項参照）．

代表的なゼロ知識証明として，ある数 y が乗法演算で平方数であることを証明するゼロ知識証明を紹介する（たとえば，2.2.2 項で紹介した RSA 暗号の公開鍵である n に関する $\mathbb{Z}_n$ 上の乗法演算を考える）．いま，y に対して $y = x^2$ となるような x があるとする．ここで証明したい y に関する命題は，「$y = x^2$ を満たす x が存在する」である．x を開示すれば命題が正しいことが分かるが，ゼロ知識証明では命題が正しいということ以外の情報が漏れないことをめざす．

この命題に対するゼロ知識証明は，以下の処理を逐次的に n 回繰り返す（n は y のビット長）．

```
証明者 P                                    検証者 V
a = r² (r はランダムな要素)  ──── a ────→
                            ←─── b ────    b ∈ {0,1}：ランダム
c = xᵇr                     ──── c ────→   c² ≟ yᵇa を確認
                                            合格 ⇒ 次ラウンドへ
                                            不合格 ⇒ 中止
```

最終的に n 回のすべてのラウンドで合格ならば，検証者はこの命題を受理する．

この証明系がゼロ知識であることを示すためには，攻撃者のビュー（攻撃者から見えるすべての情報）がシミュレーションできることを示す必要がある．もう少し正確には，公開された情報のみを用いてシミュレーションした確率分布が攻撃者のビューの確率分布と識別不可能（3.2.2項参照）であること（ゼロ知識性 (zero-knowledgeness)）を示す．

このときの攻撃者は（悪意をもった）検証者 V となり，そのビューは公開情報と V が（内部の計算で）用いるすべての乱数 R と P から送られてきた情報となる．つまり，$(R, a_1, c_1, \ldots, a_n, c_n)$ となる．ここで，(a_i, b_i, c_i) を i ラウンド目 $(i = 1, \ldots, n)$ の上記プロトコルとしたとき，$b_i = V(R, a_1, c_1, \ldots, a_i)$ はこの式で確定的に定まる．

V のビューは以下のようにシミュレーションする（このシミュレーションでは，攻撃者 $V(\cdot)$ をブラックボックスとして利用する）．まず R をランダム定めた後，1ラウンド目のシミュレーションを行うため，b_1 および c_1 をランダムに定め，$a_1 = c_1^2 / y^{b_1}$ を計算する．次に $b_1' = V(R, a_1)$ を計算し，b_1' が b_1 と一致すれば，1ラウンド目のシミュレーション (R, a_1, c_1) が終わり，第2ラウンド目のシミュレーションに進む．一致しなければ，1ラウンド目の最初に戻り（巻き戻して），同じ処理を繰り返す（平均2回の繰り返しで1ラウンド分のシミュレーションができる）．以上のシミュレーションを n ラウンド目まで行い，$(R, a_1, c_1, \ldots, a_n, c_n)$ を出力する．1試行におけるシミュレーション処理時間を T とすると，このシミュレーション全体の平均的実行時間は $2nT$ となる．

上のシミュレーションによる確率分布は実際のプロトコルの分布と完全に一致するので，「完全ゼロ知識証明」となる．つまり，情報理論的な安全性が保証されている．

古典的な証明系 (proof system) では，証明者は対象とする命題が正しいということを示すための「証明」を送り，それを検証者が受け取り検証する．命題が正しければ必ず（確率1で）検証は受理され（**完全性** (completeness)），間違った命題ならば一切（確率1で）受理しない（**健全性** (soundness)）．ところが，上で示した（ゼロ知識）証明系は，以下に示す2つの意味で古典的な証明系を拡張している．

- 証明が対話的に行われる．古典的証明系では証明者が一方的に証明を検証者に送るのに対して，上記証明系では証明者と検証者の間でやりとり（対話）が行われ，最終的に検証者が検証結果を出力する．
- この証明系では，間違った命題に対しても小さい確率 ($1/2^n$) で検証者は受理する（古典的証明系では，この確率は 0 である）．つまり，小さい確率で検証誤りが起きるのである（これを対話証明の健全性とする）．

たとえば，上記の（完全ゼロ知識）対話証明プロトコルを見てみよう．まず，正しい命題（$y = x^2$ を満たす x が存在する）に対しては，プロトコル規定通りに証明者が実行すれば確率 1 で検証者により受理される（完全性）．

一方，偽の命題（$y = x^2$ を満たす x が存在しない）に対しては，どのような（無限の計算能力をもつような不正な）証明者に対しても各ラウンドで検証者が受理する確率は高々 $1/2$ であり，n ラウンド実行してすべてのラウンドで受理される確率は高々 $1/2^n$ となる（健全性）．

このことは以下のことから容易に示せる．i ラウンド目において P が a_i を送った後，$b_i = 0$ と $b_i = 1$ のそれぞれの場合で正しく検証に合格するような $c_i^{(0)}$ と $c_i^{(1)}$ が存在すると仮定する．このとき，$(c_i^{(0)})^2 = a_i$ と $(c_i^{(1)})^2 = ya_i$ が成立し，これは $y = (c_i^{(1)}/c_i^{(0)})^2$ となり，y が偽の命題であることと矛盾する．つまり，$c_i^{(0)}$ と $c_i^{(1)}$ が共に存在することはない．したがって，どのような計算能力をもつ証明者に対しても，各ラウンドで受理される確率は高々 $1/2$ となる．

上のような特徴をもつ証明系は，ゴールドワッサー，ミカリ，レイコフ (Rackoff) により，**対話証明** (interactive proof) として定式化された（付録 A.6.6 項の定義 A.6.9 参照）[99][3]．このような小さい検証誤りを導入することは，それまでも確率アルゴリズムとして古典的な（確定的な）アルゴリ

---

3) この論文は，1985 年の国際会議 STOC で発表されたものを，論文誌用に改編したものである．STOC 版では，「知識情報量」，「対話証明」および「ゼロ知識証明」という 3 つの新しい概念が導入されている．論文誌版では，このうち知識情報量が削除された（後に，[95] において別の形で定式化された．3.2.3 項参照）．ゴールドワッサーとミカリは，2013 年にチューリング賞を受賞しているが，ゼロ知識証明と対話証明の発見が大きな受賞理由となっており，いずれもこの論文で示されたものである．なお，この論文の基となった国際会議版は 1985 年に STOC に受理されるまで，1983 年から 1984 年にかけて国際会議 STOC と FOCS に 4 回連続投稿されたもののいずれも拒絶された，というエピソードが残っている．

ズムの概念を拡張する文脈の中で行われており，対話証明への拡張もその流れの中でとらえることができる．このような一般化により，対話証明ではより広いクラスの証明が可能となることが分かっている（対話証明で証明できる問題のクラスは，計算量理論でPSPACEとして定式化されているクラスと同じであることが知られている [124, 183]．PSPACEは，NPよりもずっと大きいクラスである多項式時間階層PHを含む非常に大きい計算量のクラスである）．

しかし，対話証明はもともとは暗号への応用をめざして導入されたものであった．つまり，命題が正しいということ以外の秘密を一切漏らさない形で証明を行うゼロ知識証明を実現するためには，対話証明という対話と確率（の導入による検証誤り）が必要であったのである．実際，通常の前提（信頼できる機関による事前設定を行わない）では，非対話でゼロ証明を行うことはできない．また，検証誤りを導入しなければ，対話の効果がなくなることも知られている．

それでは，どのような命題に対してゼロ知識対話証明が実現できるのだろうか？ 計算量的ゼロ知識証明では，ゴールドライッヒ，ミカリ，ウィグダーソン (Wigderson) らにより，（対話証明で）証明できるどのような命題（NP完全問題やPSPACE）に対しても計算量的ゼロ知識証明が実現できることが知られている（一方向性関数の存在の仮定の下で）[94, 22]．統計的ゼロ知識証明については，より限定された命題でしか実現できず，そのクラスは統計的差異 (SD: Statistical Difference) という問題を完全問題とする形で特徴づけられる [157, 178]．

多くの実用的応用では，「非対話」でゼロ知識証明ができると大変便利である．たとえば，スマートコントラクトというさまざまな契約条文を含む形で支払いを仮想通貨で行う際に（4.4節参照），その支払い通信（トランザクション）には，金額やプライバシー情報を含むような契約文言が含まれる．そこで，これらトランザクションに含まれるプライバシー情報だけをまるで黒塗りした文書のように暗号化し（コミットメントを利用，3.3.3項参照），暗号化された情報を含む契約全体が正しく条件を満たしていることをゼロ知識証明で証明したい．このような利用形態では，ゼロ知識証明はトラ

3.2 安全性の定式化とゼロ知識証明

ンザクションとともに相手に送られるため，対話証明ではなく証明を一方的に送る非対話証明であることが求められる．

では，このような**非対話ゼロ知識証明** (non-interactive zero-knowledge proof) は実現できるのだろうか？信頼できる機関による事前設定を行わずに非対話ゼロ知識証明はできないが，事前設定を認めると非対話ゼロ知識証明が実現できることが知られている [29]．典型的な事前設定は，システムで共有する情報を信頼できる機関が正しく生成し公開することであり，このような情報は**共通参照情報** (CRS: Common Reference String) とよばれる（非対話ゼロ知識証明の定義は付録 C 参照）．

このような非対話ゼロ知識証明の研究は，ゼロ知識証明の研究が始まった 1980 年代後半から行われており [29]，1990 年のファイゲ (Feige)，ラピドット (Lapidot)，シャミアにより，どのような NP 問題に対しても非対話ゼロ知識証明が実現できることが知られていた [73]（この構成では，RSA 暗号関数のようなトラップドア一方向性置換関数を必要とする）．しかし，この方式は決して実用的とは言えず，実際の応用例は知られていない．その後，双線形写像群を用いることで任意の NP 問題に対する非対話ゼロ知識証明をより効率的に実現できることが示された [103]．

また，グロス (Groth) とサハイ (Sahai) は，双線形写像群を用いることで，2 次式の命題に対する実用的な非対話ゼロ知識証明を構成できることを示した [104]．また，この非対話ゼロ知識証明と効率的に組み合わせて利用できる署名方式として，**構造維持署名** (structure preserving sigantures) の研究も活発に行われている [7, 5]．

最近，ジェナロ (Gennaro) らにより，一般の命題に対して大変効率的な非対話ゼロ知識証明方式が提案された [85]．ここでは，（非対話ゼロ知識証明の）証明のサイズが証明したい命題のサイズに依存せず大変短いことを特徴とする．このような証明を「**簡潔な** (succinct) **証明**」とよぶ．また，通常の証明系とは異なり，証明者の計算能力が限定されていることを前提とする．通常の証明系では，証明者が無限の計算能力をもっていても間違った命題に対して受理されるような証明を作ることはできないが（このような性質を完全健全性とよぶ），この証明系では，計算能力が限定された

証明者に限って，間違った命題に対して受理されるような証明を作ることはできない．これを計算量的健全性といい，計算量的健全性をもつ証明系をアーギュメント (argument) とよぶ．また，命題が正しいこと（言語の健全性）を証明するのではなく，命題が正しいことを示す証拠を知っていること（知識）を証明するとき（「知識の健全性」をもつという），そのような証明/アーギュメントを「知識の証明/アーギュメント (proof/argument of knowledge)」という．そこで，**簡潔な知識の非対話アーギュメント (succinct non-interactive argument of knowledge)** を **SNARK** とよぶ．さらに，SNARK が（完全）ゼロ知識証明ならば **ZK-SNARK** とよぶ．ジェナロらは，文献 [85] において双線形写像を用いて実用性に優れた ZK-SNARK を提案しており，それに基づき実装された方式 **Pinocchio** [164] は，ZCashなどの仮想通貨で用いられている [23]．さらに Pinocchio や他のそれまでの方式の効率を改良したものがグロス (Groth) により提案されており [102]，それが現時点では最も効率の良い ZK-SNARK 方式である．ZK-SNARK の定義およびグロス ZK-SNARK 方式については，付録 C を参照されたい．

なお，ZK-SNARK は非対話型のゼロ知識証明であるため，上で述べたように信頼できる機関が正しく生成した共通参照情報 (CRS) が必要となる．そのため，不正が行われないように検証可能な形で事前設定を行うことが求められる．上記の ZCash では，CRS を正しく作成するための多者暗号プロトコルが導入されている [35]．

ここで，以上で紹介した2つの典型的なゼロ知識証明を比較してみよう（表 3.1）．一つは，ゼロ知識証明において最も代表的な結果の一つであるゴールドライッヒ，ミカリ，ウィグダーソンによる計算量的ゼロ知識対話証明である（GMW ZKIP とよぶ）[94]．もう一つが，グロスによる ZK-SNARK である（Groth ZK-SNARK とよぶ）[102]．

3.3 汎用的結合可能性

3.3.1 単独の安全性からより一般的な安全性へ

前節までで，シミュレーションパラダイムによる安全性について紹介し，

3.3 汎用的結合可能性

表 3.1 2つのゼロ知識証明方式の比較

比較項目	種別	GMW ZKIP	Groth ZK-SNARK
対象命題	任意のNP命題	○	○
	特定の命題		
ゼロ知識性	完全		○
	統計的		
	計算量的	○	
対話/非対話	対話	○	
	非対話		○
事前設定 (CRS)	無	○	
	有		○
健全性1	完全	○	
	計算量的		○
健全性2	言語	○	
	知識		○
証明の長さ	命題の長さに依存	○	
	一定(短い)		○
モデル/仮定	標準/標準*	○	
	ジェネリック群 (双線形写像群)		○

*：一方向性関数の存在

シミュレーションベース安全性が望ましい(ある意味で理想的な)安全性であると述べた．しかし，前節で述べた安全性には一つの弱点があり，ある意味で十分な安全性を満たしていない．その弱点とは，ある暗号機能を単独で使うことを前提にした安全性しか考慮していないという点である．

たとえば，ゼロ知識証明を単独で利用する場合は，前節で紹介した安全性で十分である．しかし，もしゼロ知識証明をさまざまなほかの暗号機能と組

み合わせて利用する場合（つまり，ある暗号応用プロトコルの中の一部品として利用する場合）は，単独で利用することを前提に定義された安全性が必ずしも維持されない場合があるのである．その一例として，複数のゼロ知識証明プロトコルを非同期で同時に利用するとゼロ知識でなくなる（情報が漏えいする）というような例が数多く知られている．つまり，暗号機能を単独で利用する場合には問題が生じなくても，利用状況によっては安全でなくなることがしばしばある．

　暗号機能がインターネット等における多くのアプリケーションで必須機能と認識され，広範に使われるようになればなるほど，「どのような環境で利用しても安全であること」が要求されるようになってくる．そのような要求に答える形で定式化された安全性が，カネッティ (Canetti) により提唱された**汎用的結合可能性**（Universal Composability, **UC** と略すことも多い）である [41]．この定式化はシミュレーションパラダイムに基づいており，それまでの安全性定義を最も強い形で集大成し定式化したものと言える．

3.3.2　汎用的結合可能性の定式化

　3.2 節で，シミュレーションパラダイムとそれに基づくゼロ知識証明の紹介を行った．そこでは，対象とする暗号機能（ゼロ知識証明）における攻撃者の見える情報（ビュー）を（公開情報のみを使って）シミュレーションし，ビュー（現実世界）とシミュレーション（理想世界）が（どのような識別器に対しても）識別できないならば，攻撃者に余分な情報が漏れていないとした．この定義は，（他の暗号機能と組み合わせて使うことは考えないで）単独（スタンドアローン）で利用することを前提として作られたものである（ただし，任意の外部入力をビューに加えることで，「逐次的」に他の暗号機能と組み合わせて使う場合の安全性に拡張できる（付録 A.6.6 項の定義 A.6.10 参照））．これは，単独で（もしくは他と逐次的に）用いるときは，攻撃者のビューは他の暗号機能との並列的な利用による影響を受けないため，ビューだけに絞って情報漏えいを調べればよかったためである．

　それに対して，どのような暗号機能とどのように組み合わせて使っても（どのような環境の中で使っても）安全性が保たれるような安全性をめざす

3.3 汎用的結合可能性

汎用的結合可能性 (UC) では，大雑把に言って，シミュレーションパラダイムを以下のような形で用いる．

まず，対象とする暗号機能を，それを利用するアプリケーションから見たサブルーチンと考える．このとき，どのように組み合わせて使っても安全であることを示すには，あらゆる悪意あるアプリケーションがこのサブルーチン（対象とする暗号機能）に対してさまざまな実験をするような状況を考える．大雑把に言うと，どのような悪意あるアプリケーションも，現実のサブルーチンを使って見える世界（現実世界）とシミュレーションにより作り上げた世界（理想世界）が識別できなければ，その暗号機能（サブルーチン）はどのような組合せの中で使っても（どのような環境の中で使ってても）安全である，つまり UC の意味で安全ということである．

このことを図 3.1 を用いてもう少し詳しく述べよう．UC の定式化では，この悪意あるアプリケーションを**環境** (environment) Z という能動的な識別器とする．どのような暗号機能も 2 者以上の参加者によるプロトコルとして表現することができる（たとえば暗号機能は送信者と受信者，署名機能は署名作成者と検証者による 2 者プロトコルとして表現できる）．このとき，サブルーチンとしての暗号機能は，各利用者 $(P_1, \ldots, P_4)$ の入出力をインターフェースとする入出力で規定される．ここで，あるべき機能として表現した暗号機能（**理想機能**）(functionality) $\boldsymbol{F}$ は，このインターフェースの入出力関係で規定される．

現実には，この暗号機能は参加者の間でデータがやりとりされるプロトコル π として実現され，さらに攻撃者 A が存在する．通信データを盗聴するだけの受動的な攻撃から，ある参加者を支配下におく（コラプトする）ような能動的な攻撃まで存在する．環境（悪意あるアプリケーション）は，攻撃者の配下でない参加者（正直な参加者）に対しては本来のインターフェースである入出力だけを行い，攻撃者に対しては（能動的に）さまざまな指示を送る．たとえば，環境は攻撃者にコラプトされた参加者の送信データを渡して（その参加者として）送信するよう指示し，またその受信データを引き渡すよう要求する．したがって，現実世界での環境 Z のもつインターフェースは，参加者 $P_1, \ldots, P_4$ と攻撃者 A との間の入出力である，

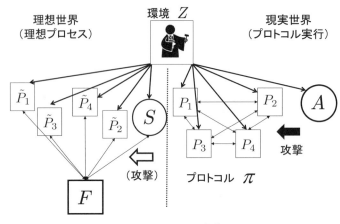

図 3.1　UC の定義

　一方，理想世界では，具体的なプロトコルは実行されず，理想機能 F により実行される．したがって，UC では実現したい理想機能 F を具体的に記述する必要がある．たとえば暗号（秘匿）機能の理想機能は，誰かに届けたい通信文を安全な通信路を使って正しく仲介するようなサービスとして記述され，署名の理想機能は，ある利用者の文書を預かっておき，問合せがあればその利用者の文書であることを証明するようなサービスとして記述される．理想世界では，参加者は環境 Z から指示された入力をそのまま F に渡し，F からの出力をそのまま Z に渡すだけのダミー参加者 $\tilde{P}_1, \ldots, \tilde{P}_4$ である．

　現実世界で参加者 P_i が攻撃者 A にコラプトされたとき（Z より P_i をコラプトするよう指示があったとき）は，理想世界ではダミー参加者 $\tilde{P}_i$ が理想世界の攻撃者（シミュレータ）S の支配下におかれる．このとき，$\tilde{P}_i$ の F との入出力はすべて S が実行する．また，S から F へは，Z から受けた指示に基づき，どの参加者をコラプト（支配）するかなど F の理想機能の実行に必要な情報が送られる．

　S はさらに直接 F とやりとりをする．特に，現実世界のプロトコル実行や参加者をコラプトすることにより攻撃者 A が自明に入手できるような情報は，F から直接 S に与えられる．S の目的は，Z および F から与えられ

3.3 汎用的結合可能性

た情報に基づき，A のビュー（A から Z への情報）をシミュレーションして Z に渡すことである（3.2.5 項で説明したゼロ知識証明の証明手法と同様に，S は A をブラックボックスとして巻き戻しをして利用できる．S は Z を巻き戻して利用することはできないことに注意）．したがって，理想世界での環境 Z のもつインターフェースは，ダミー参加者 $\tilde{P}_1,\ldots,\tilde{P}_4$ と攻撃者 S との間の入出力である．

以上の概念を用いて，UC 安全性を以下のように定義する．

どのような現実世界の攻撃者 A に対しても理想世界の攻撃者（シミュレータ）S が存在して，どのような環境 Z にとっても理想世界と現実世界を区別できないとき，現実世界のプロトコル π は理想機能 $\boldsymbol{F}$ を模倣できていると考える．つまり，プロトコル π は $\boldsymbol{F}$ として記述された暗号機能をどのような環境（どのような暗号機能との組合せ）においても安全に実現していると考えてよい．このことを，プロトコル π は理想機能 $\boldsymbol{F}$ を **UC 実現する**とよぶ．

この定義は，従来のゼロ知識証明と比べて以下の点が異なる．

- 従来のゼロ知識証明では，秘匿性だけに注目したゼロ知識性が定義されており，暗号機能（証明系）としての**正当性** (correctness) は，**完全性**と**健全性**として別に定義されていた．したがって，あるゼロ知識証明プロトコルが暗号機能として正しいことは，ゼロ知識性，完全性，健全性という 3 つの性質をそれぞれ定義し証明する必要がある．

　一方，上記の UC 安全性の定義では，対象とする暗号機能をアプリケーション（環境）から見た（参加者と攻撃者との入出力インターフェースをもつ）サブルーチンとして考える．どのような環境に対しても安全であることを示すためには，環境がそのサブルーチンのインターフェースを介して現実世界と理想世界を識別できないことが求められる．そのとき，以下の理由により暗号機能の正当性と秘匿性は同時に（不可分の形で）定義し証明することになる．

  1. 現実世界の参加者との入出力が理想機能 $\boldsymbol{F}$ の参加者との入出力と

識別できない，つまり，現実世界の暗号機能が理想機能 F と同様に見えるということにより，正当性が保証される．

2. 現実世界の攻撃者のビューが理想世界の攻撃者（自明に得られる情報しかもっていない）によりシミュレーションされたビューと識別できないことにより，秘匿性が保証される．

- ゼロ知識性では，対象情報（攻撃者のビューもしくはシミュレートされたビュー）を「受動的に」識別しようとする識別器 D に関する識別不可能性に基づき，秘匿性が定義された．

  一方，UC 安全性では，対象（サブルーチンとしての暗号機能と攻撃者が現実世界か理想世界か）を「能動的に」識別しようとする識別器（環境 Z）に関する識別不可能性に基づき，正当性および秘匿性が定義される．つまり，この環境 Z は，参加者および攻撃者の入出力をすべてコントロールして現実世界と理想世界を識別しようとする．

以下，さまざまな暗号プロトコルの基盤となる暗号機能の一つであるコミットメントを例として UC 安全性の説明を行う．

3.3.3　コミットメントの UC 安全性

コミットメント (commitment) は封筒にたとえることができる．送信者が受信者にコミット（預託）したい情報を b とするとき，送信者はこれを封筒に入れて受信者に渡し，受信者は封を開けないで封筒のまま保管しておき（コミットフェーズ），後にその封筒を開けてコミットされた情報を確認する（オープンフェーズ）．

上記のような機能を暗号機能として実現するため，封筒の役割を果たすコミットメント関数 $\mathsf{Com}(\cdot;\cdot)$ を用いることとする（対話的にコミットする方法もあるが，ここでは非対話的にコミットする方法として $\mathsf{Com}(\cdot;\cdot)$ を用いる）．ここで，簡単のためコミットしたい情報 b を 1 ビットの情報としたとき，$\mathsf{Com}(\cdot;\cdot)$ は情報 $b \in \{0,1\}$ と乱数 $r \xleftarrow{U} \{0,1\}^k$ を入力として（k はセキュリティパラメータ），コミットメント $c = \mathsf{Com}(b;r)$ を出力する．この関数を用いて，コミットメントは以下の 2 フェーズからなる．

3.3 汎用的結合可能性

コミットフェーズ 送信者はコミットしたい情報 $b \in \{0,1\}$ からコミットメント $c = \mathsf{Com}(b;r)$ を計算し，それを受信者に送る．

オープンフェーズ 送信者は (b,r) を受信者に送る．受信者は $c = \mathsf{Com}(b;r)$ が成立することを確認する．

このとき，コミットメント関数が**秘匿性**（$\mathsf{Com}(b;r)$ から b を求めることが難しい）と**拘束性**（$\mathsf{Com}(0;r_0) = \mathsf{Com}(1;r_1)$ となる (r_0,r_1) が存在しない，もしくは，見つけるのが難しい）を満足するならば，このコミットメントは安全であるという（付録 A.6.5 項参照）．

安全なコミットメントを（1 回だけのコミットメントを行う）理想機能 $\boldsymbol{F}_{\mathrm{COM}}$ として表現すると以下のようになる [44]．

理想機能 $\boldsymbol{F}_{\mathrm{COM}}$

$\boldsymbol{F}_{\mathrm{COM}}$ は，セキュリティパラメータ k，参加者 $P_1, \ldots, P_n$ および理想機能の攻撃者（シミュレータ S）に対して以下の動作を行う．

- ある参加者 P_i からメッセージ (Commit, sid, P_i, P_j, b)（ここで，$b \in \{0,1\}$）を受信すると，b を保存するとともに (Receipt, sid, P_i, P_j) を P_j と S に送る．それ以降の Commit メッセージは無視する．
- 参加者 P_i からメッセージ (Open, sid, P_i, P_j) を受信すると，もしある値 b が保存されていたら，メッセージ (Open, sid, P_i, P_j, b) を P_j と S に送り停止する．さもなければ停止する．

この理想機能 $\boldsymbol{F}_{\mathrm{COM}}$ がコミットメントの機能を理想的に表現していることは明らかであろう．

ここで，（何の事前設定もしないで）この理想機能を UC 実現することはできないことを以下に示す [44]．簡単のため，上記のようなコミットメント関数を用いた方法で考える（対話的な方法へは容易に拡張できる）．

あるコミットメント関数 $\mathsf{Com}(\cdot;\cdot)$ を用いて UC 実現できたとしよう．このとき，攻撃者 A が参加者 P_i を支配しているとする．環境 Z は A を配下においており，Z が作ったコミットメント $c = \mathsf{Com}(b;r)$ を A に渡し，P_i

として P_j に送るように命令する（コミットフェーズ）．そのあと，環境 Z は (b,r) を A に渡し，P_i として P_j に送るように命令する．P_j は受け取った (b,r) の正当性をチェックし，b を環境 Z に出力する（オープンフェーズ）．

一方，理想機能の攻撃者 S は，Z からコミットメント $c = \mathsf{Com}(b;r)$ を受け取ると，理想機能 F_{COM} と A をブラックボックスとして用いて，環境 Z に識別できないように入出力と A のビューをシミュレーションする必要がある．ここで問題となるのは，オープンフェーズで F_{COM} から $\tilde{P}_j$ （つまり Z）への出力をどのようにシミュレーションするかである（$\tilde{P}_j$ はコラプトされてないので，F_{COM} の出力をそのまま Z に渡す）．もし Z が現実世界で使った b と別の値が F_{COM} から出力されれば，Z は直ちに理想世界と識別できる．F_{COM} にオープンフェーズで b を出力させる唯一の方法は，コミットフェーズで S が（支配している）$\tilde{P}_i$ として b を F_{COM} に入力することである．しかし，S が b に関して得られる唯一の情報は Z から受け取った $c = \mathsf{Com}(b;r)$ のみである．したがって，UC 実現であることを示すためには，S は $\mathsf{Com}(b;r)$ から b を求めなければならない．これは明らかに理想機能 F_{COM} のもつ秘匿性に反するので，F_{COM} の UC 実現性と矛盾する．

以上のような論法を用いて，（事前設定のない形での）F_{COM} の UC 実現が不可能であることを示すことができる．しかし，信頼できる機関による公開の共通参照情報の設定などの事前設定を認めれば，F_{COM} の UC 実現は可能となる [44]（3.3.5 項参照）．

3.3.4 UC 定理

UC の概念で最も重要な性質は，名前の由来にもなっている，**UC 定理**（汎用的結合可能性定理）[41] である．

この定理を説明する前に，ハイブリッドプロトコルの概念を説明しよう．まず，暗号プロトコル π は，理想機能 F をサブルーチンとして利用する現実のプロトコルであるとき，F-ハイブリッドプロトコルとよばれる（ここで，π は F を複数回同時に用いてもよい）．また，π が F をサブルーチンとして使う代わりに現実のプロトコル ρ をサブルーチンとして使うプロト

コルを $\pi^{\rho/F}$ と表記する．この F-ハイブリッドプロトコルおよび $\pi^{\rho/F}$ を用いて，UC 定理を以下に示す．

UC 定理 暗号プロトコル π が F-ハイブリッドプロトコルであり，暗号プロトコル ρ が理想機能 F を UC 実現するならば，$\pi^{\rho/F}$ は，F-ハイブリッドプロトコル π を UC 実現する．

つまり，UC 定理が保証しているのは，もし暗号プロトコル ρ が理想機能 F を UC 実現していれば，ρ をどのようなプロトコルのサブルーチンとして利用しても，ρ が F の機能を理想的に実現しているという性質は不変である，ということである．従来の安全性の定義では，このような強い安全性は保証されていなかった．つまり，単独で使う場合には目的とする機能（たとえば，ゼロ知識証明）を満足していても，他のプロトコルと組み合わせて（もしくは他のプロトコルの中で）使うと，本来の機能/安全性が保証されないことが起こり得たのである．

UC 定理が成立する UC という方法論の意義は，以下の点にある．

- プロトコル設計をモジュラー化することにより，複雑なプロトコル設計および安全性証明を大幅に簡易化できる．

  つまり，まず実現したい理想機能 F を定め，よりシンプルなサブ機能 $F_1, \ldots, F_k$ に分割する．次に，各 $F_1, \ldots, F_k$ を UC 実現するプロトコル $\rho_1, \ldots, \rho_k$ を構成する．さらに，F を UC 実現する $(F_1, \ldots, F_k)$-ハイブリッドプロトコル π を構成する．最後に，UC 定理に基づき F を UC 実現する現実プロトコル $\pi^{\rho_1/F_1, \ldots, \rho_k/F_k}$ を構成する．

- プロトコル ρ が理想機能 F を UC 実現すると仮定すると，ρ をどのような形で複数回組み合わせて利用しても，その安全性が保証される．

3.3.5 UC に関する結果

前項で述べたように，UC は非常に強い意味の安全性を保証する．それでは，そのような UC 安全性をもつ方式をどのように構成すればよいであろうか？ また，そのように強い安全性をもつ方式は現実に存在するのであろ

うか？　その答えは以下のように，ある意味で否定的であるが，別の意味では肯定的である．

- UC公開鍵暗号の条件は，従来の標準的な安全性（選択暗号文攻撃に対して強秘匿/頑健）と同じである．また，UC署名の条件も，従来の標準的な安全性（選択文書攻撃に対する存在的偽造不可）と同じである [42]．（肯定的結果）
- 正しく動作する者が過半数の場合は，どのような多者暗号プロトコル機能もUC実現可能（従来の結果がそのまま使える）[41]．（肯定的結果）
- 正しく動作する者が過半数でない場合は，（何らかの事前設定をしないと）既存のいかなる多者暗号プロトコル（特に，多くの応用のある2者暗号プロトコル）もUC実現できない [41, 46]．これは，3.3.3項で紹介したコミットメントがUC実現できないことと同様の論法で示すことができる．

    したがって，多くの興味深い機能（コミットメント，ゼロ知識証明，コイン投げ等の2者暗号プロトコル）が，基本モデル（プロトコルを実行する前にいかなる事前処理も想定しないモデル）ではUC実現できない．（否定的結果）
- 共通参照情報 (CRS) モデルなどのような事前設定 (setup) モデルでは，任意の2者暗号プロトコルおよび一般の多者暗号プロトコルがUC実現可能である [47, 45, 15, 43]．つまり，共通参照情報モデルでは，UCコミットメントやUCゼロ知識証明，UC多者暗号プロトコルが実現可能である．（条件付肯定的結果）

第4章

ビットコインの誕生：
電子マネー革命

> **本章の概要**
> 　暗号分野では1980年代から電子マネーの研究が行われてきたが，いずれも権威ある（電子マネー）発行機関の存在を前提としていた．ところが，2008年に誕生したビットコインは，特権的な機関は存在せず，非中央集権的な形でマネー（コイン）を発行する仕組みを作り上げた．本章では，基本的な暗号機能を利用してどのように非中央集権的にコインを発行するのかなど，ビットコインの仕組みを説明する．さらに仮想通貨で利用されている基本暗号機能以外の暗号機能（ゼロ知識証明など）についても紹介する．また，ビットコイン以外の仮想通貨の取組みや，その中核技術であるブロックチェーンの応用についても述べる．
> 　付録Cでは，仮想通貨で用いられている具体的なゼロ知識証明の紹介を行う．

4.1　電子マネー

　史上最古のお金（貨幣）は古代ギリシャ時代に登場したそうであるが，それは金と銀の合金である「こはく金（エレクトラム）」でできていたため，エレクトラムとよばれていたという．近世になりそのこはく金（エレクトラム）の摩擦から静電気が発見されたことにより，後になって電子がエレクトロンと名付けられた．そして現在，お金が電子化され**電子マネー**（エレクトロニックマネー）となり名前の上では古代ギリシャの時代のエレクトラムに先祖返りしたのである．

　このエピソードそのものは単なる言葉遊びの域を出ないが，電子マネー登

場の必然性を物語っているようで面白い．実際，お金の歴史を考えると電子マネーの登場には必然性があるように思える．お金（マネー）とは何であるかというのは，経済学者にとっても大変難しい問題であるそうだが，かつてはそれ自体が価値をもつ貨幣（金貨や銀貨）だったものが次第に記号化・象徴化（バーチャル化）されて紙幣になり，さらにクレジットカードや電子振り込みなどのより象徴度の強い決済手段が登場してきたという大きな流れの延長線上に電子マネーがあることは，間違いないように思われる．

電子マネーが具体的に提案されたのは1980年代前半である．これは，電子情報に価値をもたせるための基本技術（電子マネーの基本技術）である暗号技術の発展と密接に関係している．実際，最初に電子マネーを提案したのはチャウム (Chaum) などいずれも暗号学者であった [212]．

4.1.1 電子決済の分類

買い物の支払いをネットワーク経由で電子的に行うことを電子決済という．これは，広義の意味での電子マネーである．このような電子決済にはどのようなものがあるかを見てみよう．

まず，電子決済においてその決済行為の何が電子化されるかという観点で，電子決済を大きく2つに分類できる．一つは支払い者を指定した決済情報を電子化して送信する方式で，もう一つは支払い者を陽に指定しない電子情報に価値をもたせて決済に用いる方式である．前者は指定された支払い者の口座などにアクセスして決済処理が行われるため**アクセス型**とよばれ，後者は電子情報そのものが価値をもつため**価値蓄積型（ストアードバリュー型）**とよばれる．アクセス型は狭義の電子決済とよばれることもあり，価値蓄積型はいわゆる電子マネーである．

アクセス型（狭義の電子決済）と価値蓄積型（電子マネー）の大きく違うところは，アクセス型が従来の決済手順を単純にネットワークを用いて電子化するという色合いが濃く，技術的にも比較的実現が容易であるのに対して，価値蓄積型（電子マネー）は価値をもつもの（現金など）を電子情報で実現するという，より先進的な試みである点である．つまり，アクセス型ではそれぞれの決済情報に支払い者が固定（特定）されるため，基本的に支払

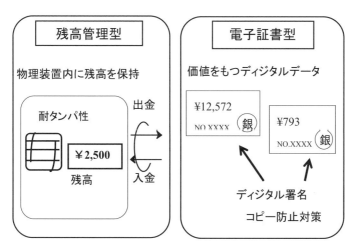

図 4.1 電子マネーの分類

い者の電子署名があれば安全に実現できる．それに対して，電子マネーは支払い者から浮動化された決済手段となっており，基本的にコピーが自由にできる電子情報そのものに価値をもたせるため，偽造や複製などの不正行為に対する技術的な対策が極めて重要になる．

4.1.2 電子マネーの分類

電子マネーの実現法は大きく2つある（図4.1）．**残高管理型**と**電子証書型**（電子紙幣型）である．残高管理型はカードもしくはセンターに使用金額の残高を記録する方法で，電子証書型は電子的な証書（電子情報）そのものが価値をもつような方法である．

(1) 残高管理型

残高管理型の場合，記録された残高を改ざんされないようにする必要がある．そのために，記録された情報を読んだり書き込んだりできないような特別な装置や厳重に管理されたセンター内のデータベースに残高を記録しておく方式が用いられる．たとえば，ある装置に記憶したデータを盗み出そうとしてその装置を開けると，内部の情報が消えてしまうようにする方法があ

る．このような装置を，耐タンパ装置という．残高管理型の電子マネーシステムを実現するには，耐タンパ性をもった装置は大変有用である．

　残高管理型電子マネーには，残高をどこに管理するかによっていくつかのタイプがある．最も代表的な方式は，残高をICカードの中に管理しそれを耐タンパ装置で保護するものである（カード残高管理型）．一方，耐タンパ装置を破壊して残高を書き換えるような攻撃に対する対策として，センターに残高を管理する方式もある（センター残高管理型）．

(2) 電子証書型

　電子証書型では，電子情報（電子マネー）そのものが価値をもち，その安全性が特別な装置に依存しない仕組みを作る必要がある．

　まず，電子証書型の偽造対策としては，電子マネーデータに発行者（銀行）しか作れないディジタル署名を付加すればよい．紙幣が紙切れでなく記載された金額の価値がある紙であることを，日本銀行しか作れない特別な紙幣製造技術を用いて証明するのと同様である．ここで注意しなくてはならないのは，紙幣は視覚や触覚などで誰でもニセ札かどうかを確認できることである．同じように，電子マネーの場合も受け取った電子マネーが正当であるかどうかを誰でも確認できなければならない．つまり，銀行の公開鍵（署名検証鍵）を公開して，そのディジタル署名が誰でも確認できるようにする必要がある．

　偽造防止にディジタル署名を用いた場合，どうしても電子マネーデータに固有の識別情報，つまり紙幣に記載した通し番号のような情報を付加する必要がある．ところが，そのような識別情報を付加した場合，銀行（電子マネー発行者）は識別情報を手がかりに，利用者の購買履歴などのプライバシー情報を入手できる可能性がある．

　そのような電子マネーの匿名性を保持するためには，電子マネーには固有の識別情報を付与するものの，それを銀行（発行者）に識別できないようにする必要がある．つまり，銀行が識別情報を知らないままで価値を保証するための銀行のディジタル署名を付与できればよい．これが「ブラインド署名」の技術である．

電子証書型の電子マネーにおける最大の課題は，偽造防止である．物理的な紙幣や貨幣と違い，ディジタルデータである電子マネーは何の痕跡も残さずコピー（複製）が可能である．つまり，いま手元に1万円の電子マネー（ディジタルデータ）があれば，それと同じ1万円の価値をもつディジタルデータを自由にコピーして，さまざまなところで使うことができるのである．これは，**電子マネーの二重/多重使用問題**とよばれる．

このような二重使用問題対策としては，電子マネーを受け取ったときに発行銀行（発行者）にオンラインで使用履歴を確認できるようにする**オンライン検証方式**と，決済後に二重使用などの不正を検出できる仕組みを盛り込む**オフライン検証方式**が研究されてきた．

オンライン検証は，小売店が電子マネーを受け取るたびにネットワークを使って銀行などの発行者にその電子マネーが二重使用されていないかどうかを問い合わせる方式である．問い合わせの結果未使用であるとされたときだけ，その電子マネーを支払いに利用可能とする．オンライン検証型の電子マネーは，チャウムなどにより1990年代に実用化の試みもあったが [212]，当時のネットワーク性能の制約やほかの決済手段に対する優位性の欠如などにより，普及しなかった．

オフライン検証（事後に不正を検出する方式）は，不正行為がなければ発行者（銀行）は利用者のプライバシーを一切知ることはできない．しかし，利用者が二重使用などの不正行為を行うと，銀行は利用者名を特定でき，不正使用の証拠を利用者が否定できない形で示すことができるようにする，という方法である．この方法は不正行為を完ぺきに防ぐことはできないが，事後追跡と不正行為に対するペナルティが不正行為に対する大きな抑止力となることを期待する．技術的な面白さから1980年代よりさまざまな方式が提案されてきたが [212]，事前対策ができないという欠点のため，いずれも実用には至らなかった．

4.1.3 電子マネー（電子証書型）の研究を振り返って

以上で述べたような電子マネー（電子証書型）は1980年代より暗号分野で活発に研究されてきたが，図4.2に示すように，電子マネーは権威ある機

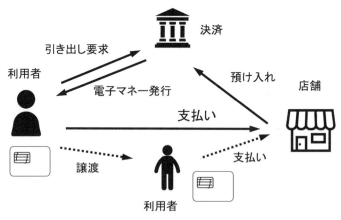

図 4.2 従来の電子マネーの概念

関（銀行など）により発行され，その機関を主体として決済機能を行うということを前提としていた．つまり，電子マネーは現在使われているドルや円などの法定通貨で担保（預金）されているお金を電子化して流通させる手段と考えられていたのである．

4.2 ビットコイン

2008年にサトシ・ナカモト[1]によって提案されたビットコイン (bitcoin) [143] は，電子証書型の電子マネーであるが，それまで脈々と研究されてきた電子マネーとは以下の点で一線を画す．それは，従来の電子マネーを発行するのは（何らかの法定通貨等で担保された資産を保有する）信頼できる決済機関（たとえば銀行）としていたことに対して，ビットコインでは（ある程度の計算能力さえあれば）何ら保有資産の裏付けもなく誰でも新たなビットコインを発行できるのである．これは，電子マネー革命ともいえる大きなパラダイム転換であった．

---

1) 現在に至るまで，個人なのか集団の名前なのかを含めてその正体は不明である．

それまでの電子マネーは決済機関が円やドルなどの法定通貨をネットワークで流通させる手段として電子化する試みであったことに対して，ビットコインは，(金を採掘するように) 誰でも新たなビットコインを発行 (採掘) できるという性質上，本質的に法定通貨から独立した新しい通貨なのである．現在，ビットコインは法定通貨との間で交換レートがあり，取引市場の上で日々変動している．これから，その仕組みについて述べよう [143, 207, 209, 216, 211]．

4.2.1 ビットコイン (仮想通貨) で用いる基本的暗号技術

ビットコインやそれに影響されて作られた数多くの電子マネーは，日本では**仮想通貨**とよばれることが多いが，英語では**暗号通貨** (cryptocurrency) とよばれる．つまり，暗号技術を利用した通貨 (電子マネー) という意味である．では，仮想通貨 (暗号通貨) ではどのような暗号技術が使われるのであろうか？ まず，いずれの仮想通貨においても使われる基本的暗号技術は，**ディジタル署名とハッシュ関数**である．さらに，プライバシーを強化するなどさまざまな (より高度な) 目的に応じて基本的暗号技術以外の暗号技術も用いられる (4.5 節参照)．

本章で使う記号の説明も兼ねて，仮想通貨で基本的に使われる暗号機能であるディジタル署名 (1.2 節，第 2 章，付録 A.6.4 項など参照) とハッシュ関数 (第 2 章，付録 A.6.2 項など参照) の機能を確認しておこう．

ディジタル署名は公開鍵暗号概念の一種で，各署名者ごとに署名鍵 (秘密鍵) sk と検証鍵 (公開鍵) vk という 2 つの鍵がある．たとえば，署名者 A は公開の鍵生成関数 Gen を用いて一対の鍵 (sk_A, vk_A) を作成し (Gen への入力は鍵サイズ)，署名鍵 sk_A は秘密に管理し，検証鍵 vk_A は公開する．メッセージ M に対するディジタル署名 σ は，秘密の署名鍵 sk_A を用いて $\sigma = \mathsf{Sig}(sk_A, M)$ により作られる (Sig は公開の署名生成関数)．署名付きメッセージ (M, σ, A) を受け取った利用者 (検証者) は署名者 A の検証鍵 vk_A を用いてその正当性を $\mathsf{Ver}(vk_A, M, \sigma) = 1$ かどうかにより検証する (Ver は公開の署名検証関数)．

現在ネットワークで広く使われているディジタル署名アルゴリズム (Gen,

		暗号アルゴリズム等価強度に相当する鍵長(パラメータ)				
		80ビット安全性	112ビット安全性	128ビット安全性	192ビット安全性	256ビット安全性
共通鍵暗号		80	112	128	192	256
公開鍵暗号ディジタル署名	素因数分解問題	1024	2048	3072	7680	15360
	有限体乗法群の離散対数問題	1024	2048	3072	7680	15360
	楕円曲線上の離散対策問題	160	224	256	384	512
ハッシュ関数		160	224	256	384	512

図 4.3　鍵サイズとセキュリティレベル

Sig, Ver) は RSA 署名方式と ECDSA 署名方式であるが，ビットコインでは，処理量や鍵サイズ，署名サイズなどの性能面で優れた ECDSA 署名方式を使用している（付録 B.3.3 項参照）．ECDSA 署名は，楕円曲線暗号の標準化を行っている SEC というグループが定めた 256 ビットの鍵サイズの楕円曲線 secp256k1 を利用している．その安全性の度合いは，その解読に 2^{128} のオーダーの計算量を必要とする 128 ビット安全性とされている（図 4.3）．

ハッシュ関数は，任意のサイズのデータを圧縮するものであり，暗号分野で用いるハッシュ関数には，衝突困難性という性質が要求される（第 2 章参照）．この性質により，ある文書のハッシュ値が公開された場合，そのハッシュ値となるほかの文書へのすり替えが困難となる．このことにより，ある文書の署名はその文書のハッシュ値に対する署名で十分であり，多数の文書にハッシュ関数を順次適用してできる連鎖（チェーン）を公開しておけば，これら文書の正当性および時間順序性の証明となる．

ビットコインでは，米国標準局が定めたハッシュ関数 SHA-2 の中で，出力サイズが 256 ビットの SHA-256 が用いられている（付録 B.4 節，付録 B.4.1 項参照）．図 4.3 で示すように，ビットコインで使われるディジタル署名（256 ビット鍵の ECDSA）とハッシュ関数 (SHA-256) は，同じセキュリティレベル（128 ビット安全性）をもつ．

4.2.2 ビットコインの仕組み

これより，上記の基本暗号機能を使ってビットコインがどのように作られているかについて述べよう．

ビットコインに限らずお金の流れは，以下のように，お金の所有権の移し替えか新たな所有権の誕生かのいずれかである．なお，ビットコインにおける金額の単位はやはりビットコインで，ここではその記号として ฿ を用いる．最小単位は，฿10^{-8}（1億分の1ビットコイン）で，その単位は satoshi とよばれる．

- 利用者 A が所有しているお金のうちの一部もしくは全部（たとえば，฿1.5）を利用者 B の所有に移し替える．つまり，฿1.5 の所有権を**譲渡**する（支払う）．
- 利用者 A は，新たなお金（たとえば ฿12.5）を**発行（採掘）**し，それを自分の所有とする．

ビットコインでは，このようなお金の所有権の譲渡もしくは採掘を記載したものを**トランザクション** (transaction) とよぶ．ひらたく言うと，このトランザクションの所有権がお金としてのビットコインである．たとえば，利用者 A が ฿5 をもっているといった場合，それは（譲渡もしくは採掘により）฿5 が（匿名の）A の所有になったと記載したトランザクションがあり，A がそれに紐づけられた秘密鍵をもっていることを意味する．トランザクションの所有者 A は秘密鍵を用いて，そのトランザクションのお金を別の利用者に譲渡する（支払う）ための新たなトランザクションを作ることができる．このトランザクションの詳細は後に述べる．

このトランザクションつまりビットコインは電子データなので自由にコピーができ，二重使用することができる．たとえば，฿5 のトランザクションを2つのお店に提示して，そこからそれぞれ ฿3 ずつの買い物をすると，合計 ฿6 を支払うことになる．つまり，このトランザクションのもつ ฿5 以上の支払い（二重使用）をすることになる．

このような不正使用を防ぐ仕組みが，トランザクションを集めた**ブロック** (block) をハッシュ関数により1本の鎖（チェーン）とした**ブロックチェー**

ン (blockchain) である．そして，そのブロックを作る仕組みの中にビットコインを採掘（発行）(mining) する仕掛けが組み込まれている．

　ここで重要なことは，ビットコインが **P2P** (peer to peer) というネットワーク環境（すべての利用者が平等にすべての通信履歴を共有）の上で構築されているということである．つまりこの環境においては，（誰でも検証できるような）不正行為が発生すれば，通信履歴から誰でもそのことを知ることができるのである．

　この P2P ネットワークはビットコインではビットコインネットワークとよばれ，利用者はノードとしてネットワークにつながっている．ノードには大きく**フルノード**と**軽量** (SVP: Simplified Payment Verification) ノードがあり，フルノードはネットワーク上の（原則として）すべての通信履歴を保持し検証するが（現在 1 万個ほどのフルノードが存在），軽量ノードでは支払い（譲渡）検証処理に必要な最小限度の情報のみを保存する．多くのビットコイン利用者は，ウォレット（財布）とよばれるツールを通じてビットコインネットワークに軽量ノードとしてつながっている．

　このように，ビットコインは，P2P ネットワーク（ビットコインネットワーク）の上で，トランザクション，ブロック，ブロックチェーンから構成されている．以下，トランザクションより順次説明していこう．

(1)　トランザクション

　各利用者は，ビットコインの受け渡しに応じてディジタル署名 ECDSA の署名鍵（秘密鍵）sk と検証鍵（公開鍵）vk の対を作り，検証鍵 vk をアドレス (address) とよばれる利用者の仮名とする（各利用者は何個でも署名鍵・検証鍵対（仮名）をもつことができる）．受け渡しに使われるビットコインは，すべてトランザクションとよばれる形式をもったデータになっている．なお，トランザクションのフォーマットを図 4.4 に示す（この内容は以下に説明する）．

　たとえば，฿5 を所有する利用者 A が利用者 B に ฿2.5 を（何らかの対価として）譲渡するという場合を考えよう．このとき，以下のような処理が行われる．

フィールド	記述内容
バージョン	バージョン番号
入力カウンター	トランザクション内の入力数
入力リスト	トランザクション内の入力リスト
出力カウンター	トランザクション内の出力数
出力リスト	トランザクション内の出力リスト
ロック時間	ブロック番号もしくは時刻を指定。ブロックチェーンの長さが指定番号未満のとき、もしくは指定時刻以前には、このトランザクションをブロックに含めることができない。

図 **4.4** トランザクションのフォーマット

1. 利用者 A が ฿5 を所有するということは、そのことを示すトランザクション Tr_1 をもっていることを意味する．このとき，トランザクション Tr_1 には A のアドレス（検証鍵）vk_A がこのトランザクションの所有者として記載されており，それに対応する署名鍵（秘密鍵）sk_A を A（のウォレット）が（秘密に）保持している．

2. A は，そのトランザクションの中から利用者 B へ ฿2.5 を譲渡する．このとき，A はまず，B に対して署名鍵 sk_B と検証鍵 vk_B の対を生成してビットコイン受け取り用のアドレスとして検証鍵 vk_B を送るように要求する．

3. A はさらに，トランザクション Tr_1 から B に譲渡する ฿2.5 の残りの金額を移動するためのアドレス（検証鍵）vk'_A を署名鍵 sk'_A とともに作る．アドレス sk_A と sk'_A はいずれも同じ利用者 A によって作られるが，これらアドレスだけを見てもそのことは分からない．

4. 以上の準備に基づき，A はトランザクション Tr_1 (฿5) から B のアドレス vk_B に ฿2.5，A のアドレス sk'_A に ฿2.4997 を譲渡するための新たなトランザクション Tr_2 を作成する．

   ここで，譲渡される金額の合計が ฿4.9997 となり ฿5 よりも ฿0.0003 だけ少ない．この差額はトランザクション料金 (transaction fee) とよ

ばれるもので，このトランザクションを処理してくれる人（後に説明する採掘者）へ報酬として渡すものである（いわば，ビットコインの送信手数料のようなもの）．トランザクション料金はトランザクションのデータサイズなどによって決められる．

5. 以上述べたトランザクション Tr_2 は，以下のような形をしたデータである．

　まず，ハッシュ関数 Hash で Tr_1 を圧縮した A の譲渡用の参照情報を $\mathsf{Ref}_{vk_A \leftarrow 5}$ とする（後にもう少し説明する）．このとき，トランザクション Tr_2 は，

$$M = (\mathsf{Ref}_{vk_A \leftarrow 5}\ ;\ \ vk_B \leftarrow 2.5,\ vk'_A \leftarrow 2.4997)$$

というメッセージ（記号 ; の前が入力で，後が出力）とそれに対する（署名鍵 sk_A を用いた）A の署名である．つまり，

$$\mathsf{Tr}_2 = (M, \sigma = \mathsf{Sig}(sk_A, M)).$$

　実際のビットコインのトランザクションでは，以上のことが独自のスクリプト言語を用いて記述される．ここで，B へ ₿2.5 譲渡したあとのお釣りからトランザクション料金を引いた ₿2.4997 は A の別のアドレス vk'_A に譲渡されるので，A がその（秘密の）署名鍵 sk'_A を使ってさらに利用（譲渡）することができる．

6. 上で取り上げた例はトランザクションのメッセージ M が1つの入力と2つの出力の場合だったが，一般には複数の入力と複数の出力からなるトランザクションを作ることができる（図 4.5 参照）．

7. 次に B がこの ₿2.5 を使う（譲渡する）場合は，vk_B に対応する（秘密の）署名鍵を sk_B を使って上と同様の処理を行う．このとき，Tr_2 から作る参照情報は，

$$\mathsf{Ref}_{vk_B \leftarrow 2.5} = (\mathsf{Hash}(\mathsf{Tr}_2), 0)$$

となる．ここで，0 は M の出力の最初の部分という意味で，同じ Tr_2 から vk'_A のために作られる参照情報は 1 を M の出力の2番目として

4.2 ビットコイン

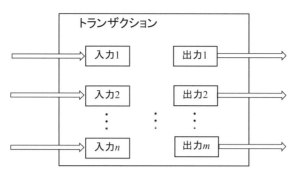

図 4.5　トランザクションの入出力

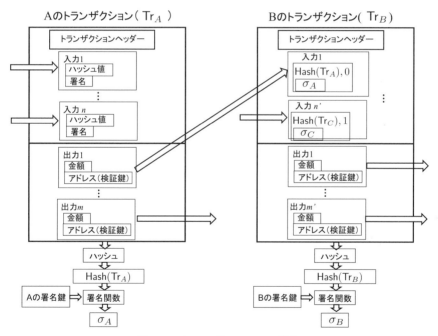

図 4.6　トランザクションの流れ

$\mathsf{Ref}_{vk'_A \leftarrow 17.5} = (\mathsf{Hash}(\mathsf{Tr}_2), 1)$ となる．このようなトランザクションの流れを図 4.6 に示す．

(2) ブロックとブロックチェーン

上記のように，ビットコインはトランザクションの形で（発行総額の上限内で価値を変えながら）順次譲渡されてゆく．そして，ビットコインネットワーク (P2P) を通じて，すべてのトランザクションはすべての利用者（フルノード）に送られる．もし二重使用などの不正が行われると，そのことは（正当な）すべての利用者によって検出されることになる．

さて，不正を検出した後の対処はどのようにすればいいのだろうか？ ここで難しいのは，不正を行った利用者を含めすべての利用者が対等である中（つまり，特権をもった管理者が不正行為を排除するというようなことをしないで），不正なトランザクションを排除しなければならないことである．ビットコインでは，その問題をブロックチェーンという方法で解決している．

この方法を説明する前に，この方法がどのように考え出されたかを見てみよう．特権をもった管理者を用いず，利用者すべてが平等であるという状況の中で，どのトランザクションが不正であるかという（集団による）意思決定をするためには，ある種の投票による多数決原理を採用するのが最も自然なやり方だろう．しかし，通常の投票においては，何らかの管理者（選挙管理委員会）が有権者に投票券を配布し公正に集計することが必要とされる．

そこで，一つの方法が候補として浮上する．それは，ハッシュ関数による鎖（チェーン）を作り（ハッシュ関数の衝突困難性により後戻りができないチェーン），そのチェーンに各利用者が公正と考えるトランザクションを（たとえば10秒ごとに）順次付け加えていくのである[2]．当然，チェーンに分岐（フォーク）が発生するが，最も長いチェーンだけが生き残るというルールにする．このルールにより，もし過半数の利用者が正直に行動するならば，不正トランザクションが付け加えられたチェーンは少数の利用者しかサポートしない（チェーンを伸ばさない）ので，最長チェーンには不正トランザクションは含まれないだろう．これは，ある意味で管理者不在の中で多数決投票を行うようなものになっているのではないだろうか？

---

[2] 後戻りのできないハッシュチェーンの性質を使った応用として，1990年代にはタイムスタンプ方式が提案され実用化されている [107]．

ところが，この方法には大きな欠陥がある．不正トランザクションが含まれるチェーンにも，不正者たちが自由に新たなトランザクションを付け加えて正当なチェーンと同じようにチェーンを伸ばすことができるのである．つまり，この方法の大きな問題点は，誰もがいくらでも好きなチェーンに新たなトランザクションを付け加えることができることである．投票にたとえると，誰もが何票でも好きなだけ投票できるようなものである．

通常の投票では，中央集権的な手法により1人1票に制限が加えられているが，皆が平等な分散環境でそのような制限はできないだろうか？そこで，サトシ・ナカモトが目をつけた手法が1990年代に迷惑（スパム）メール対策として提案された作業証明 **(PoW: Proof of Work)** である [69]．

インターネット上で，我々は何のコストも払わずにメールをいくらでも送信できる．このことが迷惑メールが大量に送られる原因となっている．そこで，上記の提案ではネット上のすべてのメール送信にある計算をすることを義務づけ，その計算をしたという証明 (PoW) をつけさせようというものである．もし1メール送信あたりに要する作業証明 (PoW) の計算が1秒だとしても，通常の利用者ならばほとんど負荷にならないだろう．しかし，一気に100万通の迷惑メールを送信する人にとっては，100万秒の計算を要することになるのである．

このアイデアを先ほどの例に適用してみよう．もし，1個のトランザクションをチェーンに付け加えるための PoW のため計算にチェーンが伸びていく時間間隔と同じ時間がかかるとするならば，原理的に1人1票の投票制限と同じ効果をもつ．そのような条件下では，多数決原理が機能するだろう．

以上の考えをベースに処理速度（単位時間内にチェーンに付け加えられるトランザクションの数）を向上させるとすれば，多くのトランザクションを1つのブロックにまとめて，ブロックごとにチェーンに付け加えるようにすることが自然であろう．つまり，各ブロックごとに PoW を行うブロックチェーンである．

しかし，この方法にもまだ欠陥がある．もし，1ブロックを新たに追加する時間間隔を10分とすると，不正トランザクションを防ぐために，利用者

に10分間かかる大量の計算量を要するPoWを要求することになる．もしごく一部の奉仕精神に富んだ利用者のみがこの作業に参加するとすると，不正者の数が奉仕者の数を上回り本来の多数決原理が機能しない可能性がある．

　そこで考え出されたアイデアが，ある意味でビットコインの中核となっている．不正トランザクションを防ぎシステムの維持・発展に貢献した（PoWという大量の計算コストをかけた）報酬として，ブロックの作成者に新たに作られた（採掘(mining)された）ビットコインを与えることにしたのである．これは，極めて巧みな戦略である．システムの維持に必要なコストを，それを支えるブロック作成者（採掘者（マイナー）(miner)）へのビットコインの形での報酬で賄おうという戦略である．つまり，中央集権的な管理者（通貨発行機関）のいない分散環境化で誰がどのような形でお金（ビットコイン）を発行するかという問題を，システムの維持発展に貢献した人に報酬として与えるという形で解決したのである．ある意味で，この点がビットコインの最も中核となる仕組みであろう．

　一方，不正なブロックを作る攻撃者は，やはりPoWという大量の計算コストを払う必要があるが，非常に高い確率で（最長）ブロックチェーンに含まれることはできないため，上記のような報酬を得られない．つまり，攻撃のために大きな計算コストを払う必要があるにも関わらず，何の報酬も得られないのである．このことが，不正ブロックを作ることへの大きな抑止力となっている．

　これ以降，以上の考え方を踏まえて，ブロックチェーンの説明を行う．もう一度まとめると，ブロックチェーンにより不正なトランザクションを排除するためには，構成要素であるブロックを利用者に自主的に作ってもらいそのチェーンを伸ばしていく必要がある．この作業はビットコインを健全に維持させるために必須の仕事であり，システムの維持に貢献した報酬として，新たに発行する一定額のビットコインをブロック作成者の所有とする．それがブロック作成者によるビットコインの採掘とよばれるものであり，このブロック作成者を採掘者（マイナー）とよぶ．

　以下，ブロックチェーンの構成要素となるブロックについて説明する（図

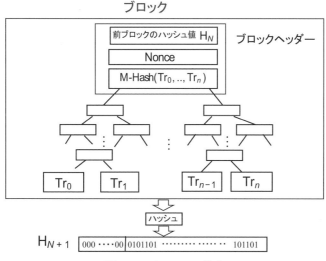

図 **4.7** ブロックの構成

4.7 参照).まず,ブロックを作ろうとする利用者(ビットコインを採掘しようとする者)は,それまでのブロックチェーンに入っていないトランザクションに対して不正使用の検証を行い,正しいと認定したものから選んだ複数のトランザクションをまとめて一つのブロックとする.これらトランザクションを $(Tr_1, \ldots, Tr_n)$ とし,さらにこのブロック作成によって新たに作られる報酬のビットコインに対応する「報酬トランザクション」を Tr_0 とする.

この報酬トランザクションでは,前に説明したトランザクションの形式において,入力が何もなく,出力だけの形になっている.この出力は,ブロック作成者(採掘者)のアドレスに対して所定の報酬金額(現在は ฿12.5)に各トランザクションのトランザクション料金の合計を加えた金額の所有権が指定される(つまり,新たに発行されたこの金額の所有権がこのアドレスになったことが記載される).

また,その時点でのブロックチェーンの最後尾(N 番目)のブロックのハッシュ値を H_N とし,さらに Nonce とよばれる任意の値を定める.このとき,(隣接する 2 個ずつを繰り返しハッシュしていく)マークル・ハッシ

ュ木 (Merkle hash tree) とよばれる構造のハッシュ関数 M-Hash を用いて，$H_{N+1} = \text{Hash}(\text{M-Hash}(\text{Tr}_0, \ldots, \text{Tr}_n), H_N, \text{Nonce})$ を計算する．このハッシュ値の先頭が '00...0'（たとえば 50 ビット）となるような Nonce の値を見つけることが，採掘作業（マイニング）である．このような Nonce の値を見つけるためには，繰り返ししらみつぶしでハッシュ関数を計算するしかないと考えられている（つまり，力任せの計算）．たとえば，出力値の先頭の 56 ビットがすべて 0 になるような入力値を見つけるためには，平均して $2^{56} (\approx 10^{17})$ 回のハッシュ関数を計算することになる．このような計算を作業証明 (proof of work) とよぶ（つまり，そのような Nonce の値を提示すれば，それは $2^{56} (\approx 10^{17})$ 回のハッシュ関数の計算をしたというある種の証明になっているからである）．

このようにしてマイニングされた $(N+1)$ 番目のブロック $((\text{Tr}_0, \ldots, \text{Tr}_n), H_N, \text{Nonce})$ が，ブロックチェーンの新たな最後尾のブロックとなる．マイニングにおいて，ハッシュ値の先頭の何ビットを '00...0' とするかは，それぞれの時点での採掘者の計算機パワーに応じて新しいブロックが作られる頻度が 10 分に 1 個となるように調整されている．

ブロックを作成した採掘者（マイナー）への報酬は，2009 年にビットコインが運用を開始してから最初の 4 年間は ฿50 で，4 年ごとに半減していくことになっている（現在は ฿12.5）．

以上のような形で，利用者が自主的にブロックチェーンを伸ばしていく．不正者も含めた利用者が自主的に行うので，必然的にチェーンの分岐が起こるが，その中で一番長いチェーンだけを正当なものとするというルールを定めている（図 4.8）．このルールにより，多数の（マイニング）利用者が認める最長チェーンの中のいずれかのブロックに含まれるトランザクションのみが正当なものであるとする合意を形成する．

すべての利用者が同じ計算能力をもっており，すべての利用者がブロックを伸ばす採掘競争に参加するというという前提の下で，以上述べた「最長ブロックチェーンのみを認定する」という方法により，正当なトランザクションの認定に関する（利用者の）多数決での合意形成が行われたことになる．

では，それぞれのトランザクションはどの時点で正当なものと認定された

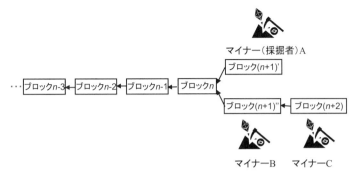

図 4.8　ブロックチェーンの分岐と最長ブロック

とするのだろうか？ 言い換えると，ある時点で複数の分岐したチェーンがあったとき，最長と認定されるチェーンはいつ決定されるのだろうか？ この疑問に対して理論的に正確な答えを出すことは難しいが（発掘者たちの行動などさまざまな要因が複雑にからむので），経験的にはトランザクションがブロックに組み込まれた後に 6 個のブロックが追加されればそのトランザクション（ブロック）は最長チェーンに組み込まれた（正当なトランザクションと認定された）と考えることが多いようである．その場合，ブロックは 10 分に 1 個ずつチェーンに追加されるので，あるトランザクションが正当なものと認定されるには，それがブロックに組み込まれてから 1 時間（60 分）待つ必要がある．ただし取引所によっては，より多く（たとえば 100 個）のブロックが追加されたことで正式に認定するところもある．

　最初のビットコインが 2009 年 1 月にサトシ・ナカモトによりマイニングされ，最初のブロック (genesis block) が作られて以来，現在に至るまでずっと 10 分に 1 個のペースで新たなブロックが作られ，1 本のブロックチェーンが作られてきた．このブロックチェーンには，それまでに発行されたすべてのビットコインの（正当と認定された）トランザクションの情報（全利用履歴）が含まれており，またこの情報は P2P の環境の中で（フルノード）全員に共有されている．

　ところで，ブロックの採掘処理の中でトランザクション $(Tr_0, \ldots, Tr_n)$ をハッシュする際に，単純にハッシュ関数 Hash を 1 回適用して Hash

$(\text{Tr}_0, \ldots, \text{Tr}_n)$ とするのではなく,マークル・ハッシュ木を用いたハッシュ値 M-Hash$(\text{Tr}_0, \ldots, \text{Tr}_n)$ が用いられるのはなぜだろうか? それは以下の理由による.

説明を簡単にするため,ブロック内のトランザクションの数が1024個であるとしよう ($n = 1023$). このとき,マークル・ハッシュ木の階層の深さは10となる. つまり,一番上にある M-Hash$(\text{Tr}_0, \ldots, \text{Tr}_{1023})$(ルートとよぶ)から見て一番下の階層の $\text{Tr}_0, \ldots, \text{Tr}_{1023}$ は10階層下となる. あるトランザクションを使ってビットコインで支払い(譲渡)をするためには,そのトランザクションが正当なものであることを示す必要があり,そのためにそれを含むブロックがブロックチェーンに含まれることと,そのトランザクションがそのブロックに含まれることを示す必要がある. さきほど示したようにブロックがブロックチェーンに含まれることは,そのブロックのハッシュ値 H_{N+1} により確認でき,トランザクションがそのブロックに入っていることは,

$$H_{N+1} = \text{Hash}(\text{M-Hash}(\text{Tr}_0, \ldots, \text{Tr}_{1023}), H_N, \text{Nonce})$$

を確認すればよい.

いま対象となるトランザクションを Tr_{1023} としよう. このとき,この確認において開示する必要のある情報は,図4.9で示すように H_N, Nonce と Tr_{1023} 以外は各階層で隣接したノードの値 $S_1, S_2, \ldots, S_{10}$(全部で10個)である. これらの値を使うと,

$$\text{M-Hash}(\text{Tr}_0, \ldots, \text{Tr}_{1023}) = \text{Hash}(S_1, \text{Hash}(S_2, \ldots \text{Hash}(S_{10}, \text{Tr}_{1023}) \ldots))$$

が計算できる. 一方,もしマークル・ハッシュの代わりに単純に1回のハッシュで行った場合,これに相当する確認のために必要な情報はこのブロックに含まれる1024個の全トランザクション $\text{Tr}_0, \ldots, \text{Tr}_{1023}$ となる(これより Hash$(\text{Tr}_0, \ldots, \text{Tr}_n)$ を計算する). このように,トランザクションの正当性を示すために必要となるデータ量は,1回のハッシュで行った場合は1024個の全トランザクションを提示する必要があることに対して,マークル・ハッシュを使うと10個のデータを示すだけでよいことになる. つま

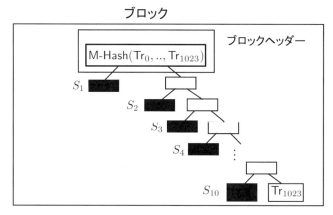

図 4.9 マークル・ハッシュ木

り，トランザクション提示のための情報を大幅に削減する目的で，マークル・ハッシュが利用されているのである．

4.2.3 ビットコインの安全性
(1) 二重使用などの不正使用

ビットコインでは，（最長）ブロックチェーンに含まれるトランザクションのみを正当なものとするルールにより，不正使用（トランザクション）を排除しているが，以下ではこのルールの下での（不正使用）攻撃法について述べる．

51% 攻撃

前にも述べたように，ビットコインでは多数決による合意をめざして作業証明 (PoW) が導入された．これは，過半数以上の利用者が不正を行わず，それらの計算能力が不正者の計算能力を上回っていることを前提としていることになる．したがって，もし不正者の計算能力が正当者の計算能力を上回った場合は，不正な合意形成（つまり，不正トランザクションを正当なものと認定）が行われることになる．このような攻撃を通常 **51% 攻撃** とよぶ．

現在までのところ，ビットコインにおいてこの攻撃が成功した例は知られていないが，PoW に基づくほかの仮想通貨においては，採掘で要求される

計算量が低いこともあり，51% 攻撃の被害が報告されている．

利己的採掘

51% 攻撃においては，攻撃者は正当な利用者と同じように情報を開示してブロックチェーンを伸ばす競争を行う．それに対して利己的採掘 (selfish mining) とよばれる攻撃では，攻撃者は採掘に成功してもその情報を開示せず，数ブロック分を開示しないまま採掘を進め，ある時点でまとめて数ブロック分の採掘結果を開示することで，ブロックチェーンを伸ばす競争を有利に（利己的に）進めることができる．この攻撃では，中立的な利用者はゲーム理論的に利得を最大化するように行動するとしている（この点には反論があり得る）．これは，2013 年にイヤル (Eyal) とシラー (Sirer) により提案された攻撃である [71]．

この攻撃をもう少し詳しく説明しよう．まず，攻撃者は秘密チェーンを保持し，これは公開されているチェーンとは隔離されているとする．秘密チェーンと公開チェーンは同時にスタートするとする．攻撃者は秘密チェーン状の採掘を行い，採掘に成功しても公開しないでさらに採掘を進める．ここで，攻撃者の計算能力の比率（全利用者の計算能力の中での比率）を X とし，2 つの競合する公開チェーンがあったとき，ネットワーク（正当な利用者）が攻撃者のチェーン上に新たに採掘したブロックを追加する確率を Z とする．このとき，攻撃者以下のような戦略をとる．

[状態 0] 秘密チェーンと公開チェーンが同じ状態のとき，攻撃者は秘密チェーン上で採掘を進める．確率 X で採掘に成功し［状態 1］（秘密チェーンが公開チェーンよりも 1 ブロック長い）に進む．確率 $(1-X)$ でネットワークが採掘に成功し，攻撃者は秘密チェーンをリセットする．

[状態 1] 秘密チェーンが公開チェーンよりも 1 ブロック長いとし，攻撃者は秘密チェーン上で採掘を進める．確率 X で攻撃者が採掘に成功し［状態 2］（秘密チェーンが公開チェーンよりも 2 ブロック長い）に進む．確率 $(1-X)$ でネットワークが採掘に成功し，攻撃者は［状態 $0'$］に進む．

[状態 $0'$] 攻撃者は，秘密チェーン上で採掘したブロックを公開する．このとき2つの競合する公開チェーンがあり，どちらも1ブロック伸びたものである．この後，攻撃者は確率 X で新たに採掘に成功（公開）し，攻撃者のチェーンが競争に勝つ．このとき，攻撃者は2ブロック分の報酬を得て，[状態0]に戻る．確率 $(1-X)Z$ で，ネットワークが新たに採掘したブロックを攻撃者のチェーン上に追加する．このとき，ネットワークと攻撃者はともに1ブロック分の報酬を得て，[状態0]に戻る．確率 $(1-X)(1-Z)$ で，ネットワークが新たに採掘したブロックを公開チェーン上に追加する．このとき，ネットワークは2ブロック分の報酬を得て，[状態0]に戻る．

[状態2] 攻撃者は秘密チェーン上で採掘を進める．確率 X で採掘に成功し[状態3]（秘密チェーンが公開チェーンよりも3ブロック長い）に進む．確率 $(1-X)$ でネットワークが採掘に成功したとき，攻撃者は秘密チェーン上で採掘した2ブロックを公開する．まだ公開チェーンよりも1ブロック長いので攻撃者は2ブロック分の報酬を得て，[状態0]に戻る．

[状態 n $(n>2)$] 確率 X で採掘に成功し[状態 $n+1$]（秘密チェーンが公開チェーンよりも $n+1$ ブロック長い）に進む．確率 $(1-X)$ でネットワークが採掘に成功し，[状態 $n-1$]に戻る．

以上の戦略を評価しよう．まず，$Z=1/2$ のとき，$X>1/4$ で攻撃者はネットワークよりもより効率が良く（高い報酬を得る），$X>1/3$ ならばどのような Z の値であっても攻撃者のほうが効率が良い．ここで，攻撃者のほうが効率が良い場合，中立的なノード（報酬を最大化させようとする利用者）は攻撃者の協力者になると考えると，結果的に過半数の利用者が攻撃者に協力することが起こり得る．

(2) プライバシー

ビットコインの利用履歴であるトランザクションはすべてブロックチェーンの中で公開されているので，そこに含まれている情報についてプライバ

シーはない．しかし，それぞれのトランザクションに含まれる利用者の情報は，誰でもランダムにいくらでも作れる ECDSA 署名の検証鍵とアドレス（仮名）であるので，その意味で利用者のプライバシーは保証されている．しかし，利用者 A（仮名）から利用者 B（仮名）に ฿0.5 支払われたといった情報は，すべてトレース可能である．このようにお金の流れの情報が漏れることから，強い意味でプライバシーが保証されているとは言えない．しかし，完全なプライバシーを保証していないことで，盗難されたお金やマネーロンダリングなどの犯罪に関わるお金が最終的にどこかの取引所で法定通貨に換金されるまでの流れをトレースすることができ，このような犯罪の摘発や防止に役立つというメリットもある．

4.3 ビットコインの問題点

ビットコインは仮想通貨という新たな概念を生み出したという意味で画期的であったが，初めての試みであっただけに多くの問題点が指摘されている [207, 209, 216]．以下，それらを列挙してみよう．

スケーラビリティ問題

ビットコインの基本仕様は，1 ブロックのサイズが 1M バイトで（多くの場合，数百から数千個のトランザクションを含む），10 分に 1 個のブロックが作られるということである．したがって，1 ブロックに数千個のトランザクションを含むとしても，1 秒で数個程度のトランザクションしか処理できないことになる．たとえば，世界中で使われるクレジットカードは 1 秒間に数万件のトランザクションを処理していると言われており，現在のトランザクション処理速度ではビットコインを現在のクレジットカードのような形で利用することはできない．

2017 年に起きたビットコインの分裂騒動も，この処理速度を上げるための路線対立から発生したものである．1M バイトのブロックサイズをどこまで引き上げるか，ブロックに含まれるトランザクションの記述をどこまでブロックに含めるか（たとえば，ビットコインで最終的に承認された segwit

という提案では，トランザクション内の署名情報をブロックに含めないことで，1ブロックに含まれるトランザクションの数を増やせるようにしている）などの論争が路線対立を生んだのである．しかし，いずれの方法でも劇的に速度を向上させることはできない．

これへの対処として，ライトニングネットワークという対処策が試みられている．これは，レイヤー2技術とよばれる技術の一種で（レイヤー1が本体のビットコインのブロックチェーンで，その外側に位置するということでレイヤー2とよばれている），ブロックチェーンの外側にオフチェーンとよばれる形で局所的に高速トランザクション処理を行い，ブロックチェーンにはオフチェーンでの処理の正当性を承認するための情報だけを含めるものである．

採掘の寡占化

サトシ・ナカモトが最初に構想したビットコイン採掘のモデルは，すべての利用者がほぼ同じ計算能力をもっており，過半数は正当な利用者であるという前提の下での多数決原理で安全性を保証しようというものであった．しかし，現在の採掘の状況はそのモデルとはほど遠くなっている．多くの採掘が専用のハードウェア（ASIC機械）で行われており，さらに採掘がビジネス化して一部の採掘業者に寡占化されている．このような状況では，もともとビットコインでめざした民主的な多数決原理は消滅し，寡占化された採掘業者により独裁的に支配されているといえなくもない．

4.2.3項(1)で述べた51%攻撃は，これら採掘業者により技術的にはいつでも可能な状況となっている．ビットコインでそのようなことが起こらないのは，採掘業者は経済原理的に利得を最大化するような行動指針に基づいているからであると考えられる．つまり，採掘業者は先行投資として高価な採掘装置を購入しており，採掘によりその費用を上回る利益を上げる必要に迫られているため，もし51%攻撃を行いビットコインの価値を減少させると，自らの利益を減らすことになる．したがって，技術的に可能であっても，経済原則からそのような行動をとることはないと考えられるのである．

このような採掘装置が作られるようになった背景としては，ビットコイン

が採用しているハッシュ関数 SHA-256 がハードウェア化に適したアルゴリズムとなっていることに起因する．

資源の無駄使い

ビットコインの採掘で使われる作業証明 (PoW) を行うためには膨大な計算を行う必要があり，大量の電力を消費する．ある試算によると，ビットコインの採掘のために 1 年間で使われる電力消費量は，ヨーロッパのある国の 1 年間で使われる電力消費量とほぼ同じという．つまり，ビットコインの採掘が進めば進むほど地球環境に悪い影響を与えると批判されている．

記述言語

ビットコインのプログラム記述には独自のスクリプト言語が使われており，ビットコインの通常の利用やライトニングネットワークの構築などでは問題はないが，スマートコントラクトといった高度な契約内容を記述する能力はもっていない．

プライバシー

前にも述べたように，ビットコインは利用者のプライバシーをあるレベルまでは保護しているものの，より強いプライバシーを要求するような利用には適さない．

量子計算への脆弱性

ビットコインで使われているディジタル署名 ECDSA は楕円曲線上の離散対数問題の困難性に安全上の基盤をおく方式であり，将来量子計算機が実現されるとショーア (Shor) のアルゴリズムにより解読される（第 5 章参照）．また，ハッシュ関数 SHA-256 の衝突困難性も，現在 128 ビット安全性であるが，64 ビット安全性に劣化する．

4.4 問題点への対処策とその他の仮想通貨

現在（2018 年 10 月），2000 以上の仮想通貨がネット上の CoinMarketCap

に掲示されている．これらの多くは，上で述べたビットコインのもつ問題点の解消などとともに，さまざまな応用をめざして作られている．現在のところ多くは開発段階であり，まだ真の意味で実用化されたものはほとんどない状況である．

以下，簡単に4.3節で述べたビットコインの問題点への対処策と仮想通貨の取組みの一端を紹介する．

スケーラビリティ

ビットコインのスケーラビリティ問題の解決をめざして，トランザクション処理速度を向上させる取組みとして以下のようなアプローチが試みられている．

- レイヤー2技術　本体のブロックチェーンの外側で高速にトランザクションを行う．以下のような種類がある．
  — サイドチェーン　Ethereum Plasma など．
  — オフチェーン（状態チャンネル）　ビットコインのライトニングネットワーク，Ethereum Raiden など．
- レイヤー1技術　本体のブロックチェーンの中で高速化を行う．以下のような種類がある．
  — シャーディング　Ethereum シャーディング，Ziliqa など．
  — **PoW 以外の合意形成**　**PoS**（Ethereum Casper, Tendermint など），**DPoS**（EOS, Cardano, Lisk, ARK など）．
- その他　有向非巡回グラフ (DAG) の利用（IOTA など）．

以上の技術を簡単に説明すると，本体チェーンのトランザクション処理速度が限定されていることを前提に，その外側（レイヤー2）において，本体チェーンで担保された契約の条件の下でオフライン的にマイクロペイメントなどの処理を高速に行うアプローチがレイヤー2技術である．それに対して，本体チェーン（レイヤー1）のトランザクション処理能力そのものを向上させようとするアプローチがレイヤー1技術である．

これには大きく2つのアプローチがあり，その一つはシャーディングと

よばれているものである．現在はブロックチェーンに含まれるトランザクションの検証作業をすべてのノードが行っているのに対して，シャーディングではノード群ごとに分担して行う．つまり，検証作業を分散化することによる処理効率の改善が，シャーディングのめざすところである．

　もう一つのアプローチが，合意形成アルゴリズムに関するものである．ビットコインなどで使われている合意形成方法は PoW に基づくものであるが，大規模な計算を要するためにブロック生成時間が長く，承認できるトランザクションの数に限界があった．それに対して **PoS (Proof of Stake)** に基づく方法はこのような計算を必要としないため，承認プロセスがシンプルでブロック生成時間が短いという長所をもつ．つまり，より高速なトランザクション処理が可能になるのである．PoS に基づく方法の中でも **DPoS (Delegated** PoS**)** は，何らかの形で選出された代表者がこの承認作業をすることにより，より高速なトランザクション処理をめざしている．

　PoS についてもう少し説明しよう．PoW が計算という負荷を利用して過半数の正当な利用者による合意形成を行おうとするものであったのに対して，仮想通貨の保持資産 (stake) が多い利用者による合意形成を行おうとするものが PoS である．保有資産が多ければその仮想通貨を維持する強いインセンティブが働き，（その仮想通貨が正しく機能するよう）不正トランザクションを排除する合意形成を行うように正しく行動すると考えるのである．単純な PoS では，分岐したブロックのすべてに均等に賭ける（分岐のすべてに後続のブロックを加える）ほうが分岐したいずれかのみに賭けるより有利な戦略となる（複数のブロックを作ることに何も失うものがないので）．このことにより，分岐したチェーンが 1 本に収束することなくずっと分岐したまま複数伸びていくことになる．これは，「何も賭けていない」(Nothing-at-Stake) とよばれる問題である．

　このような問題を解決すべく最初に登場した PoS 方式が Tendermint とよばれる方式であり，ビザンチン合意問題アルゴリズムに基づく方式である．ここでは，ブロックチェーンに新たなブロックが加わる時点で PoS の条件を満たす利用者（バリデータとよばれる）が（ビザンチン合意問題アルゴリズム）投票し新しいブロックを選択する．この方法では新たにチェーン

に加えるブロックを投票で選ぶため，チェーンの分岐は起こり得ない．バリデータの中で不正者の比率が1/3未満であれば，正しい合意が得られる．

一方，PoWと同様のブロックチェーン戦略に基づくPoS（たとえばEthereumのCasper）では，チェーンが分岐することを前提に，最長チェーンのみが生き残ることをルールとしている．新たなブロックはPoSの条件を満たす利用者（バリデータ）により作られ，「何も賭けていない」問題への対処として，ブロック作成時に賭け金を供託させることにして，（最長ブロックチェーンに含まれないような）不正ブロックを作成したバリデータはその賭け金を没収されるという仕掛けを導入している．つまり，PoWでは不正ブロックを作った採掘者は報酬を得られない無駄な計算をするというペナルティが与えられるのに対して，チェーンに基づくPoSでは，賭け金の没収というペナルティで対処しているのである．

PoSの変形であるDPoS (Delegated PoS) では，PoSの条件を満たす利用者の中から投票で選ばれた代表者（バリデータ）がブロックチェーンによる合意形成を行う．PoSでは不正に対するペナルティが賭け金の没収であったが，DPoSの場合は社会的信用の喪失や失職などがペナルティとなる．少人数のバリデータによる合意形成のため，通常のPoSよりも高速の処理が可能となる．

一方，有向非巡回グラフ (DAG: Directed Acyclic Graph) を用いたアプローチは，ブロックチェーンを用いたものとは異なっている．ブロックチェーンでは，承認されたトランザクションは1本のチェーンに含まれる．それに対してDAGによるアプローチでは，各トランザクションが承認するほかの「2つの」トランザクションをポイントすることでDAGが作られる．つまり，トランザクションをまとめたブロックを作らずに，直接トランザクション間で承認を行うことにより，ブロックを作るオーバーヘッドを抑え，より高速なトランザクション処理をめざすものである．

スマートコントラクト

ビットコインのスクリプト言語は限定した記述能力しかなかったが，Ethereumでは，計算機で扱えるどのような内容でも記述できるような能力

をもつ（チューリング完全）言語に対応している．したがって，さまざまな高度な契約内容を仮想通貨の利用条件として記述できるため，単なる通貨の利用ではなく，幅広い目的に使えるプラットフォームとしての機能をもつようになっている．そのような機能はスマートコントラクトとよばれる [218]．実際，Ethereum のプラットフォーム上では新たな仮想通貨やトークンを構築するほか，スマートコントラクト機能を用いたさまざまな応用が試みられている．

プライバシー

より強いプライバシーを保証する仮想通貨として，ゼロ知識証明を用いた ZCash, Ethereum や，リング署名を用いた Monero などがある（4.5.2 項，付録 C 参照）．

ハードウェア化困難な採掘

PoW に基づく多くの仮想通貨では，ハードウェア化が難しいハッシュ関数を採用している．また，メジャーな仮想通貨の採掘装置が使われないように独自のハッシュ関数アルゴリズムを利用する仮想通貨も多い．

量子計算

量子計算が実現しても安全と考えられているポスト量子暗号（第5章参照）のディジタル署名を用いた仮想通貨としては，格子ベース署名方式 BLISS（付録 D.4 節参照）を用いた Cardano やハッシュベース署名方式（5.4 節参照）を用いた IOTA のほか，QRT, Shield, Neo, Nexus などがある．

さまざまな目的

単なる通貨としての機能以外にも，さまざまな目的をもった仮想通貨が開発されている．以下にその一例を示す．

- プラットフォーム　Ethereum など．
- 自動取引所　0x など．
- シェア，分散処理　Siacoin など．

- ステーブルコイン　Tether など.

4.5 仮想通貨で使われるその他の暗号技術

4.5.1 ウォレット（鍵生成）で使われる暗号技術

　仮想通貨では，価値の移転（仮想通貨の送信や支払い）の処理を行うためにウォレットとよばれるツールが使われる．仮想通貨送受信のための通信機能やネットワーク情報の収集などの機能をもつが，最も重要な機能は，秘密鍵の生成管理である．

　理論上，秘密鍵の生成には何らかの形で作られた乱数を利用する必要がある．ネットワーク上で流通している暗号ツールでは，この鍵生成に不完全な（擬似）乱数を用いたために安全でない鍵が使われたという例が数多く報告されている．実際，完全に偏りのない乱数（真の乱数）を生成することは大変難しく，そのような乱数を前提に鍵生成を実装した場合，乱数生成が安全上の一番問題点となる．さらに，ビットコインなどの仮想通貨では，ウォレットを含めてすべてのプログラムがオープンソースで提供されることになっている．このような乱数生成を含めた鍵生成をオープンソースで安全に実現することはできるだろうか？

　これに対する回答が，擬似ランダム関数 (pseudorandom function)[91] の利用である[3]．擬似ランダム関数は，3.2.2 項で紹介したように（その定義は付録 A.6.1 項参照）シードとよばれる短い秘密の乱数を用いた関数であり，その関数そのものはオープンソースで公開されていても，ここで用いるシードさえ秘密にしておけば，その関数をランダム関数（各入力に対応する出力値が独立な真の乱数）と区別することはできない．なお，シードは注意深く生成された真の乱数である必要がある．

　たとえば，このウォレットが最初の鍵生成で使う乱数を生成するときは，

---

[3] ビットコインなどの仮想通貨のウォレットの仕様には，陽に擬似ランダム関数の言及はないが，多くのウォレットでこの概念を実装していると考えられる．ウォレットの鍵生成で最も広く使われているアルゴリズムは，ビットコイン改善提案 (BIP: Bitcoin Improvement Proposal)（いわば，ビットコイン版の RFC）の BIP32 で記述されている方法である．ここで提案されている擬似乱数生成による秘密鍵生成方法は，ゴールドライッヒらによる擬似ランダム関数の構成 [91] を実装したものと考えることができる．

#1 という入力をこの関数に入力し，その出力を乱数として最初の秘密鍵を作成する．シードさえ秘密にしておけば，その出力は独立な真の乱数と区別できないので，これにより作られた秘密鍵は安全である．2番目の鍵の作成では，#2 を入力しその出力から2番目の秘密鍵を作成する．この出力も(#1 の出力とは) 独立な真の乱数と区別がつかないので，やはりこの秘密鍵も安全である．このようにシードさえ秘密にしておけば，何個でも安全な秘密鍵を作れる．さらに，同じウォレットの秘密鍵生成プログラム（同じ擬似ランダム関数）を用いても，独立な別のシードを用いれば全く別の（擬似）ランダム関数となる．

　この方法の優れたところは，この鍵生成がシードを定めると「確定的に」定まることである．あるコインの受け取りに使った（公開）鍵は，そのコインを送信（支払い）するときにもその（秘密）鍵を利用する必要がある．つまり，受け取った時点から送信するまでの間，そこで作った秘密鍵を保管しておく必要があるのである．擬似ランダム関数を用いると，ウォレットは秘密鍵を保管する代わりにシードだけを注意深く安全に保管しておけばよい．ウォレットは#1 などの公開してもよい情報を保管しておけば，シードを入力することで秘密鍵を復元できる．シードを安全に管理することを目的として，物理装置の中にシードを埋め込んだハードウェアウォレットも作られている．

　また，BIP 39 では，ユーザーインターフェースを考慮したシードの入力方法として，多くの単語の列を入力させることでシードを生成する方法が提案されており，さまざまなウォレットで採用されている（シードはこれら単語列から確定的に定まる）．

4.5.2　プライバシーを高めるために使われる暗号技術

　ビットコインではある程度のプライバシーは守られているが，その他の仮想通貨では，さらにプライバシーを高めるためにいくつかの暗号機能が使われている．代表的なものとして，Zcash や Ethereum などで用いられているゼロ知識証明と Monero などで用いられているリング署名 (ring signatures) がある [193]．ゼロ知識証明については，3.2.5 項および付録 C で

4.5 仮想通貨で使われるその他の暗号技術

述べているので，ここではリング署名 [175, 24, 40, 117] について紹介する．

通常のディジタル署名では，署名作成者の署名鍵（秘密鍵）と検証鍵（公開鍵）の対に対応して，署名鍵を使って作った署名が対応する検証鍵で検証されるため，署名者が検証鍵から特定される．それに対してリング署名は，署名者が自分の署名鍵だけでなくネットワーク内で公開されている他のいくつかの検証鍵をも使って署名を作る．このとき，署名検証は自分の検証鍵と他のいくつかの検証鍵のすべてを使って行うことになり，署名者がどの検証鍵に対応するかは分からなくなる（もし全部で 10 個の検証鍵を使うと，署名者はその 10 人の中の誰かであることしか分からない）．このように，リング署名は仮想通貨のトランザクションが誰のものであるかを隠す効果をもつ．

ただ，リング署名はそのままでは仮想通貨には使えない．そのまま使うと送信者が匿名化されるため，二重使用（不正使用）のトレースができなくなるのである．そこで，仮想通貨に利用できるように，リング署名に二重使用のトレース機能を追加したリンク可能 (linkable) リング署名 [14, 195, 196] が提案され，それらに基づく仮想通貨が作られている．リンク可能リング署名は，リング署名の機能をもつがそこで用いた署名鍵によって定まる値も合わせて署名の中に入れている．もし二重使用により同じ署名鍵を再度利用してリング署名を行うと，その署名鍵に対応する情報だけは前のリング署名のときと同じ情報となり，この情報から二重使用が検出できる．

同様の概念にトレース可能 (traceable) リング署名がある [77, 82]．ここでは，もし同じ署名鍵を使ってリング署名を 2 回作ると，単に二重使用を検出するだけでなく，二重使用した署名鍵に対応する検証鍵をトレースすることができる．

ゼロ知識証明を使う際は，コミットメントという暗号機能も使われる（付録 A.6.5 項参照）．多くのゼロ知識証明の応用では，プライバシーに関する秘密の情報を隠したままその秘密情報が何らかの条件を満足することを証明する．このとき秘密の情報を暗号化してコミットしておく必要があり，そこでこの機能が使われる．また，多くのコミットメントを効率良く行うために，蓄積器 (accumulator) などさまざまな暗号機能が使われる．仮想通貨

Monero では，トレース可能リング署名と非対話ゼロ知識証明，蓄積器を組み合わせて用いる効率的なプロトコルが使われている [193]．

4.6　ブロックチェーン

ビットコインから誕生したブロックチェーンは以下のような特徴をもち，仮想通貨以外にもさまざまな応用をもつ [211, 221, 210]．

- PoW や PoS などの合意形成機能による不正データの排除．
- ハッシュチェーンによるデータの偽造防止．
- （不特定/特定）多数のサーバによる重複情報管理．
- ブロックチェーン内に保存されたデータ間の関係（価値の移動や契約関係）をディジタル署名やコンピュータ言語によるスマートコントラクトなどにより記述可能とする．

以上のような特徴により，ブロックチェーンは高度な関係性の記述能力をもつ分散台帳としての機能をもつ．これは，（不特定/特定）多数のコンピュータで共有する分散台帳をもつ汎用的なネットワーク型コンピュータと考えることができる．インターネットが多数の利用者の間で情報を送信・共有する手段を提供するものであることに対して，（スマートコントラクトなどの機能をもつ）ブロックチェーンは多数の利用者の間で情報を共有しつつ，高度な情報処理を行う手段を提供するものといえよう．

ブロックチェーン利用者を不特定（多数）とするか特定（多数）とするかにより，非認可型/認可型といった分類や，自由参加型/コンソーシアム型/プライベート型といった分類ができる．

前に述べたスケーラビリティ問題への対応策など，仮想通貨で用いられている多くの手法がブロックチェーンにおいても同様に利用可能である．このような特徴を用いて，ブロックチェーンは以下のような応用をもつ．

- 金融取引（株，債権，各種有価証券，税務書類など）
- 公的情報（不動産登記，事業所登録，証明書類，パスポートなど）

4.6 ブロックチェーン

- 資産管理（権利証書，借用書，遺言など）
- 権利管理（特許，著作権など）
- 分散自律組織 (DAO: Decentralized Autonomous Oraganization)

　スマートコントラクトなど仮想通貨で使われているさまざまな技術に加えて，ブロックチェーンの応用で特に重要な技術はゼロ知識証明（3.2.5 項，付録 C 参照）であろう．データ間に高度で複雑な（契約）関係をスマートコントラクトで表現した分散台帳としてのブロックチェーンにおいては，その（契約）内容は原則として参加者の間で正当性を確認した上で共有されることになる．しかし，多くの応用において，（契約）文書の内容の一部は機密情報として隠すことが求められるだろう．このような場合には，（非対話）ゼロ知識証明が大変有用である．

　たとえば，株式の売買記録をトランザクションとして公開する場合，「誰が 何月何日に，何円で 何株 買った」というような情報のうち，□ で囲んだ部分の情報は暗号化（コミットメント，3.3.3 項，4.5 節を参照）して秘匿しておきたいデータであろう．また，このようなトランザクションにより更新された時点での保有株数なども，秘匿しておきたい情報となる．一方，従来のいくつかのトランザクションによる売買記録と現時点の保有株数は整合がとれている必要がある．たとえば，「X 株買って，従来 Y 株保有していたが，現在 Z 株保有している」という情報がブロックチェーンに保存されているとしよう．このとき，$Z = Y + X$ という関係式が成り立つ（正当に取引が行われている）必要があるが，ゼロ知識証明を使うことにより，□ で囲んだ部分を暗号化（コミットメント）して秘匿したまま，そのことを（すべての利用者に対して）証明することが可能となる．

　このように，ゼロ知識証明を用いることにより，ブロックチェーンに保存されている高度な取引，契約内容の一部の機密情報を暗号化（コミットメント）し秘匿したまま，正当な取引が行われたことを証明することが可能となる．

第5章

ポスト量子暗号

> **本章の概要**
>
> 将来（大規模）量子計算機が実現すると，現在ネットワークで利用されている公開鍵暗号のほとんどが解読される．そのような量子計算機がいつごろできるかは予測できないが，量子計算機が実現しても安全であると考えられている暗号はポスト量子暗号とよばれており，活発に研究が進められている．本章ではポスト量子暗号の研究の取組みについて紹介する．いくつかの代表的なアプローチを紹介し，特に格子に基づく暗号（格子暗号）によるアプローチの特長および格子暗号のより詳しい紹介を行う．
>
> 付録 A.5 節では格子暗号で用いられている基本概念について述べ，付録 D では格子暗号の具体的方式の説明を行う．また，付録 E および付録 F.3 節で紹介する方式は，いずれも格子暗号の実現例となっている．

5.1 計算とは

我々は，日常生活で毎日のように計算をしている．では計算とは何だろうか？「計算できる」ということをきちんと定義できるのだろうか？ そのような疑問に対する答えとして，1930 年代の半ばにチャーチ (Church) による λ-定義可能関数，クリーネ (Kleene) による一般帰納的関数，チューリング (Turing) によるチューリング機械上の計算可能関数，それにゲーデル (Gödel) による算定可能関数などが，「計算できる」ということに対する数学的定義として提案された．最終的にこれら提案はすべて等価であることが証明されたため，これらを計算（可能性）の定義とするものがチャーチ–チューリングの提唱とよばれるものである [189]．この提唱は，我々が素朴に

もっている「計算する」という概念を上記のいずれかで数学的に定義するものである．通常，計算するということに関する直観に一番近いチューリング機械 (Turing machine) による定義が用いられる．

5.2 量子計算

通常，計算という概念は，チューリング機械を用いて「数学的に」定式化される．現在広く使われている計算機は，数学概念であるチューリング機械を物理装置として実現したものである．物理装置は，この宇宙の物理法則に従って物理現象として動作する．つまり，計算機とは数学的に定められた概念を物理現象に置きかえる装置なのだ．逆に言うと，どのような物理現象も（ある種のアナログ計算機として）何らかの計算を行っていると考えることもできる．

20 世紀になり，基本的な物理法則の一つとして量子力学が発見された．量子力学が示唆する物理現象は，多くの人にとって理解しがたいものである．たとえば，生きている猫と死んでいる猫が並存するシュレーディンガー (Schrödinger) の猫のたとえのように複数の状態が同時に並存する現象（量子重ね合わせ）や，遠隔地の観測情報が光の速度を超えて伝わるように見える，アインシュタイン (Einstein) らによる EPR 現象（量子もつれ）などがある．20 世紀の後半それらの現象の真偽に関する検証実験が数多く行われたが，いずれも量子力学の正しさを裏付けるものばかりであった．つまり，多くの人にとり理解しがたい現象が実際に起こっていると考えるほかないのである．

計算機械を実現することは物理現象にすぎないと考えると，量子力学に従った物理現象も何らかの計算をしていると考えることができる．問題は，我々にとって有益な計算をしてくれるかどうかである．1980 年代初頭に数学者のマニン (Manin) や物理学者のファインマン (Feynman) は，量子力学の現象を用いて従来の計算機よりも高速な計算機が作れるのではないかという考察を行っている．1985 年，イギリスの物理学者であるドイッチェ (Deutsch) により，**量子チューリング機械** (quantum Turing machine)（量

子計算機）という計算の数学概念が提唱された [62]．これは，（複数の状態が並存する）量子状態がユニタリ変換という量子力学の原理に沿った状態変化を行う過程として計算をとらえようとするものである．多数の状態が並存した量子状態をユニタリ変換（計算）することは，多数の値を同時並行に計算する超並列計算と考えることができる．つまり，量子チューリング機械はチューリング機械よりも指数関数的に高速な計算が可能かもしれないのだ．一方チューリング機械は，時間さえかければ量子チューリング機械の動作をシミュレーションすることができるので，量子チューリング機械はチャーチ–チューリングの提唱に反しない．つまり，計算できるかどうかという計算可能性の観点では，通常のチューリング機械と同じ能力しかもたない．したがって，量子チューリング機械は計算概念を拡張するためではなく，計算の性能を向上させる効果が期待されて登場したのである．

量子チューリング機械が提案された当初は，チューリング機械に比べてどの程度高速に計算ができるかはよく分からなかった．1994 年，米国のベル研究所の研究員であったショーアは，量子チューリング機械上で素因数分解問題と離散対数問題を高速に（多項式時間で）計算するアルゴリズムを発表した（ショーアのアルゴリズム (Shor's algorithm)) [185]．当時（現在も）インターネット上で使われていた公開鍵暗号・署名のほぼすべてが，素因数分解問題や離散対数問題が難しいということを安全性の根拠としていたことから，この発見は衝撃的であった．インターネット上の鍵共有や認証（署名）のためには公開鍵暗号・署名を利用するため，量子チューリング機械を実現する量子計算機ができれば，インターネット上の暗号のほぼすべてが解読されることになるからである．

5.3　量子計算による脅威

ショーアのアルゴリズムにより解読される暗号は，RSA 暗号・署名（素因数分解問題），ラビン (Rabin) 暗号・署名（素因数分解問題），ディフィー–ヘルマン鍵共有，エルガマル暗号，DSA 署名（離散対数問題），楕円ディフィー–ヘルマン鍵共有，楕円エルガマル暗号，楕円 DSA (ECDSA) 署

名などの楕円曲線暗号（楕円離散対数問題），双線形写像暗号（離散対数問題）などである．インターネットで使われているほとんどの公開鍵暗号・署名がこれらのリストに含まれるが，2000年以降活発に研究されてきたIDベース暗号や属性ベース暗号，関数型暗号の多く（特に実用性の高いもの）も双線形写像暗号であるため，量子チューリング機械（量子計算機）が実現されれば解読されることになる．

多くの暗号応用では，公開鍵暗号とあわせて共通鍵暗号（ブロック暗号など）やハッシュ関数なども使われる．これらの暗号機能は量子計算機の実現によってどのようなインパクトを受けるだろうか？ 最新の攻撃法を考慮して適切に設計された共通鍵暗号を解読するためには，すべての可能な秘密鍵を全数探索するしかないとされている．また，ハッシュ関数の衝突を見つける（ハッシュ関数 H が与えられ，$H(x) = H(y)$ となるような (x, y) を見つける）には，出力値の半分のサイズの値における全数探索相当の計算が必要とされる．つまり，適切に設計された共通鍵暗号やハッシュ関数に対する有効な解読法としては，全数探索に類する方法しかないと考えられている．全数探索を量子チューリング機械上で行うアルゴリズムとしてはグローバーのアルゴリズム (Grover's algorithm) が知られている [105]．しかし，このアルゴリズムを用いても N 個の全数探索には $N^{1/2}$ のオーダーの計算量が必要となるため，共通鍵暗号やハッシュ関数においては，鍵サイズや出力サイズを大きくする（たとえば2倍にする）ことで量子計算機の脅威に対処することができる．

一方，素因数分解や離散対数問題に基づく公開鍵暗号では，ショーアのアルゴリズムが大変強力（低次の多項式時間）であるため，鍵のサイズを大きくするような方法では安全性を高めることはできない．その意味で，量子計算機の暗号への脅威は，主に公開鍵暗号・署名に対するものといえる

5.4 ポスト量子暗号

半世紀ほど前より夢のエネルギーと言われ続けて莫大な費用をかけて世界中で研究されてきた核融合発電は，いまだに実用化が可能かどうかすら見通

しが立っていない．研究を進めれば進めるほど技術的障壁の高さがより一層鮮明になるようだ．50年前に核融合発電の実現がいつになるか全く見通せなかったように，現時点では（現在使われている暗号を破るような大規模）量子計算機がいつ実現できるか全く見当がつかない．大規模量子計算機の実現はそれほど技術的障壁が高いのだ（数10量子ビット程度の量子計算を行う小規模の量子計算機はすでに実現しているが，量子誤りの限界を超えるようなスケールアップが実現困難性の根源となっている）．核融合発電の例を見ていると，50年後に大規模量子計算機が実現していると考えるのは楽観的すぎるかもしれない．

ここで，量子アニーリング（焼きなまし）などを用いた**量子アナログ計算機**は，公開鍵暗号を解読する量子計算機（量子チューリング機械）とは全く別の概念の計算機であることに注意されたい．量子チューリング機械を実現するためには，**量子重ね合わせ**と**量子もつれ**（エンタングルメント）という2つの量子現象を用いる．このうち（スケールアップの）技術障壁が高いのは量子もつれである．つまり，量子チューリング機械を実現する技術的困難性の根源は，量子もつれを大量に生成し制御することの困難性であるといっても過言ではない．ところが，量子アナログ計算機は量子重ね合わせとトンネル効果などは利用するが，量子もつれは本質的に用いない．つまり，量子アナログ計算機は，量子チューリング機械を実現するために最も中核となる量子もつれを使っていないため，量子チューリング機械とは別の概念の計算機なのである．当然，これら量子アナログ計算機は，公開鍵暗号の解読には使えない（ショーアのアルゴリズムは量子チューリング機械上のアルゴリズムである）．

大規模量子計算機の実現はこのように大変技術的障壁が高く，突然大きなブレークスルーが起きて近い将来（たとえば20年後に）実現するという可能性は少ないと思われる（20年後に実用化されるためには現時点ですでに技術課題が明確化され実現までのロードマップができている必要がある）．しかし，その可能性を全く否定することもできない．そのようなときに備えて，いまのうちに量子計算機に対して安全と思われる（公開鍵）暗号を作ろうという研究が活発化している．そのような暗号のことをポスト量子暗

号（Post-Quantum 暗号，**PQ 暗号**）とよぶ[1]．本節では PQ 暗号の候補について紹介しよう．

公開鍵暗号の概念が 1976 年にディフィーとヘルマンによって発表されて以降，公開鍵暗号を実現する多数のアイデアが提案されてきた．いずれの方式も，その安全性は何らかの計算困難な問題に依存する．2.2.2 項で述べたように，この安全性の根拠となる計算困難な問題は大きく 2 つに分類される．一つは代数的な問題であり，もう一つは組合せ論的な問題である．

代数的な問題の代表は，素因数分解問題と離散対数問題である．この問題に基づく暗号方式の多くは，群構造を利用する．組合せ論的な問題の多くは NP 困難問題[2]とよばれるクラスに属し，パラメータを適切に選ぶと全数探索しか解法がないように見える．このクラスの問題の多くは，単純な代数構造をもたない．現在インターネットで使われている公開鍵暗号のほとんどが代数的な問題に属する理由は，実用性に優れ安全であると思われている公開鍵暗号はそれほど多くなく，いずれも代数的な問題に属するためである．

一方，組合せ論的な問題に属する暗号として 1970 年代後半から 1980 年代にかけて活発に研究された公開鍵暗号が，ナップザック問題（部分和問題，部分積問題）に基づく暗号である．しかしながら，多くの方式が提案されたにもかかわらず，そのほとんどが LLL アルゴリズムなどの格子簡約手法により暗号解読されてしまった．ナップザック問題そのものは NP 困難問題であるが，このクラスに属する問題は「最も難しい（パラメータ設定の）場合」（ワーストケース (worst case) とよばれる）と暗号で使うようなパラメータ設定における場合の間にギャップがあり，暗号に利用したパラメータ設定での問題が簡単に解かれてしまうのである．一方，ワーストケースになるように設定すると，今度はそれを使って暗号を構成することが極端に難しくなるというジレンマが起こり得る．つまり，安全性と構成容易性のバランスを取りづらいことが，このタイプの暗号を構成することの根源的な難

---

[1] 米国標準技術研究所 NIST は，2017 年よりポスト量子暗号方式の公募による標準化作業を開始した [155]．

[2] NP は暗号などで利用する困難な問題を所属問題（判定問題）として特徴づけた問題のクラス．NP 困難問題は NP に属すいずれの問題とも同等かそれ以上に困難な問題．NP 困難でNP に属す問題は NP 完全とよばれる．

しさの理由であった．

安全性と暗号構成容易性のバランスを取ることができそうな困難な問題の候補には以下のようなものがあり，それらに基づく暗号・署名方式がPQ暗号の候補として活発に研究されている [25]．

- 格子の問題に基づく暗号

    PQ暗号において有望視されているアプローチであり，以下では**格子暗号** (lattice-based cryptography) とよぶ．詳しくは，5.5節を参照．

- 誤り訂正符号の問題に基づく暗号

    誤り訂正符号を利用した暗号方式で，公開鍵暗号の概念が提案された直後の1978年にゴッパ (Goppa) 符号を利用したマクリース (McEliece) 暗号が提案された [132]．さらに，ニーダライター (Niederreiter) による暗号方式 [145] やCFS署名方式 [56]，スターン (Stern) 認証方式 [192] などが提案された．このアプローチでは，復号が簡単な符号化を隠すためにランダム化変換した符号化関数が公開鍵となり，ランダム化変換と隠した（復号が簡単な）符号化が秘密鍵となる．（上記のような特別な仕掛けに限定しない）一般の符号化関数による符号を復号する問題は，NP困難である．

- 多変数多項式の問題に基づく暗号

    連立（2次）多変数多項式関数を用いる方法であり，1980年代に松本と今井により始められ [131]，それ以降多くの暗号・署名方式が提案されると同時に，グレブナー基底を用いた攻撃法などさまざまな攻撃手法も活発に研究されている [65, 165, 128, 197, 11]．解くのが簡単な連立多変数多項式関数を隠すために，ランダム化変換した連立多変数多項式関数を公開鍵とし，ランダム化変換と隠した（解くのが簡単な）連立多変数多項式関数が秘密鍵となる．（上記のような特別な仕掛けに限定しない）一般の連立（2次）多変数多項式を解く問題は，NP困難である．

- 楕円曲線の同種写像の問題に基づく暗号

 楕円曲線間の準同型写像として同種写像が知られているが，同種な2つの楕円曲線が与えられたときその同種写像を見つける問題は，代数的な問題の一つである．この問題は量子計算機を用いても解くのが難しい問題と考えられている．現在，通常 (ordinary) 楕円曲線上では準指数時間・量子アルゴリズムが見つかっているが [51]，超特異 (supersingular) 楕円曲線上では指数時間・量子アルゴリズムしか知られていない．

 このアプローチは，この問題の難しさに基づき2つの同種写像の結合に関する（擬似的な）可換性を用いることで，ディフィー-ヘルマン鍵共有と類似の鍵共有・公開鍵暗号を構成しようとするものである．量子安全性の観点より，通常楕円曲線を用いた方法 [177] よりも超特異楕円曲線を用いた方法を中心に活発な研究が行われている [74, 55, 54, 49]．また，署名方式など他の暗号機能への応用も提案されている [203]．

- ハッシュ関数に基づく署名

 署名に特化したアプローチとして，トラップドア一方向性関数ではなく，一方向性関数（ハッシュ関数）に基づき構成するハッシュベース署名方式が研究・実用化されている．1つの署名鍵に対して1つの署名しか作らない使い捨て署名として，一方向関数（ハッシュ関数）に基づくランポート (Lamport) 署名方式 [119] やマークル署名方式 [136, 137] が提案され，それら方式の効率を改善したウィンターニッツ (Winternitz) 署名方式も提案されている [66]．なお，仮想通貨の応用では使い捨て署名でもよいので，ウィンターニッツ署名方式は仮想通貨でも使われている．

 これら使い捨て署名をベースに，2分木状に利用することで通常の署名として構成することができる．このような方式としては，SPHINCSとよばれる実用的な方式が提案されている [26]．

 以上のアプローチのいずれにおいても（同種写像問題のアプローチを除い

て）共通の欠点は，RSA 暗号や楕円曲線暗号などの整数論ベースの方式に比べて，公開鍵のサイズが非常に大きいことである．

　上記のようなアプローチの中で，**格子暗号**が有望視されている理由について述べよう．ショーアのアルゴリズムの発見以来，さまざまな問題に対して量子計算機を使ったアルゴリズムの研究が大変活発に行われてきた．その結果，NP 困難であるような問題（に関連するクラスの問題）のワーストケースに対しては，量子計算機を用いても解くのは難しいと考えられている．したがって，PQ 暗号で用いる問題の最も有望な候補は NP 困難問題となる．

　しかし，上で述べたように，安全性と構成容易性のバランスを取ることの難しさが NP 困難問題に基づく暗号の構成の難しさである．この点をもう少し詳しく述べよう．NP 困難・完全問題は，計算量理論で定義された概念であり，ひらたく言うと，NP という（多くの難しい問題を含む）問題のクラスの中のいずれの問題よりも同等以上に難しい問題である．このことは（多項式時間）「帰着」という概念を用いて導かれるが，この帰着はワーストケースに関するものである．つまり，NP 困難・完全問題のワーストケースが，NP の中のいずれの問題よりも同等以上に難しいのである．また，上で述べたように，NP 困難・完全問題のワーストケースは量子計算機に対しても解くのが難しいと考えられている．

　一方，暗号で考える難しい問題は，公開鍵から秘密鍵を求めるような問題である．このとき公開鍵と秘密鍵の対は鍵生成アルゴリズムによりランダムに生成され，公開鍵から秘密鍵を求める難しさは，このランダムに生成された問題の平均的な難しさとして評価される．このようにランダムに選ばれた問題に対する平均的な難しさは，「平均的な場合（アベレージケース (average case)）の問題」とよばれる．

　つまり，NP 困難問題の難しさはワーストケースに対して特徴づけられているが，それを暗号に応用した場合の問題の難しさ（安全性）はアベレージケースで考えるのである．このギャップにより，NP 困難問題を暗号に利用した場合，（ワーストケースでとらえた）問題の難しさは（アベレージケースで考える）暗号の安全性の直接的な保証にならないのである．実際，前にも述べたように，NP 困難問題であるナップザック問題に基づく多くの暗号

は破れている.

一方,素因数問題や離散対数問題などの代数的な問題は,問題そのものがアベレージケースであり,暗号に利用する場合とのギャップはない.たとえば素因数分解問題は,2つの同じサイズの素数の積をランダムに選びそれを(素因数分解する)問題と考えることができるが,それはRSA暗号の公開鍵から秘密鍵を求める「暗号安全性の問題」と同じである.

格子暗号が有望視されている大きな理由の一つは,ワーストケースとアベレージケースの間を橋渡しする方法が見つかっていることである.つまり,格子暗号では,NP困難問題に関連する問題のワーストケースの難しさを暗号の安全性の根拠とすることが可能となるのである.現在のところ,このような特徴をもつPQ暗号は格子暗号だけである.そこで,本書ではPQ暗号の代表として格子暗号に焦点を当てることとする.

5.5 格子暗号

これより格子暗号の紹介を行う(詳しくは,付録A.5節,付録Dを参照).格子とは,高次元のベクトル空間の中での基底 ($b_1, \ldots, b_n$) により作られる格子点の集合 $\{x_1 b_1 + \cdots + x_n b_n \mid x_1, \ldots, x_n \in \mathbb{Z}\}$ である [168].格子において代表的な問題は,基底が与えられたとき,(原点以外の)最も短い格子点(最短ベクトル)を見つける「最短ベクトル問題 (SVP)」で,NP困難であることが知られている.また,最短ベクトルのサイズの γ 倍 ($\gamma > 1$) 以内のサイズのベクトルを求める問題は γ-近似SVPとよばれる.問題のサイズを n としたとき,$\gamma = O(1)$(つまり,γ が n に関して定数)のときは γ-近似SVPはNP困難となる.一方,$\gamma = O(n^c)$(c:定数)のときは,NP困難かどうかは分かっていないが ($c \geq 1/2$ のときは,NP困難ではないと予想されている),そのワーストケースは量子計算に対しても難しいと考えられている.

1996年にアイタイ (Ajtai) は,ある暗号の問題を(平均的に)解読する問題 (SIS (Short Integer Solution) 問題とよばれる) の困難性が n^c-近似SVPのワーストケースを解く困難性と同等以上となることを示した [9].つ

まり，（広く信じられている）「n^c-近似 SVP のワーストケースは量子計算でも難しい」ということを仮定すれば，この暗号の問題は量子計算に対して安全であると証明されたことになる．翌年，アイタイとドワーク (Dwork) は同様の性質をもつ格子に基づく公開鍵暗号を提案した [10]．この暗号方式は妥当と思われる仮定のもとで量子計算に対する安全性が証明された初めての PQ 暗号方式である．一方，PQ 暗号の他のアプローチの候補においてはこのような暗号方式は知られていない．

格子暗号がさらなる飛躍をとげるきっかけとなったのが，2005 年にレゲフ (Regev) により提案された LWE (Learning With Error) 問題である [171]（これは，アイタイが導入した SIS 問題の双対問題と考えられる）（付録 A.5 節参照）．この問題は，$\mathbb{Z}_q$（整数 q を法とする $\mathbb{Z}$ の剰余系，付録 A.1 節参照）から各要素をランダムに選んだ行列 $A \in \mathbb{Z}_q^{n \times m}$ ($n < m$) と（横）ベクトル $s \in \mathbb{Z}_q^n$ および正規分布する（q に比べて）小さな（横）乱数ベクトル $e \in \mathbb{Z}_q^m$ を用いて得られた $(A, b = s \cdot A + e)$ で定義される．LWE の探索問題は (A, b) から s を求めることで，LWE の判定問題は (A, b) と (A, r) ($r \in \mathbb{Z}_q^m$ は一様にランダムなベクトル) を識別することである．この LWE 問題を解く困難性は，（量子計算機の存在を前提にして）n^c-近似 SVP（の変形）のワーストケースを解く困難性と同等以上となる．

LWE 問題ならびに SIS 問題のもう一つの特長は，トラップドア（それを使えば LWE 問題や SIS 問題を簡単に解くことができる）の存在である（付録 A.5.4 項参照）．つまり，これら問題はトラップドア一方向性なのである．このような性質を用いて，LWE 問題や SIS 問題の困難性仮定の下で（量子計算に対する）安全性が証明された効率の良い公開鍵暗号やディジタル署名，さらに ID ベース暗号，属性ベース暗号など数多くの暗号方式が提案されてきた（付録 D，付録 F.3 節参照）．

格子暗号によるもう一つのブレークスルーが，2009 年のジェントリ (Gentry) による完全準同型暗号の提案である [86]（6.1 節参照）．完全準同型暗号は加算と乗算の準同型性をもつ暗号で，これにより暗号化されたデータは暗号化したまま任意の計算を行うことが可能である．ジェントリはこの暗号をイデアル格子とよばれる格子の一種を用いて初めて実現した．現在で

は，LWE 仮定の下で安全な完全準同型暗号が提案されている（付録 E.1 節参照）．

　一方，これらの暗号方式は現在実用されている整数論ベースの暗号方式に比べて実用性や効率の点では劣っており，さらなる改善の余地が残されている．効率を改善する試みの一つとして，LWE 問題や SIS 問題の代わりに環 LWE 問題や環 SIS 問題を用いる試みが行われている（付録 A.5.5 項，付録 D.5 節参照）．

第6章

新しい暗号：
進化発展する公開鍵暗号

> **本章の概要**
> 本章では，公開鍵暗号が発展した新しい暗号概念である完全準同型暗号と関数型暗号の紹介を行う．これら暗号では，暗号は単に秘匿性を保証するだけではなく，秘匿性を保証したままさまざまな演算や高度なデータ検索を可能とする．つまり，暗号化したままクラウド計算やビッグデータ検索を行うといったことが可能となる．
> 付録Eに完全準同型暗号で現在最も優れた方式と考えられているGSW方式を紹介する．また，付録Fでは，2つのタイプ（属性秘匿タイプと属性公開タイプ）の関数型暗号において代表的な方式を紹介する．

「はじめに」で述べたように，21世紀に入り，公開鍵暗号の概念は大きく拡張・一般化された．公開鍵暗号は不特定多数の間での暗号通信を可能とし，また電子的な署名という概念を可能とした画期的な技術であったが，秘匿通信や署名といった機能に限定されたものであった．それに対して，21世紀に入って大きく進展した暗号概念は，暗号化したまま演算を行い，暗号化されたデータに対して高度なデータ検索を行うような暗号である．ひらたく言えば，より高度化され賢くなった暗号とでもいえるだろうか？

公開鍵暗号において暗号化したまま演算するという概念は，1970年代より広く知られていた．たとえば，平文がそれぞれ m_1, m_2 であるような2つの暗号文 $c_1 = \mathsf{Enc}(m_1), c_2 = \mathsf{Enc}(m_2)$ が与えられたとき，暗号化したまま，それらの平文を足し合わせた値を平文とするような暗号文 $c_3 = \mathsf{Enc}(m_1 + m_2)$ に変形できるような暗号方式がある（加算に関する準同型暗号とよばれ，パイリア暗号などが知られている [163, 161]）．そのような暗号を用いれば安全な電子投票が実現できるのである．いま，賛成 ($v = 1$)

か反対 ($v = 0$) かを投票する各投票者は，加算に関する準同型暗号の暗号文 $c = \mathsf{Enc}(v)$ を投票サーバに投票する．このような暗号文 $c_i = \mathsf{Enc}(v_i)$ ($i = 1,\dots,n$) を受信したサーバはそれらの暗号に対して暗号文のまま別の暗号文 $c^* = \mathsf{Enc}(v_1 + \dots + v_n)$ に変形できる．これを復号すれば，何人が賛成したかが ($v_1 + \dots + v_n$) の値として取り出せる．一方，乗算に関する準同型暗号としてはエルガマル暗号 [84] などが知られている．

もし加算と乗算のいずれに関しても準同型性をもつような暗号があれば，暗号化したままどのような演算でも行うことが可能となる夢の技術となることは，公開鍵暗号が発見された直後から知られていた [176]．このような暗号は，**完全準同型暗号** (FHE: Fully Homomorphic Encryption) とよばれ，暗号化したままどのような演算もできることは，以下のことから確認できる．

- 任意の演算は NAND ゲートのみからなる回路で表現できる．そのゲートへの入力を x, y （いずれも 0/1 のバイナリ値）とするとき，x NAND y は，整数上の加算と乗算を使って，$1 - x \cdot y$ と表現される（このような表現は算術化とよばれる）．これは有限体 $\mathbb{F}_2$ 上の加算，乗算としてもよい．
- 加算と乗算のいずれに関しても準同型性をもつような完全準同型暗号 End があり，加算と乗算の準同型演算を $\boxplus$ と $\odot$ とする（この演算は誰でもできる）．つまり，$\mathsf{End}(x) \boxplus \mathsf{End}(y) = \mathsf{End}(x+y)$ ならびに $\mathsf{End}(x) \odot \mathsf{End}(y) = \mathsf{End}(x \cdot y)$ となる．

  このとき，暗号化した入力 $\mathsf{End}(x)$, $\mathsf{End}(y)$ を暗号化したまま以下のように NAND 演算することができる．$\mathsf{End}(x\ \text{NAND}\ y)$ は，$\mathsf{End}(1) \boxplus \mathsf{End}(-1) \odot \mathsf{End}(x) \odot \mathsf{End}(y)\ (= \mathsf{End}(1 - x \cdot y) = \mathsf{End}(x\ \text{NAND}\ y))$ により，$\mathsf{End}(x)$, $\mathsf{End}(y)$ から準同型演算 $\boxplus$, $\odot$ を用いて（誰でも）計算できる．
- NAND ゲートで構成された回路 C への入力 $x = (x_1,\dots,x_n)$ が暗号化 ($\mathsf{End}(x_1),\dots,\mathsf{End}(x_n)$) されているとき，暗号化化されたまま順次ゲート演算を行っていくと，最終的に暗号化された出力値 $\mathsf{End}(C(x))$ を計

第6章 新しい暗号：進化発展する公開鍵暗号

算することができる．

- ANDやOR．NOTなどのゲートも，加算と乗算を使ってそれぞれ $x \cdot y$, $x+y-x \cdot y$, $1-x$ で表現できるため，NANDと同様に暗号化したままゲートの演算を行うことができる．

以上のようなことは1970年代より知られていたが [176]，完全準同型暗号が実現可能であるかは長い間未解決問題とされており，専門家の多くは懐疑的であったと思われる．この状況に大きな変化をもたらしたのが，2009年のジェントリによる初の具体的な完全準同型暗号方式の提案であった [86]．

一方，21世紀になって活発に研究が行われるようになった暗号が **IDベース暗号** (IBE: Identity-Based Encryption) である．これは，受信者ごとに個別の公開鍵を使って暗号化する公開鍵暗号と違って，受信者のID（メールアドレスなど）を用いて暗号化するものであり，公開鍵暗号の拡張として1980年代前半からその概念は知られていた [182]．しかし，その具体的な実現は2000年頃の境，大岸，笠原 [180] やボネ (Boneh)，フランクリン (Franklin)[31] らによる双線形写像群（ペアリング群）を用いた方式が見出されるまで待つ必要があった[1]．

このIDベース暗号をより一般化したものが**属性ベース暗号** (ABE: Attribute-Based Encryption) や**関数型暗号** (FE: Functional Encryption) である．完全準同型暗号が暗号化したまま任意の計算ができることに対して，関数型暗号は暗号化したデータに任意の計算を施して復号する（もしくは，暗号化したデータに任意の検索・判定を行いその結果に基づき復号する）．

これらの研究の発展はネットワークの進展と無縁ではない．クラウド計算やビッグデータといった形でネットワークの利用領域を高度化し進展させたことが，より高度な暗号の登場を促したのである．クラウド計算やビッグデ

---
[1] 素因数分解問題を用いたコックス (Cocks) による IDベース暗号 [52] も提案されているが，効率や拡張性に難点があることよりこのアプローチはあまり進展していない．なお，コックスは，1970年前後にイギリスの政府機関である GCHQ で極秘裏に公開鍵暗号などを発見したメンバーの一人である（1.1節参照）．

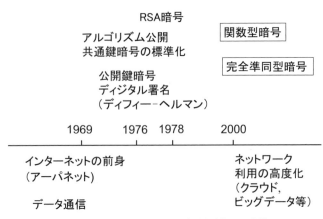

図 6.1　ネットワークの発展と新しい暗号

ータでは，いかにデータのもつプライバシーを守るかが大きな問題である．この問題に対し，データを暗号化しておき，暗号化したままクラウド計算やデータ検索ができれば，ある意味で究極の解決策となる．これは，アーパネット（インターネットの前身）の登場が公開鍵暗号の誕生を促し暗号分野に革命をもたらしたように，21世紀におけるネットワークの発展が暗号に新たな変革をもたらしたといえよう．

6.1　完全準同型暗号

　完全準同型暗号は，図 6.2 に示すように金庫を使ってたとえることができる．いま，データ x が暗号化されていることを金庫に入っているとしよう．完全準同型暗号では，この金庫をもらえば，誰でも金庫の中に入っているデータを金庫の中に入れたまま任意の関数 f の関数値 $f(x)$ に変換することができるのである．このマジックのようなことを可能にするのが完全準同型暗号である．
　これをクラウド計算に利用すれば以下のようになる（図 6.2）．利用者は計算してほしいデータ x を金庫に入れてクラウドサーバに送る．サーバは，サービスとしての計算 f を金庫にデータを入れたまま計算する．その結果，

6.1 完全準同型暗号

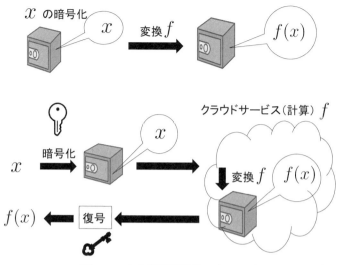

図 6.2 完全準同型暗号のイメージ

もともと金庫に入っていたデータ x は $f(x)$ になる．サーバは，この $f(x)$ が入った金庫を利用者に返す．利用者は金庫を開ける鍵をもっているため，この金庫を開けて（復号して）$f(x)$ を取り出す．ここで，サーバはデータ x を一切知ることなく，計算機能 f だけを利用者に提供したことになる．

以上のことを，もう少し正確に述べよう．完全準同型暗号は公開鍵暗号であり，通常の公開鍵暗号と同様に次の 3 つの関数，鍵生成関数 Gen，暗号化関数 Enc，復号化関数 Dec で規定される．

データ x に対する暗号文は $c = \mathsf{Enc}(\mathsf{pk}, x)$ である．ここで，pk は公開鍵であり，秘密鍵 sk と対で鍵生成関数 Gen により生成される．

完全準同型暗号は，通常の公開鍵暗号の機能に加えて，準同型演算を評価する公開の関数 Eval が定義され，任意の関数（回路）f に対して，以下のような機能をもつ．

$$\mathsf{Eval}(f, \mathsf{Enc}(\mathsf{pk}, x)) = \mathsf{Enc}(\mathsf{pk}, f(x)).$$

これを一般化して，複数の暗号文 $c_1 = \mathsf{Enc}(\mathsf{pk}, x_1), \ldots, c_n = \mathsf{Enc}(\mathsf{pk}, x_n)$ に対し，任意の多変数 f に関する同様の準同型暗算をもつようにできる

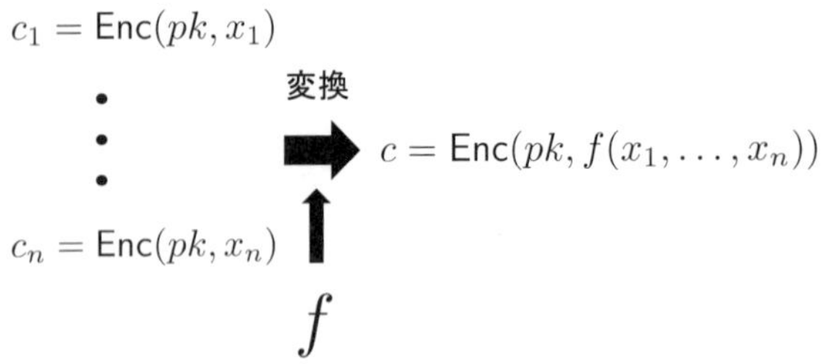

$$c_1 = \mathsf{Enc}(pk, x_1)$$
$$\vdots$$
$$c_n = \mathsf{Enc}(pk, x_n)$$

変換 → $c = \mathsf{Enc}(pk, f(x_1, \ldots, x_n))$

f

図 6.3 完全準同型暗号

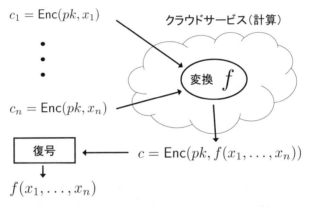

図 6.4 完全準同型暗号を用いたクラウド計算

(図 6.3).

$$\mathsf{Eval}(f, (c_1, \ldots, c_n)) = \mathsf{Enc}(\mathsf{pk}, f(x_1, \ldots, x_n)).$$

クラウド計算に利用する場合は，利用者はデータ $x_1, \ldots, x_n$ に対する暗号文 $c_1 = \mathsf{Enc}(\mathsf{pk}, x_1), \ldots, c_n = \mathsf{Enc}(\mathsf{pk}, x_n)$ を作り，それをサーバに渡す．サーバはクラウド計算関数 f を用いて $\mathsf{Eval}(f, (c_1, \ldots, c_n)) = \mathsf{Enc}(\mathsf{pk}, f(x_1, \ldots, x_n))$ を計算し，その結果 $\mathsf{Enc}(\mathsf{pk}, f(x_1, \ldots, x_n))$ を利用者に返す．利用者は秘密鍵 sk を用いてそれを復号する（図 6.4）．

$$\mathsf{Dec}(\mathsf{sk}, \mathsf{Enc}(\mathsf{pk}, f(x_1, \ldots, x_n))) = f(x_1, \ldots, x_n).$$

加算と乗算のいずれにおいても準同型性をもつ完全準同型暗号の概念は，

RSA暗号が提案された直後の1978年にリベスト，エイドルマン，デルトゾス (Dertouzos) によって提案されている [176]．それを初めに具体的に実現したのは当時スタンフォード大学の大学院生であったジェントリであり，2009年のことであった [86][2]．

ジェントリの完全準同型暗号は，イデアル格子とよばれる特殊な格子を用いて構成されている（付録A.5.5項参照）．格子を利用した格子暗号は1990年代より研究されてきた（5.5節参照）が，通常の格子と違い，イデアル格子は代数的な環の上で構成されるため，格子の要素の間で加算と乗算が定義されている．完全準同型暗号では加算と乗算の準同型性が要求されているため，加算と乗算が定義されている代数的構造として環（そしてその部分構造としてのイデアル）を用いるのは極めて自然な発想である．

ジェントリの完全準同型暗号は，大雑把にいうと以下のように構成されている．

ある環 R におけるイデアル格子 L を考え（L は環 R のイデアルであり格子の構造をもつ），L の基底 B を公開鍵とする．L の基底の候補は無数にあるが，この基底 B を見ても，格子の要素 $v \in L$ の近くにある点 c から v を見つけるのが難しいような基底とする．一方，格子 L の別の基底 B^* を与えると，c から v が簡単に求めることができる．いわば，B^* はこの問題のトラップドアになっており，これを秘密鍵とする．

平文 $\mu \in \{0,1\}$ に対する暗号化は，ランダムな格子の要素 $v \in L$ および小さなノイズ（誤り）$e \in R$ を選び，暗号文を $c = v + 2e + \mu$ により計算する（R 上の演算として）．ここで $2e + \mu$ は小さな値なので，c は $v \in L$ の近傍の点であることに注意する．

暗号文 c を復号するには，秘密鍵 B^* を使って v を求め，それより平文 $\mu = c - v \bmod 2$ を計算する．完全準同型性は，2つの暗号文 $c_1 = v_1 + 2e_1 + \mu_1$ と $c_2 = v_2 + 2e_2 + \mu_2$ に対して，

---

[2] ジェントリは，ハーバード大学法科大学院を出て弁護士となってなっていたが，その後暗号研究の世界に転じて，NTTドコモ米国研究所での勤務後にスタンフォード大学大学院でボネの指導下で博士号を取得した．その博士論文はこの完全準同型暗号であるが，この結果は博士課程在籍中のIBMワトソン研究所での夏季実習中に得た成果に基づくものである．博士号取得後はIBMワトソン研究所に所属している．

$$c_1 + c_2 = (v_1 + v_2) + 2(e_1 + e_2) + \mu_1 + \mu_2$$
$$= v' + 2e' + (\mu_1 + \mu_2),$$
$$c_1 \cdot c_2 = (v_1 v_2 + (2e_2 + \mu_2)v_1 + (2e_1 + \mu_1)v_2)$$
$$+ 2(2e_1 e_2 + e_1 \mu_2 + e_2 \mu_1) + \mu_1 \mu_2$$
$$= v'' + 2e'' + \mu_1 \mu_2.$$

(ここで, v_1, v_2 がイデアル L の要素なので, イデアルの性質から $v', v'' \in L$) であることより確認される.

このジェントリ暗号方式は, 初めて完全準同型暗号を実現したという意味で画期的な成果であったが, 以下のような多くの課題を残していた.

- 安全性の（計算量的な）仮定がイデアル格子における仮定であり, いわゆる標準仮定とよばれるような信頼性の高い仮定ではない.
- 準同型演算として乗算を1回行うとノイズ（誤り）が二乗のオーダーで増加する. したがって乗算ゲート（ANDゲート）を対数個オーダー以上含むような回路, たとえば深さが対数オーダー以上となるような回路に対しては, この準同型演算を直接行うことはできない.
- 準同型演算を繰り返してノイズが十分に大きくなった場合に対処するため, ジェントリによりブートストラップとよばれる手法（ノイズを減少させる手法）による解決策が提案されている. この手法を用いることによりいくらでも深い回路の準同型演算が可能となるが, 全体として準同型演算の効率を大変劣化させる. さらに安全性においても, 巡回安全性 (circular security) という非常に強い安全性の仮定を前提とする.

ジェントリの提案以降, 多くの研究者が完全準同型暗号の研究分野に参入してきたため, この分野の研究は急速に進展することになる. ジェントリの方法をほぼそのまま整数環の世界に書き直して実現したものが, ダイク (van Dijk), ジェントリ, ハレビ (Halevi), バイクンタナサン (Vaikuntanathan) らの方式（DGHV方式）[199, 53] であり, その特徴はジェントリ方式とほぼ同様である. ジェントリ方式および DGHV 方式は, 第1世代

の完全準同型暗号とよばれる．

2011 年から 12 年にかけて，ブラケルスキー (Brakerski) とバイクンタナサンらによって，第 1 世代の完全準同型暗号の欠点を改良する新しいタイプの完全準同型暗号が提案された [38, 37, 36]．整数環でも同様の方式が構成できる．これら方式は以下のような特徴をもち，第 2 世代の完全準同型暗号とよばれている．

- 格子暗号の分野における標準仮定とされている LWE 仮定の下で安全である．
- 回路の深さ（最大乗算回数）が事前に分かっている場合，それがどのような値であってもその値を組み込んで公開鍵を設定すれば，その回路の完全準同型演算をブートストラップの助けを借りずに行うことができる．このような完全準同型暗号を段数組み込み (leveled)」完全準同型暗号とよぶ．
- 以上のことを実現するためには，鍵変換やモジュラー変換などの手法を用いる必要があるが，これらは準同型演算の効率を劣化させる要因となる．
- 公開鍵を定めた後に，事前設定した以上の深さの回路に対して安全準同型演算を行うには，ブートストラップ手法を用いる必要がある．

第 2 世代の完全準同型暗号は，標準仮定である LWE 仮定に基づき安全性が証明されており，公開鍵を決める際に対象となる回路の段数を設定しておけば任意の深さの回路に対する準同型演算ができるという意味で，第 1 世代の大きな問題を解決した．しかし，鍵変換やモジュラー変換などの手法により，準同型演算の効率が悪くなるという欠点があった．

上記のような第 2 世代の方式の問題を解決すべく，2013 年，ジェントリ，サハイ (Sahai) とウォーターズ (Waters) により，以下のような特徴をもつ新しい完全準同型暗号が提案された（GSW 完全準同型暗号方式）[88]．

- 格子暗号の分野における標準仮定とされている LWE 仮定の下で安全である．

- 段数組み込み完全準同型暗号である．
- 方式構成および準同型演算が極めて単純で，第2世代の方式で必要とした鍵変換やモジュラー変換などの手法が不要のため，効率も良い．
- 公開鍵を定めた後に事前設定した以上の深さの回路に対して安全準同型演算を行うには，ブートストラップ手法を用いる必要がある．

GSW方式は第2世代方式のもつ準同型演算の煩雑さの問題を解決しており，現在に至るまで最も優れた完全準同型暗号方式である．整数環上でも同様の方式は構成でき，これら方式は第3世代の完全準同型暗号とよばれている．GSW方式については，付録E.1節を参照されたい．また，ジェントリによるブートストラップ手法についても付録E.2節を参照されたい．

6.2 関数型暗号

まず，関数型暗号の出発点ともなり，最も単純な関数型暗号である**IDベース暗号**(IBE: Identity-Based Encryption)を紹介する．その概念は1984年にシャミアにより提案されていたが[182]，その安全性定義や安全性を満足する具体的方式は2001年にボネとフランクリンにより初めて示された[31]．なお，2000年に境，大岸，笠原によって提案された方式は[180]，IDベース鍵共有（ディフィー–ヘルマン鍵共有のIDベース版）であり，IDベース暗号の変形と位置づけられる．

図6.5に示すように，IDベース暗号は以下のように構成されている．

1. IDベース暗号システムには（全利用者の上位に位置する）管理者が存在し，その管理者がシステム全体で利用されるマスター公開鍵(mpk)とそれに対応するマスター秘密鍵(msk)を生成し，マスター公開鍵をシステムパラメータとして公開する．
2. 管理者は，マスター秘密鍵を用いて各利用者のID（名前やメールアドレス）a に対応する秘密鍵 sk_a を生成し利用者に渡す．つまり，秘密鍵に階層関係があり，上位のマスター秘密鍵と下位の利用者(ID)用の秘密鍵が存在することになる．

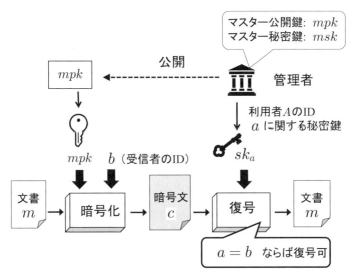

図 **6.5** ID ベース暗号

3. 利用者（暗号文送信者）が文書 m を暗号化するには，受信者の ID である b とマスター公開鍵 mpk を用いる．
4. 暗号文を受信した利用者が暗号文を復号するには，自分の ID a に対応した秘密鍵 sk_a を用いる．暗号化に用いた ID b と秘密鍵 sk_a の ID a が一致すれば正しく復号できるが，一致しなければ復号できない．

ID ベース暗号を一般化したものが**属性ベース暗号** (ABE)（後に「述語暗号」ともよぶ）である．このような一般化はまずサハイとウォーターズによりファジー ID ベース暗号として 2005 年に提案された [179]．これは，指紋情報のようなパターン情報に対して，しきい値以上のパターン情報が一致すれば受理するようなパターン認識を復号条件とする暗号である．つまり，パターン情報を ID 情報の集合と考えて，暗号化の ID 情報の集合と復号鍵の ID 情報の集合で一定以上の情報が一致していれば復号するものである．ID ベース暗号では一致する（等価性）という関係を復号条件にするのに対して，ファジー ID ベース暗号では一致する数のしきい値関数を復号条件にするものである（集合の要素数を 1 にしてしきい値を 1 にすると，ID

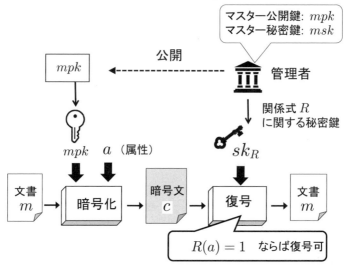

図 **6.6** 属性ベース暗号

ベース暗号となる).このような復号条件となる関数をより一般的な関数とすることで,サハイやウォーターズらにより属性ベース暗号が導入された [101, 34].以下に図 6.6 を用いて属性ベース暗号の説明を行う.

1. ID ベース暗号と同様に,属性ベース暗号システムには管理者が存在し,その管理者がシステム全体で利用されるマスター公開鍵 (mpk) とそれに対応するマスター秘密鍵 (msk) を生成し,マスター公開鍵をシステムパラメータとして公開する.
2. 管理者は,マスター秘密鍵を用いてある関係式 R(たとえば復号条件を記述した関係式)に対応する秘密鍵 sk_R を生成し利用者に渡す.
3. 利用者(暗号文送信者)が文書 m(たとえばコンテンツ情報)を暗号化するには,ある属性情報 a(たとえばコンテンツ m がどのような種別であるかなどの属性)とマスター公開鍵 mpk を用いる.
4. 暗号文を受信した利用者が暗号文を復号するには,自分の保持する秘密鍵 sk_R を用いる.暗号化に用いた属性 a が秘密鍵 sk_R の関係式 R を満足すれば(つまり,$R(a) = 1$ ならば)正しく復号できるが,満足

6.2 関数型暗号

しなければ復号できない.

上記では，秘密鍵が関係式 R に対応し，暗号文が属性 a に対応する場合を用いて説明した．このような属性ベース暗号は，**鍵ポリシー** (KP: Key-Policy) とよばれる（これは関係式を「ポリシー」と表現することによる）．一方，暗号文が関係式 R に対応し，秘密鍵が属性 a に対応するような属性ベース暗号は，**暗号文ポリシー** (CP: Ciphertext-Policy) とよばれる．

（鍵ポリシー）属性ベース暗号は，次の 4 つのアルゴリズム (Setup, KeyGen, Enc, Dec) からなっている（暗号文ポリシー属性ベース暗号も同様に定式化される）．

- Setup: セットアップ- k をセキュリティパラメータとしたとき 1^k を入力とし（1^k は 1 の k ビット列．付録 A.1 参照），マスター公開鍵とマスター秘密鍵のペア (mpk, msk) を出力するアルゴリズム．

$$1^k \to \boxed{\text{Setup}} \to (mpk, msk)$$

- KeyGen: 鍵生成- msk と関係式 R を入力とし，その R に対する秘密鍵 sk_R を出力するアルゴリズム．

$$(msk, R) \to \boxed{\text{KeyGen}} \to sk_R$$

- Enc: 暗号化- mpk と属性 a，平文 m を入力とし，暗号文 c を出力するアルゴリズム．

$$(mpk, a, m) \to \boxed{\text{Enc}} \to c$$

- Dec: 復号- mpk と暗号文 c，秘密鍵 sk_R を入力とし，平文 m もしくは復号不可を表す $\bot$ を出力するアルゴリズム．

$$(mpk, sk_R, c) \to \boxed{\text{Dec}} \to m \text{ もしくは } \bot$$

ここで，

第6章 新しい暗号：進化発展する公開鍵暗号

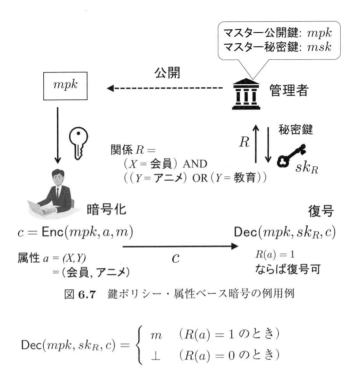

図 6.7 鍵ポリシー・属性ベース暗号の例用例

$$\mathsf{Dec}(mpk, sk_R, c) = \begin{cases} m & (R(a) = 1 \text{ のとき}) \\ \bot & (R(a) = 0 \text{ のとき}) \end{cases}$$

この関係式がある値 b をパラメータとした R_b のとき，$[R_b(a) = 1] \Leftrightarrow [a = b]$ となる（つまり関係式 R_b が等価関係式）の場合が ID ベース暗号となる．等価関係は最も単純な関係式であり，それを一般的な関係式に拡張したものが属性ベース暗号に位置づけられる．

ここで，（鍵ポリシー）属性ベース暗号の利用例を図 6.7 を用いて説明する．ある利用者（復号者）A は，ある関係式 R に関する秘密鍵を管理者から受け取っているとする（この秘密鍵を購入するような応用も考えられる）．この関係式は論理式で変数 (X, Y) に関する以下のような論理式で表現されているとする．

$$R = (X = \text{会員}) \wedge ((Y = \text{アニメ}) \vee (Y = \text{教育})).$$

一方，暗号化には文書（コンテンツ）m の属性情報 $a = (X, Y) = ($会員,

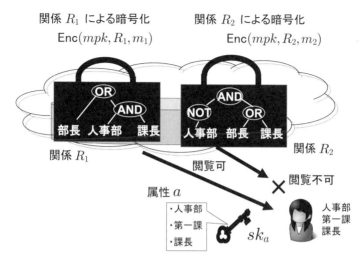

図 **6.8** 暗号文ポリシー・属性ベース暗号の例用例

アニメ）が属性として用いられる．このとき，R は a を満足する，つまり $R(a) = 1$ であるので，この暗号文は利用者 A により復号できる．つまり A はこのコンテンツ m を見ることができる．しかし，$R(b) = 0$ であるような属性 b の暗号文は復号することはできない．

次に，図 6.8 を用いて（暗号文ポリシー）属性ベース暗号の例用例を説明しよう．ここでは会社内の機密文書の管理システムを考える．各社員はその属性（所属，職種等）に応じた秘密鍵を会社より付与されるとする．たとえば人事部・第一課・課長 B はその属性 $a = (X, Y, Z) = $（人事部，第一課，課長）に対する秘密鍵 sk_a を付与されている．

一方，各種機密書類は，その書類を閲覧できる権限を関係式 R とした形で暗号化されている．たとえば，ある書類 m_1 の関係式 R_1 は

$$R_1 = (Z = 部長) \lor ((X = 人事部) \land (Z = 課長))$$

となっており，また別の書類 m_2 の関係式 R_2 は

$$R_2 = (X \neq 人事部) \land ((Z = 部長) \lor (Z = 課長))$$

となっている．このとき，R_1 は a を満足するが，R_2 は a を満足しない．

したがって，B は文書 m_1 は閲覧できるが文書 m_2 は閲覧できない．

現在，このような関係式 R を任意の論理式や関数とした属性ベース暗号が提案されている．たとえば，任意の論理式はスパン問題とよばれる形で定式化され，標準的な仮定の下で効率的な属性ベース暗号が実現されている [122, 158, 13, 50]．また，標準的な仮定の下で（少し弱い安全性の）一般の関数に対する属性ベース暗号も提案されており，付録 F.3 節で紹介する．

以上述べたように，属性ベース暗号では関係式 R は入力 a に対して満足するかしないか（$R(a)=1$ か $R(a)=0$）の述語として表現されるため，属性ベース暗号は**述語暗号** (PE: Predicate Encryption) ともよばれる．本書でも以降，この暗号を述語暗号とよぶ．

述語暗号は大きく分けて2つのタイプがある．一つは暗号文 $c = $ Enc(mpk, a, m) から属性 a を隠す**属性秘匿** (attribute-hiding)（秘密インデックス）タイプのものである．もう一つは属性を公開する**属性公開**（公開インデックス）もしくは**ペイロード秘匿** (payload-hiding) とよばれるものである．後者では，暗号文 c に属性 a の情報が明示的に含まれる．

属性公開タイプの述語暗号は属性ベース暗号とよぶことが多く，以降本章でもそのように用いる．実際，上で説明した属性ベース暗号の応用例は属性公開タイプと考えてよい．属性ベース暗号は，特殊な（最も単純な）場合として，ID ベース暗号を含む．

属性秘匿の述語暗号としては，2008 年にカッツ (Katz)，サハイ，ウォーターズにより**内積述語** (inner-product predicate) に対する述語暗号が提案された [112]（ただし，この方式の安全性は弱い安全性の「選択的安全性」である）．ここでは，属性秘匿の述語暗号を（狭義の）**述語暗号**とよぶ．（狭義の）述語暗号は，特殊な場合として，匿名 (anonymous)ID ベース暗号や秘匿ベクトル暗号 (HVE: Hidden Vector Encryption)[34] を含む．

内積述語暗号は，一般の論理式に関する述語よりも少し制限されたものであるが，等価関係，深さが制限された一般の論理式や多項式関係などを表現することができるため，多くの応用をもつ．詳しくは付録 F.2.1 項を参考にされたい．また，標準的な仮定の下で強い安全性（望ましい安全性）をもつ効率的な内積述語暗号の実現例を付録 F.2.3 項で紹介する．

6.2 関数型暗号

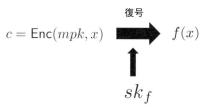

図 **6.9** 関数型暗号

関数型暗号は，属性ベース暗号や述語暗号をさらに一般化したものである．この概念では，暗号文は入力文 x をマスター公開鍵を用いて暗号化され，関数 f に関する秘密鍵 sk_f を用いてこの暗号文を復号すると $f(x)$ が得られる（図 6.9）．

属性ベース暗号や述語暗号と同様に，関数型暗号は以下のような 4 つのアルゴリズム (Setup, KeyGen, Enc, Dec) で定められる．

- Setup：セットアップ

$$1^k \to \boxed{\text{Setup}} \to (mpk, msk)$$

- KeyGen：鍵生成

$$(mpk, msk, f) \to \boxed{\text{KeyGen}} \to sk_f$$

- Enc：暗号化

$$(mpk, x) \to \boxed{\text{Enc}} \to c_x$$

- Dec：復号

$$(mpk, sk_f, c_x) \to \boxed{\text{Dec}} \to f(x)$$

関数型暗号の概念と安全性定義は，2010 年に [33, 162] で導入された（付録 F.1 節参照）．

いま，m を平文，a を ID としたとき，暗号化への入力文を $x = (a, m)$ とし，b をパラメータ (ID) とする以下の関数 f_b を秘密鍵の関数とする．

$$f_b(a,m) = \begin{cases} m & (a = b \text{ のとき}) \\ \bot & (a \neq b \text{ のとき}) \end{cases}$$

このとき，この関数に対する関数型暗号は ID ベース暗号となる．

一方，暗号化への入力文を $x = (a, m)$ とし，関係式 R をパラメータとする以下の関数 f_R を，秘密鍵の関数とする．

$$f_R(a,m) = \begin{cases} m & (R(a) = 1 \text{ のとき}) \\ \bot & (R(a) = 0 \text{ のとき}) \end{cases}$$

このとき，この関数に対する関数型暗号は（狭義の）述語暗号である．上の定義は属性秘匿の場合であるが，属性公開のとき（つまり属性ベース暗号のとき）は，

$$f_R(a,m) = \begin{cases} (a,m) & (R(a) = 1 \text{ のとき}) \\ a & (R(a) = 0 \text{ のとき}) \end{cases}$$

となる．このことから，関数型暗号が ID ベース暗号や述語暗号，属性ベース暗号をさらに一般化したものであることが分かる．

それでは，述語暗号や属性ベース暗号に属さない関数型暗号にはどのようなものがあるだろうか？ それは，関係式 R のような述語を用いずに関数値 $f(x)$ を復号結果として出力するような関数型暗号である．

たとえば内積述語暗号は，入力文 $x = (\vec{a}, m)$ に対して関数 $f_{\vec{b}}$ があり，

$$f_{\vec{b}}(\vec{a}, m) = \begin{cases} m & (\vec{a} \cdot \vec{b} = 0 \text{ のとき}) \\ \bot & (\vec{a} \cdot \vec{b} \neq 0 \text{ のとき}) \end{cases}$$

となるものである．つまり，内積述語（関係）$\vec{a} \cdot \vec{b} = 0$ を満たせば平文 m を復号する（付録 F.2 節参照）．それに対して内積値関数型暗号（線形関数型暗号ともよぶ）は，入力文 $x = \vec{a}$ に対して関数 $f_{\vec{b}}$ があり，

$$f_{\vec{b}}(\vec{a}) = \vec{a} \cdot \vec{b}$$

のように内積値を復号結果として出力する．これは，述語暗号や属性ベース

暗号に属さない関数型暗号の典型例であり，実用的な方式が提案されている[1, 8, 194]．

以上をまとめると，関数型暗号は以下のように分類される．

関数型暗号
- 述語暗号　暗号化への入力が（平文，属性）の組であり，秘密鍵に対応する関数が述語（関係式）である．暗号文の属性が述語（関係式）を満足するとき，この秘密鍵を用いて暗号文から平文が復号できる．述語と属性を暗号文と秘密鍵に対応させてもよい．
  - （狭義の）述語暗号　属性秘匿タイプの述語暗号．特殊例として匿名 ID ベース暗号や秘匿ベクトル暗号 (HVE) を含む．
  - 属性ベース暗号　属性公開タイプの述語暗号．特殊例として ID ベース暗号を含む．
- （狭義の）関数型暗号　述語暗号に属さず（暗号文入力が（平文，属性）のような形でなく秘密鍵の関数が述語（関係式）でない），秘密鍵に対応する関数が直接的に復号結果を規定するような関数型暗号．

関数型暗号の安全性は 3.2 節でも述べたように，大きくゲームベースの定式化 (IND) とシミュレーションベースの定式化 (SIM) がある．

公開鍵暗号ではこの 2 つの定式化は等価となるが [217]，関数型暗号ではこの 2 つの安全性定式化にギャップが生じる [33, 162, 48]．シミュレーションベースの定式化はより強い安全性の保証を与えるが，関数型暗号においては無制限に（暗号文および秘密鍵の数をいずれも制限しないで）は実現できない．たとえば，最も低い機能の関数型暗号である ID ベース暗号においてさえ，無制限にシミュレーションベース安全性をもつ方式を実現することはできない [33]．一方，ゲームベースの定式化はよりテクニカルな安全性の定式化であり，少し弱い意味の安全性しか保証しないが，無制限な形で実現可能となる．つまり，どのような関数型暗号においても，暗号文および秘密鍵の数を制限しないでシミュレーションベース安全性をもつ方式を実現することはできないが [48]，ゲームベース安全性では，暗号文および秘密鍵の数に何ら制限を加えない形で実現可能となる．関数型暗号におけるこの 2 つの

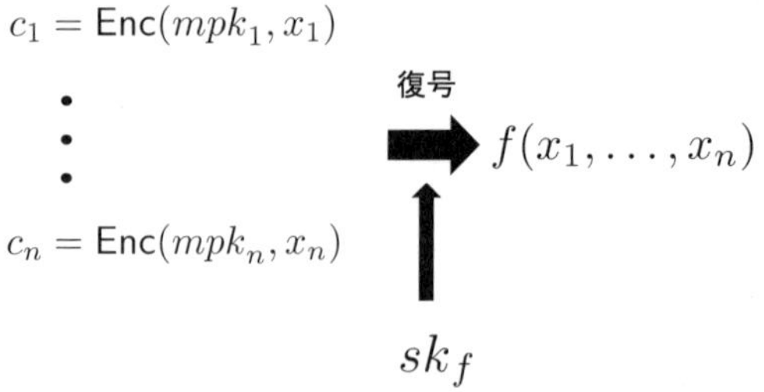

$$c_1 = \mathsf{Enc}(mpk_1, x_1)$$
$$\vdots$$
$$c_n = \mathsf{Enc}(mpk_n, x_n)$$

復号 → $f(x_1, \ldots, x_n)$

sk_f

図 **6.10** 多入力関数型暗号

安全性の定式化を付録 F.1 節に紹介する．

　関数型暗号はさらに，関数として多変数関数を考え，複数の暗号文を一つの秘密鍵でまとめて復号処理する**多入力関数型暗号**として一般化することができる（図 6.10）[96]．標準的な仮定の下で多入力関数型暗号（述語暗号）を実現することは難しいが（難読化という非常に強い仮定を用いれば実現可能である [96]），上で述べた内積値関数型暗号（線形関数型暗号）では，実用的な多入力関数型暗号の実現例が知られている [3, 60, 2]．

付録 A

準備

本章では，以下の付録で用いる記号や概念の説明を行う（また，一部の記号は本文でも用いられているので参照されたい）．

A.1 記号のまとめ

- $\mathbb{N}$：自然数の集合（0 を含む）．
- $\mathbb{Z}$：整数の集合．
- $\mathbb{Z}_n$：n が正の整数のとき，0 以上 n 未満の整数の集合（n を法とする $\mathbb{Z}$ の剰余系 $\mathbb{Z}/n\mathbb{Z}$）．
- $\mathbb{Z}_n^\times$：$\mathbb{Z}_n$ の中で n と互いに素となる要素の集合．
- $\mathbb{R}$：実数の集合．
- $\mathbb{Q}$：有理数の集合．
- $\mathbb{F}_q$：元の個数が q 個の有限体（q は素数のベキ乗）．
- $\overline{\mathbb{F}_q}$：有限体 $\mathbb{F}_q$ の代数的閉包．
- $\mathbb{F}_q^\times$：有限体 $\mathbb{F}_q$ の乗法群．
- 1^k：1 の k ビット列，つまり $1^k = \overbrace{1\cdots 1}^{k}$．
- $\vec{0}^k$：0 を要素とする k 次元のベクトル，つまり $\vec{0}^k = \overbrace{(0,\ldots,0)}^{k}$．
- $\{0,1\}^k$：k ビット長のビット列の集合．
- $\{0,1\}^*$：有限長のビット列の集合，つまり $\{0,1\}^* = \bigcup_{k\in\mathbb{N}}\{0,1\}^k$．
- $A\setminus B$：A,B が集合であり $A\supset B$ のとき，$A\setminus B = \{x \mid x\in A \wedge x\notin B\}$．
- $|a|$：$a\in\mathbb{R}$ のとき，a の絶対値．
- $|a|$：$a\in\{0,1\}^*$ のとき，a のビット長．$a\in\mathbb{Z}$ のときは，その 2 進数表現のビット長（$\lceil\log_2 a\rceil$）．

付録A　準備

$\boldsymbol{a}$：格子暗号においては，$\boldsymbol{a}$ は（$\mathbb{R}$, $\mathbb{Z}$, $\mathbb{Z}_q$ などの上の）縦ベクトル $(a_1, \ldots, a_n)$ とし，その横ベクトルは $\boldsymbol{a}^{\mathrm{T}} = (a_1, \ldots, a_n)^{\mathrm{T}}$ で表記する．

$\|\boldsymbol{a}\|$：ベクトル $\boldsymbol{a} \in \mathbb{Z}^n$ の（ユークリッド）ノルム．

$\mathrm{GCD}(a, b)$：$a, b \in \mathbb{N}^+$ として，a と b の最大公約数（ここで，$\mathbb{N}^+$ は $\mathbb{N}$ から 0 を除いたもの）．

$\mathrm{LCM}(a, b)$：$a, b \in \mathbb{N}^+$ として，a と b の最小公倍数．

$a \equiv b \pmod{n}$：$a, b, n \in \mathbb{Z}$ として，$(a - b)$ が n の倍数．

$a \bmod n$：$a, n \in \mathbb{Z}$ として，a を n で割った余り．

A^{T}：A を行列としたとき，A の転置行列．

$\varphi(x)$：$x \in \mathbb{N} \setminus \{0\}$ として，x のオイラー関数．

$A \simeq B$：A と B がある数学構造において同型．

$a \xleftarrow{\mathsf{U}} X$：$X$ が集合のとき，a は X から一様にランダムに選ばれた値（もしくは，X 上を一様に分布する確率変数）．

$a \xleftarrow{\mathsf{R}} X$：$X$ が確率変数のとき，a はその確率分布に従ってランダムに選ばれた値（もしくは，確率変数として $a = X$）．

$\lfloor a \rceil$：$a \in \boldsymbol{R}$ のとき，a の小数点以下を四捨五入した結果．

$a \parallel b$：$a \in \{0, 1\}^*$ と $b \in \{0, 1\}^*$ のビット列の結合．

$x \oplus y$：$x = (x_1, \ldots, x_k) \in \{0, 1\}^k$, $y = (y_1, \ldots, y_k) \in \{0, 1\}^k$ として，$x \oplus y = (x_1 \oplus y_1, \ldots, x_k \oplus y_k) \in \{0, 1\}^k$

$O(f(n))$：$T(n) = O(f(n))$ とは，十分に大きいすべての n に対して（$\exists N \in \mathbb{N}\ \forall n > N$），$|T(n)/f(n)| < c$ となるような定数 c が存在すること．

$\tilde{O}(f(n))$：$T(n) = \tilde{O}(f(n))$ とは，$T(n) = O(f(n) \log^k f(n))$ となるような定数 k が存在すること．

$o(f(n))$：$T(n) = o(f(n))$ とは，$\lim_{n \to \infty} T(n)/f(n) = 0$.

$f(k) < \epsilon(k)$：関数 $f : \mathbb{N} \to \mathbb{R}$ に関して，$f(k) < \epsilon(k)$ とは，すべての定数 $c > 0$ に対して $n \in \mathbb{N}$ が存在し，すべての $k > n$ に対して $f(k) < k^{-c}$ が成立することをいう（つまり，$\forall c\ \exists n\ \forall k > n\ [f(k) < k^{-c}]$）．このことを，関数 $f(k)$ が k に関して無視できる (negligible) という．

A.2 代数系と整数

まず代数の基本概念である群，環，体を直観的に紹介する．詳しくは代数学の教科書 [219, 213, 214] を参照されたい．

公開鍵系の暗号の多くは，その暗号化や復号処理が代数的な 2 項演算に基づき行われるが，このような演算は通常，群として特徴づけられる．**群** (group) $\mathbb{G}$ とは演算 $\circ$ に閉じた元の集合であり（任意の $a, b \in \mathbb{G}$ に対して $a \circ b \in \mathbb{G}$），結合法則（任意の $a, b, c \in \mathbb{G}$ に対して $(a \circ b) \circ c = a \circ (b \circ c)$）が成り立ち，単位元 e（任意の $a \in \mathbb{G}$ に対して $a \circ e = e \circ a = a$），および任意の $a \in \mathbb{G}$ の逆元 $a^{-1} \in \mathbb{G}$ ($a^{-1} \circ a = a \circ a^{-1} = e$) をもつものである．

暗号で通常用いる群は，元の数が有限であるような有限群である．さらに，$a \circ b = b \circ a$ となるような可換群を用いることが多い．（n 個の元からなる）群 $\mathbb{G}$ が一つの元 $g \in \mathbb{G}$ から生成される ($\mathbb{G} = \{g, g^2, \ldots, g^n(=e)\}$) とき，$\mathbb{G}$ を巡回群 (cyclic group)，g を**生成元** (generator)，n を**位数** (order) とよぶ（ここで，$g^i = \overbrace{g \circ g \circ \cdots \circ g}^{i}$ (i 個の g を群演算)).

暗号ではさらに，加法と乗法に関する四則演算（足し算 $+$，引き算 $-$，掛け算 $\cdot$，割り算 $/$）をもつ環や体を用いる．**環** (ring) R では，整数のように加法に関して（可換）群となる（足し算と引き算の結果がかならず R に入る）が，乗法に関しては割りきれない（逆元がない）ため群とはならない場合がある．一方，**体** (field) $\mathbb{F}$ では，有理数や実数のように，加法と乗法（加法の単位元 0 は対象外）のいずれでも（可換）群になる．いずれにおいても，分配法則（任意の a, b, c に対して $a \cdot (b + c) = a \cdot b + a \cdot c$，$(a + b) \cdot c = a \cdot c + b \cdot c$）が成り立つ．

暗号で用いる環や体は，いずれも有限の元をもつ有限環や有限体である．**有限体** (finite field) は，その元の数 q が素数 p のベキとなり ($q = p^k$)，$\mathbb{F}_q$ と表記する．このとき $\mathbb{F}_p$ は**素体** (prime field)，$\mathbb{F}_{p^k}$ は素体 $\mathbb{F}_p$ の (k 次) **拡大体** (extension field) とよばれる．有限体 $\mathbb{F}_q$ から 0 を除く乗法の群は $\mathbb{F}_q^\times$

と表記する.これは巡回群となる.また,$\overline{\mathbb{F}_q}$ は,$\mathbb{F}_q$ のすべての拡大体を含む集合であり ($\overline{\mathbb{F}_q} = \cup_{k=1,2,...} \mathbb{F}_{q^k}$),$\mathbb{F}_q$ の代数的閉包とよばれる.

数の最も基礎的な概念は,$0, 1, 2, \ldots$ の**自然数** (natural number) $\mathbb{N}$ であり,自然数に負の値を加えたものが**整数** (integers) $\mathbb{Z}$ である.

$a, b, n \in \mathbb{Z}$ のとき,$a \equiv b \pmod{n}$ は,$(a - b)$ が n の倍数になること,つまり a を n で割った余りと b を n で割った余りが等しいことを意味する.たとえば $12 \equiv 27 \pmod{5}$ である.また $a \bmod n$ は,$a \equiv b \pmod{n}$ となる $b \in \mathbb{Z}_n$ の値を意味する.たとえば $12 \bmod 5$ は 2 である.

整数 $\mathbb{Z}$ のうち $a \equiv b \pmod{n}$ となるような a と b を同一視する剰余系 $\mathbb{Z}/n\mathbb{Z}$(本書では $\mathbb{Z}_n$ と表記する)は,有限環として $\{0, 1, \ldots, n-1\}$ と同型であり同一視することが多く,特に断らない限り本書でもそのように考える.

$\mathbb{Z}_n$ は一般に有限環であるが,特に n が素数のときは有限体 $\mathbb{F}_n$ となる(n が合成数のときは有限環).たとえば,$\mathbb{Z}_5 = \{0, 1, 2, 3, 4\}$ は,$1/1 \equiv 1 \pmod 5$, $1/2 \equiv 3 \pmod 5$, $1/3 \equiv 2 \pmod 5$, $1/4 \equiv 4 \pmod 5$ が成り立つことより,体になることが確認できる.一方 $\mathbb{Z}_6 = \{0, 1, 2, 3, 4, 5\}$ は,$1/1 \equiv 1 \pmod 6$, $1/5 \equiv 5 \pmod 6$ となるが,$1/2, 1/3, 1/4 \bmod 6$ に相当する $\mathbb{Z}_6$ の元は存在しないため,体とはならず環である.

整数 n に対する**オイラー関数** $\varphi(n)$ は,$\mathbb{Z}_n^{\times}$(付録 A.1 節参照)の要素の数である.たとえば p, q が異なる奇素数のとき,$\varphi(p) = p - 1$, $\varphi(p^e) = p^{e-1}(p-1)$, $\varphi(pq) = (p-1)(q-1)$ である.

定理 A.2.1(オイラーの定理) すべての値 $a \in \mathbb{Z}_n^{\times}$ に対して,以下が成立する.

$$a^{\varphi(n)} \equiv 1 \pmod{n}.$$

ここで,初等整数論に関して暗号で最も基本的な2つの仮定である素因数分解仮定と(乗法群の)離散対数問題仮定を示す.セキュリティパラメータ k に対応するサイズの2つの素数 p, q をランダムに選び,その積を $n = pq$ とする.このとき,n を与えてそれを p, q に素因数分解する問題が素因

数分解問題である．この問題がどのような (k に関する) 多項式時間アルゴリズムに対しても難しいことを**素因数分解仮定** (IF (Integer Factoring) assumption) とよぶ．

セキュリティパラメータ k に対応するサイズの要素数 q の有限体 $\mathbb{F}_q$ を定める．乗法群 $\mathbb{F}_q^\times$ の生成元を g としたとき，$(\mathbb{F}_q^\times, g, y = g^x)$ ($x \xleftarrow{U} \mathbb{Z}_{q-1}$) を与えて x を求める問題を乗法群の**離散対数問題**とよぶ．この問題がどのような (k に関する) 多項式時間アルゴリズムに対しても難しいことを，乗法群の**離散対数仮定** (discrete logarithm assumption) とよぶ．

より一般的に，セキュリティパラメータ k に対応するサイズの位数 p をもつ巡回群を $\mathbb{G}$ とし，その生成元を $g \in \mathbb{G}$ とする (ここで，群演算を乗法で表記する)．このとき，$(\mathbb{G}, g, y = g^x)$ ($x \xleftarrow{U} \mathbb{Z}_p$) を与えて x を求める問題を群 $\mathbb{G}$ の**離散対数問題** (discrete logarithm problem) とよぶ．

A.3 楕円曲線

楕円曲線 (elliptic curve) の理論は 20 世紀に大きく進展した最先端の数学理論であるが [188]，公開鍵系の暗号の構成にもさまざまな形で利用されている．その一つが楕円曲線上の巡回群を用いる**楕円曲線暗号** (ECC: Elliptic Curve Cryptosystems) (2.2.2 項 (3) 参照) であり，ビットコインなどの仮想通貨でも使われている．そのほかの応用としては楕円曲線上の**双線形写像群**を用いるものがあり，新たな暗号の一つである関数型暗号 (6.2 節，付録 F.2 節参照) や (仮想通貨でも用いられる) 効率的なゼロ知識証明 (3.2.5 項，付録 C 参照) などで使われる．

楕円曲線が暗号の構成においてどのように利用され，安全性がどのように証明されるかを理解するためには，楕円曲線の知識はほとんど必要ない．なぜならば，このような応用においては楕円曲線は単なる巡回群もしくは双線形写像群として使われており，抽象化された概念としての巡回群や双線形写像群およびそれらに関する計算量的な仮定が，暗号構成にどのように利用され，安全性が証明されるかに注目すればよいからである．

ただし，これら暗号方式の計算量的な仮定の安全性を解析し実装する場合

には，安全性の根拠となる楕円曲線上の問題の困難性を解析するとともに，具体的な（効率の良い）群演算アルゴリズムを記述し（曲線の選択を含む）パラメータ設定などを行う必要があるために，楕円曲線の理論に関する知識が必要となる．以下で，楕円曲線の概要とその抽象化および計算量的な仮定の紹介を行う．

楕円曲線 E とは，ある体の要素である x, y に関してある条件（たとえば $4a^3 + 27b^2 \neq 0$）を満たす $y^2 = x^3 + ax + b$ のような3次曲線であり，この曲線上の点に無限遠点を加えた点の集合の上で（可換）群が定義できる．暗号で楕円曲線を利用するときは，有限体 $\mathbb{F}_q$ の要素からなる楕円曲線を用いる．このとき，その上で定義される群は有限群となり，この群を用いて（楕円曲線）暗号が構成される．

もう少し詳しく述べよう．有限体 $\mathbb{F}_q$ の上で定義された楕円曲線 $E/\mathbb{F}_q$ の $\mathbb{F}_q$-有理点の集合を $E(\mathbb{F}_q)$ と表記する．このとき，$E(\mathbb{F}_q)$ とは，$\mathbb{F}_q$ 上で $y^2 = x^3 + ax + b$（$\mathbb{F}_q$ の標数が 2, 3 のときは別の標準形を用いる）を満たす点に無限遠点 $\mathcal{O}$ を加えた点の集合である．$E(\mathbb{F}_q)$ 上では曲線上の2点の間に群演算（この演算を楕円曲線上の加法とよび + と表記する）が定義され，$\mathcal{O}$ がその加法演算の単位元（零元）になる．$E(\mathbb{F}_q)$ 上の2点 $P = (x_1, y_1) \in E(\mathbb{F}_q)$, $Q = (x_2, y_2) \in E(\mathbb{F}_q)$ とすると，それら2点の和 $P + Q$ となる点 $R = (x_3, y_3) \in E(\mathbb{F}_q)$ は以下の式により計算できる．なお，以下の式は $\mathbb{F}_q$ 上での四則演算である．

$$x_3 = \left(\frac{y_2 - y_1}{x_2 - x_1}\right)^2 - x_1 - x_2, \quad y_3 = -y_1 + \left(\frac{y_2 - y_1}{x_2 - x_1}\right)(x_1 - x_3).$$

この加法演算により $E(\mathbb{F}_q)$ は有限可換群になり[1]，この有限群 $E(\mathbb{F}_q)$ の元の数は，$q + 1 - t$ $(-2\sqrt{q} \leq t \leq 2\sqrt{q})$ 個となる（ハッセ (Hasse) の定理）．有限群 $E(\mathbb{F}_q)$ は一般に2つの巡回群の直積と同型であり，それぞれの巡回群の位数を n_1, n_2 $(n_1 > n_2)$ としたとき，$n_2 \mid n_1$ かつ $n_2 \mid q - 1$ となる．このとき，$E(\mathbb{F}_q)$ の元の数は $n_1 n_2$ であり，$E(\mathbb{F}_q)$ の元の最大位数は

---

[1] 暗号での応用では，楕円曲線の群演算を乗法として表記することも多いが，本書では加法で表記する．

n_1 である.

有限群 $E(\mathbb{F}_q)$ 上では，有限体上の乗法群と同様に離散対数問題が定義され，それを**楕円離散対数問題** (ECDLP: Elliptic Curve DLP) とよぶ．有限群 $E(\mathbb{F}_q)$ 上の元（点：ベースポイント）を G，その位数を n, $x \in \mathbb{Z}_n$, $Y = xG \ (= \overbrace{G + \cdots + G}^{x})$ とすると，$E(\mathbb{F}_q)$ 上の離散対数問題 (ECDLP) とは，$(E(\mathbb{F}_q), G, n, Y)$ が与えられたとき x を求める問題である．暗号の安全性を示すために，この離散対数問題が計算困難であるという仮定（**楕円離散対数仮定**）が使われる．

A.4 双線形写像

前節で述べたように，楕円曲線上の有限群 $E(\mathbb{F}_q)$ は一般に 2 つの巡回群の直積と同型となるが，楕円曲線暗号ではそのような構造の群の中の 1 つの（部分）巡回群のみを用いる．

一方，楕円曲線のもつこのような構造に基づき，**ヴェイユ対形式** (Weil pairing) といった**双線形写像**とよばれる写像が存在する [188]．現在の暗号では，さまざまな（実用的）暗号方式を構成する必須手段として，双線形写像は広く使われている[2]．

いま，E を $\mathbb{F}_q$ 上定義された楕円曲線とし，m が q と互いに素な整数としたとき，$E[m]$ を $E(\overline{\mathbb{F}}_q)$ の中で m 倍すると $\mathcal{O}$ になる点の集合（m-ねじれ点の集合）よりなる有限群とすると $E[m] \simeq \mathbb{Z}_m \times \mathbb{Z}_m$ となる．ここで，拡

---

[2] 暗号分野において双線形写像（ヴェイユ対形式）を最初に用いた研究者はカリスキー (Kaliski) であり，1988 年の彼の博士論文（MIT，指導教官：リベスト）において楕円曲線上の擬似乱数生成器の構成に用いられた [111]．そこでは，当時未発表であったヴェイユ対形式を計算するミラー (Miller) のアルゴリズムが使われており，さらにそれを実装したプログラムが紹介されている．カリスキーによると，彼が大学院生のときリベストを訪問中のミラーと会い，楕円曲線の群構造を決定する方法を聞いたところ，ヴェイユ対形式を計算するミラーのアルゴリズムに関する未発表原稿 [140] を教えてもらったとのことである（この原稿が正式に出版されたのは双線形写像暗号が脚光を浴びはじめた 2004 年である [142]）．1990 年，メネゼス (Menezes)，バンストン (Vanstone) と著者（岡本）は，カリスキーの博士論文を通じてミラーのアルゴリズムを知り，ヴェイユ対形式を利用して楕円曲線上の離散対数問題を乗法群の離散対数問題に帰着できること（MOV 帰着）を発見することになる [133]．

大次数 k を $E(\mathbb{F}_{q^k}) \supset E[m]$ とする.このとき,点 $P, Q \in E[m]$ に対して以下のような性質をもったヴェイユ対形式 $e_m(P, Q) \in \mathbb{F}_{q^k}^\times$ が定義できる.

(1) すべての $P, Q \in E[m]$ に対して $e_m(P, Q)^m = 1$.
(2) 交代性:すべての $P \in E[m]$ に対して $e_m(P, P) = 1$. 特に,すべての $P, Q \in E[m]$ に対して $e_m(P, Q) = e_m(Q, P)^{-1}$.
(3) 双線形性:すべての $P, Q, P_1, P_2, Q_1, Q_2 \in E[m]$ に対して,$e_m(P_1 + P_2, Q) = e_m(P_1, Q) e_m(P_2, Q)$,$e_m(P, Q_1 + Q_2) = e_m(P, Q_1) e_m(P, Q_2)$.
(4) 非退化性:すべての $P \in E[m]$ に対して $e_m(P, Q) = 1$ ならば,$Q = \mathcal{O}$.

つまり,$e_m(P, Q)$ は $E[m]$ の点 P と Q を $\mathbb{F}_{q^k}$ における 1 の m 乗根(m 乗すると 1 になる値)に写像する双線形性をもった写像となっている.

このヴェイユ対形式はミラーのアルゴリズムにより効率的に計算できる [140, 142]. また,非退化性と双線形性をもつ写像としてはテイト対形式 (Tate pairing) も挙げられる.ヴェイユ対形式やテイト対形式のような $E[m]$ における双線形写像は,単にペアリングとよぶことも多い.

ヴェイユ対形式を一般の曲線 $E/\mathbb{F}_q$ に適用しようとすると,$E(\mathbb{F}_q)$ の元の最大位数を m としたとき $E(\mathbb{F}_{q^k}) \supset E[m]$ を満足するような拡大体 $\mathbb{F}_{q^k}$ の拡大次数 k は非常に大きくなるため,暗号には利用できない.そこで,小さな拡大次数でヴェイユ対形式やテイト対形式が利用できるような曲線として超特異 (supersingular) 曲線があるが,曲線選択の自由度や拡大次数の選択の自由度,安全性などの観点から,超特異でない通常 (ordinary) 曲線を使う場合も多く,そのような曲線を構成する方法が研究されている [18, 76].

いま,$E[m] \simeq \mathbb{G}_1 \times \mathbb{G}_2$ としたとき,双線形写像(ペアリング)を $e : \mathbb{G}_1 \times \mathbb{G}_2 \to \mathbb{G}_T$ とする.このとき,曲線に応じて以下の3つの場合がある [83].

- タイプ1:$\phi : \mathbb{G}_2 \to \mathbb{G}_1$ および $\phi^{-1} : \mathbb{G}_1 \to \mathbb{G}_2$ が効率的に計算可能である場合.

- タイプ2：$\phi : \mathbb{G}_2 \to \mathbb{G}_1$ のみ効率的に計算可能である場合．
- タイプ3：ϕ, ϕ^{-1} 共に効率的に計算不可能な場合．

超特異楕円曲線の場合はタイプ1に相当し，写像 ϕ^{-1} を用いて対称ペアリング $\hat{e}_m : \mathbb{G}_1 \times \mathbb{G}_1 \to \mathbb{G}_T$ が構成できる．

一方，小さい標数（たとえば標数が3）の有限体を用いた場合，$\mathbb{G}_T$ の離散対数問題が容易に解けることが知られているため [16, 113, 114]．（いずれの曲線を用いる場合も）大きな標数の有限体上で双線形写像を構成する必要がある．このとき，超特異曲線では拡大次数 k の選択が2に限られるため，ある程度大きな k を選びたい場合は通常曲線を用いる必要がある（つまり，タイプ2か3を用いることになる）．

以上のように，楕円曲線上の双線形写像群は $(\mathbb{G}_1, \mathbb{G}_2, \mathbb{G}_T)$ およびその上の双線形写像 $e : \mathbb{G}_1 \times \mathbb{G}_2 \to \mathbb{G}_T$ と抽象化して表記され，それに関する計算量的な仮定（DLIN 仮定，k-LIN 仮定など）もこの上で定義される．なお本書では，ヴェイユ対形式の表記に従って，双線形写像群は $\mathbb{G}_1$, $\mathbb{G}_2$ を加法群とし，$\mathbb{G}_T$ を乗法群として表記する（いずれの群も位数は m である）．つまり，G_1, G_2 をそれぞれ $\mathbb{G}_1, \mathbb{G}_2$ の生成元としたとき，双線形性の性質より，$x, y \in \mathbb{Z}_m$ に対して，$e(xG_1, yG_2) = e(G_1, G_2)^{xy}$ が成立する．また，非退化性より，$G_T = e(G_1, G_2)$ は，$\mathbb{G}_T$ の生成元となる．

ここで，$(\mathbb{G}_1, \mathbb{G}_2, \mathbb{G}_T, G_1, G_2, G_T, e)$ および $j \in \{1,2\}$ に対して，$x_i, y_i, z \xleftarrow{\mathsf{U}} \mathbb{Z}_m$ $(i = 1, \ldots, k)$, $\beta \in \{0,1\}$ とし，$X_\beta = (x_1 G_j, \ldots, x_k G_j, x_1 y_1 G_j, \ldots, x_k y_k G_j, Y_\beta)$, $Y_0 = (y_1 + \cdots + y_k) G_j$, $Y_1 = z G_j$ としたとき，X_0 と X_1 が計算量的識別不可能であると仮定することを（$\mathbb{G}_j$ に関する）**k-LIN 仮定**とよぶ．ここで，$k = 1$ のときは **DDH 仮定**（Decisional Diffie-Hellman 仮定）であり，$k = 2$ のときは **DLIN 仮定**（Decisional Linear 仮定）とよばれる．

A.5 格子

前節で，楕円曲線がどのように暗号に利用されるかを理解するために楕円

曲線の理論を直接知る必要はないと述べた．これは理論が階層化されているためであり，楕円曲線の理論の上で抽象化された巡回群や双線形写像群およびそれらに関する計算量的仮定があり，暗号方式の構成や安全性の理解のためにはその抽象化された上位概念を用いればよく，下位の楕円曲線の理論を知る必要はないからである．これはいわば，数学概念のモジュール化（もしくはブラックボックス化）である．

格子理論に基づく格子暗号を理解する場合でも，同様のモジュール化が可能である．暗号方式の構成や安全性を理解するために上位概念として知るべきことは，暗号で直接用いる計算量仮定（LWE仮定，SIS仮定など）と線形代数（および正規分布などの確率分布）だけである．これら仮定は（誤りや解の大きさの制約付きの）線形代数に関する仮定であり，格子の概念を直接必要としない．

一方，これら上位概念としての仮定の正当性（仮定を破る困難性）を裏付けるために，格子の標準的な仮定（格子の分野で信頼されている仮定）への帰着（たとえば，格子の標準的な仮定が正しければLWE仮定も正しいことを示す）が必要となる．上位概念の仮定は，暗号を構成し暗号としての安全性を示すためには大変便利だが，その安全性そのものは十分に研究され調べられてきたとは言い難い．一方，（近似）最短ベクトル問題(SVP)などの格子の分野における代表的な問題は，長年にわたり多くの数学者や計算機科学者などにより研究されてきており，難しい問題であると広く信じられている（量子計算機に対しても）．このとき，もし上位概念の仮定を格子問題の代表的な仮定に帰着させることができれば，上位概念の仮定が多くの研究者に信じられている格子の仮定と同等に安全であることを示すことになる．つまり，上位概念の仮定の安全性を保証するためには，格子の概念や理論が必要なのである．また，暗号方式を実装するためには，格子の問題への具体的な攻撃法などを考慮してパラメータ設定をする必要があるため，やはり格子問題に関する知識が必要とされる．

このように，暗号方式の構成や暗号安全性の理解のためにはその上位概念の仮定や線形代数を用いるだけでよく，格子の理論を知る必要は特にない．しかし，その上位仮定の安全性解析や実装のためには，下位概念として格子

A.5 格子

の理論が必要となるのである．以下，格子の概要とその計算量的な問題（仮定）および上位概念での仮定，暗号を構成するためのいくつかの基本的手法などを紹介する．

A.5.1 格子とは

格子とは n 次元上の点の集合であり，以下のように定義される [168]．まず，基底とよばれる n 個の独立なベクトル $\boldsymbol{b}_1,\ldots,\boldsymbol{b}_n \in \mathbb{R}^n$ が与えられたとき，その基底が生成する格子 $\mathcal{L}$ は，

$$\mathcal{L} = \{x_1\boldsymbol{b}_i + \cdots + x_n\boldsymbol{b}_n \mid x_i \in \mathbb{Z} \ (i=1,\ldots,n)\}$$

で定義される．なお，格子（暗号）の表記では，ベクトル $\boldsymbol{b} = (b_1,\ldots,b_n) \in \mathbb{R}^n$ は縦ベクトルとし，その横ベクトルは $\boldsymbol{b}^\mathrm{T}$ で表記する．

ここで，$\mathcal{L}$ の基底を行列 $\boldsymbol{B} = (\boldsymbol{b}_1,\ldots,\boldsymbol{b}_n) \in \mathbb{R}^{n \times n}$ で表記する．格子 $\mathcal{L}$ を作る基底は多数存在し，基底 $\boldsymbol{B}$ と $\boldsymbol{B}'$ が同じ格子 $\mathcal{L}$ を生成するとき，それら基底は同値であるといい，その必要十分条件は，$\boldsymbol{B}' = \boldsymbol{B} \cdot \boldsymbol{U}$ となるようなユニモジュラ行列 $\boldsymbol{U} \in \mathbb{Z}^{n \times n}$（整数要素からなる行列でその行列式の値が ± 1）が存在することである．

格子 $\mathcal{L}$ が与えられたとき，$\mathcal{L}$ の要素の中で原点 $\boldsymbol{0}$ を除く最も短いベクトルの長さを $\lambda_1(\mathcal{L})$ と表記する．つまり，$\lambda_1(\mathcal{L}) = \min_{\boldsymbol{v} \in \mathcal{L} \setminus \{\boldsymbol{0}\}} \|\boldsymbol{v}\|$（ここで，$\|\boldsymbol{v}\|$ はベクトル $\boldsymbol{v}$ の長さ）である．また，格子 $\mathcal{L}$ が与えられたとき，$\mathcal{L}$ の i 個 $(i \leq n)$ の独立な非零ベクトルを含む最小の球の半径を $\lambda_i(\mathcal{L})$ と表記する．つまり，$\lambda_i(\mathcal{L}) = \min\{r \mid \|\boldsymbol{v}_j\| \leq r \ (j=1,\ldots,i), \mathsf{dim}(\mathsf{span}\langle\{\boldsymbol{v}_j \in \mathcal{L} \setminus \{\boldsymbol{0}\}\}_{j=1,\ldots,i}\rangle) = i\}$ である．

A.5.2 格子の代表的な問題とその困難性

格子の理論では，さまざまな計算問題が存在するが，代表的な問題は以下である [168]．

最小ベクトル問題 (SVP: Shortest Vector Problem)

格子 $\mathcal{L}$ の基底 $\boldsymbol{B}$ が与えられたとき，$\mathcal{L}$ の最も短い非零ベクトルを見つけ

る問題．つまり，$\|v\| = \lambda_1(\mathcal{L})$ となるような $v \in \mathcal{L}$ を見つける問題．

近似最小ベクトル問題 ($\mathbf{SVP}_\gamma$)

(n 次元の) 格子 $\mathcal{L}$ の基底 $\boldsymbol{B}$ が与えられたとき，$\|v\| \leq \gamma(n) \cdot \lambda_1(\mathcal{L})$ となるような $\mathcal{L}$ の非零ベクトル $v \in$ を見つける問題．

判定近似最小ベクトル問題 ($\mathbf{GapSVP}_\gamma$)

$\lambda_1(\mathcal{L}) \leq 1$ もしくは $\lambda_1(\mathcal{L}) > \gamma(n)$ のいずれかの格子 $\mathcal{L}$ の基底 $\boldsymbol{B}$ が与えられたとき，どちらであるかを判定する問題．

近似最小独立ベクトル問題 ($\mathbf{SIVP}_\gamma$)

(n 次元の) 格子 $\mathcal{L}$ の基底 $\boldsymbol{B}$ が与えられたとき，$\|v_i\| \leq \gamma(n) \cdot \lambda_n(\mathcal{L})$ ($i = 1, \ldots, n$) となるような $\mathcal{L}$ の n 個の独立な非零ベクトルの集合 $V = \{v_i\}_{i=1,\ldots,n} \subset \mathcal{L}$ を見つける問題．

　これらの問題では格子 $\mathcal{L}$ が定まっても基底 $\boldsymbol{B}$ の選択が限りなく多数あり，この基底をどのように選ぶかで問題の難しさが違ってくる．たとえば直交基底に近い基底を与えると，比較的容易に解くことができる．しかし，これらの問題が最も難しくなるように基底を選ぶと，量子計算機でも解くのが難しいと考えられているような難しい問題になる．このように最も難しい（パラメータ選択の）場合の計算困難性でその問題の困難性を考えるとき，ワーストケースの困難性（安全性）という．P や NP のような計算クラスを扱う計算量理論では，このワーストケースの困難性で特徴づけが行われる（帰着が行われる）．

　これらの問題は計算量理論におけるどのような計算クラスに対応するだろうか？ 通常，計算量理論は判定問題を扱うため，上記の問題の中で判定問題である GapSVP_γ がパラメータ γ の値に対応して，どのような計算クラスに対応するかを見ることにしよう．なお，$\mathrm{GapSVP}_\gamma \leq_p \mathrm{SVP}_\gamma$ である（SVP_γ が解けるならば GapSVP_γ が解ける）．つまり，SVP_γ は少なくとも GapSVP_γ と同等に難しい．

- $\gamma \leq n^{c/\log\log n}$ のとき：GapSVP_γ は NP 完全となる．

- $\gamma = n^{1/2}$ のとき：GapSVP$_\gamma$ は NP $\cap$ co-NP となる.
- $\gamma = n^c$ のとき（c は定数）：暗号で用いる領域であるが，明確な計算量理論的特徴づけは知られていない．しかし，P（および BPP, BQP）ではない（つまり，効率的な（量子）アルゴリズムはない）と考えられている．
- $\gamma \geq 2^{n \log \log n / \log n}$ のとき：GapSVP$_\gamma$ は P となる（LLL アルゴリズムなどによる具体的な攻撃法が見つかっている）．

A.5.3 LWE 仮定と SIS 仮定

次に，暗号で用いる上位レベルの仮定に移ろう．ここでは，代表的な 2 つの仮定，**LWE 仮定** [171] と **SIS 仮定** [9] の紹介を行う．

なお，以下においては，特に断らない限り $\mathbb{Z}_q$ の要素に関する演算は $\mathbb{Z}_q$ 上の演算とする．つまり $\bmod\, q$ 上の演算である．また，ある分布から選ばれた $\mathbb{Z}$ 上の（小さい）値に関しては，$\mathbb{Z}$ 上の演算が行われる．このように，格子暗号では $\mathbb{Z}_q$ 上の演算と $\mathbb{Z}$ 上の演算が混在するので注意が必要である．

定義 A.5.1（**LWE$_{n,q,\chi,m}$ 分布**） $n, m, q \in \mathbb{N}$ とし，χ は $\mathbb{Z}$ 上のある確率分布（q に比べて十分に小さい値となるような $\mathbb{Z}$ 上の分布．より具体的には定理 A.5.1 を参照）とする．
$\boldsymbol{A} \xleftarrow{\mathsf{U}} \mathbb{Z}_q^{n \times m}$, $\boldsymbol{s} \xleftarrow{\mathsf{U}} \mathbb{Z}_q^n$, $\boldsymbol{e} \xleftarrow{\mathsf{R}} \chi^m$ のとき，$\boldsymbol{b} = \boldsymbol{s}^\mathsf{T} \boldsymbol{A} + \boldsymbol{e}^\mathsf{T}$ としたとき，$(\boldsymbol{A}, \boldsymbol{b})$ を LWE$_{n,q,\chi,m}$ 分布とよび，$\mathcal{A}_{s,\chi}$ と記す．ここで，$\boldsymbol{e}$ はしばしば誤りもしくはノイズとよばれる．

定義 A.5.2（**LWE 仮定** [171]）

以下に，計算版 LWE 仮定と判定版 LWE 仮定を示す．

LWE$_{n,q,\chi,m}$ 仮定（計算版） $(\boldsymbol{A}, \boldsymbol{b}) \xleftarrow{\mathsf{U}} \mathbb{Z}_q^{n \times m} \times \mathbb{Z}_q^m$ から $\boldsymbol{s}$ を求めることが（平均的に）難しい．

LWE$_{n,q,\chi,m}$ 仮定（判定版） LWE$_{n,q,\chi,m}$ 分布 $(\boldsymbol{A}, \boldsymbol{b}) \xleftarrow{\mathsf{R}} \mathcal{A}_{s,\chi}$ と $(\boldsymbol{A}, \boldsymbol{b}) \xleftarrow{\mathsf{U}} \mathbb{Z}_q^{n \times m} \times \mathbb{Z}_q^m$ を識別することが（平均的に）難しい．

この仮定の特徴は，問題が確率分布 $\mathcal{A}_{s,\chi}$ からランダムに選ばれており，その問題を解く難しさがその分布に関しての平均値で評価されることである（これをアベレージケース (average case) の安全性とよぶ）．また，問題がこのようにある確率分布からランダムに選ばれ，その安全性が平均的に保証されることにより，この問題を暗号の鍵の生成に用いる道が開かれる．

なお，$\chi = 0$ とする（つまり e を用いない）と，単純な線形代数の計算によりこの仮定は簡単に破れることに注意されたい．つまり，この問題を難しくするために，適当な分布から選ばれた $e \xleftarrow{R} \chi^m$ は本質的な役割を果たすのである．

ある分布族 $\{\chi_n\}_{n \in \mathbb{N}}$ が値 $B \in \mathbb{R}$ に対して以下の式を満足するとき，B-限界とよぶ．

$$\Pr_{e \xleftarrow{R} \chi_n}[|e| > B] = \epsilon(n).$$

たとえば，$q^{1/2}$ をパラメータ（幅）とする（離散的な）正規分布は q-限界となる．

定理 A.5.1[171, 167, 138, 139]

$B \geq \omega(n) \cdot n^{1/2}$ としたとき，以下が成立するような効率的に実現可能な B-限界の確率分布 χ が存在する．ここで，$\mathrm{LWE}_{n,q,\chi,m}$ 仮定（判定版）を破る効率的なアルゴリズムが存在すると仮定する．このとき，任意の n 次元格子の上の $\mathrm{GapSVP}_{\tilde{O}(nq/B)}$（および $\mathrm{SIVP}_{\tilde{O}(nq/B)}$）を解く効率的な量子アルゴリズムが存在する．また，$q = \tilde{O}(2^{n/2})$ ならば，任意の n 次元格子の上の $\mathrm{GapSVP}_{\tilde{O}(nq/B)}$（および $\mathrm{SIVP}_{\tilde{O}(nq/B)}$）を解く効率的な（古典的）アルゴリズムが存在する．

この定理は LWE 仮定の GapSVP 仮定（GapSVP の困難性）への帰着を示しており，もし（広く信じられている）GapSVP（および SIVP）の困難性を仮定すれば，LWE 仮定が正しいことを示すものである．特に，アベレージケースの安全性である LWE 仮定がワーストケースの安全性である（任意の格子上の）GapSVP 仮定に帰着できることは，驚くべき結果である（これは，5.5 節で説明したように 1990 年代にアイタイによって切り開かれ

た方法論 [9] を踏襲したものであり，レゲフらによって得られた）．

次に，LWE 仮定の双対版に相当する SIS 仮定 [9] の紹介を行う．

定義 A.5.3（$\mathbf{SIS}_{n,q,\beta,m}$ **仮定**） $n, m, q \in \mathbb{N}, \beta \in \mathbb{R}$ とし，$q > \beta$ は n の多項式，$\boldsymbol{A} \xleftarrow{U} \mathbb{Z}_q^{n \times m}$ とする．

$\mathrm{SIS}_{n,q,\beta,m}$ 仮定とは，$\boldsymbol{A}$ を与えられて，$\|\boldsymbol{z}\| < \beta$ かつ $\boldsymbol{A}\boldsymbol{z} = \boldsymbol{0}$ を満たす $\boldsymbol{z} \in \mathbb{Z}_q^m$ を見つけることが難しいことである．

定理 A.5.2[9]

$q \geq \beta \cdot n^c$（c は定数）で，$\mathrm{SIS}_{n,q,\beta,m}$ 仮定を破る効率的なアルゴリズムが存在すると仮定する．このとき，任意の n 次元格子の上の $\mathrm{GapSVP}_{\beta \cdot n^c}$（および $\mathrm{SIVP}_{\beta \cdot n^c}$）を解く効率的なアルゴリズムが存在する．

A.5.4　LWE 問題および SIS 問題のトラップドア

暗号で用いられる数論的な難しい問題の代表例は素因数分解問題と離散対数問題であるが，それらを解くトラップドア（それを知っていればその問題を簡単に解くことができるような秘密鍵）は知られていない．一方，RSA 関数（2.2.2 項 (1) 参照）の逆関数は難しい問題と考えられているが，その秘密鍵（公開鍵の素因数）というトラップドアを用いれば容易に計算できる．しかし，RSA 関数のような基本的な一方向性関数でトラップドアが存在する関数は，それほど多く知られていない．

興味深いことに，格子の上位概念の代表的な問題である LWE 問題と SIS 問題では，トラップドアが存在するのである．これは LWE 仮定や SIS 仮定に基づく格子暗号の非常に大きな可能性を示すものであり，従来の方法では実現が困難であったさまざまな応用が知られている．たとえば，このトラップドアを直接応用すると署名方式ならびに ID ベース暗号が簡単に構成できる（付録 D.3 節参照）．付録 F.3 節で示す属性ベース暗号ではこのトラップドアが鍵生成や安全性証明に用いられ，付録 E.1 節で示す完全準同型暗号ではこのトラップドアで中核となる特殊な行列（ガジェット行列）が利用される．

以下では，このようなトラップドアを作る方法の中で最も代表的なガジェット行列 (gadget matrix) を用いた方法を示す [139]．最初にガジェット行列を紹介する．まず，

$$\boldsymbol{g} = (1, 2, 4, \ldots, 2^{\ell-1}) \in \mathbb{Z}_q^\ell$$

とする（$\boldsymbol{g}$ は縦ベクトル）．ここで，$\ell = |q|$ である．次にガジェット行列 $\boldsymbol{G}$ を以下のように定義する．

$$\boldsymbol{G} = \boldsymbol{I}_n \otimes \boldsymbol{g}^\mathrm{T} = \begin{pmatrix} \boldsymbol{g}^\mathrm{T} & & & \\ & \boldsymbol{g}^\mathrm{T} & & \\ & & \ddots & \\ & & & \boldsymbol{g}^\mathrm{T} \end{pmatrix} \in \mathbb{Z}_q^{n \times n\ell}.$$

ここで，行列の空白部分の要素は 0 とする．この行列 $\boldsymbol{G}$ に関する LWE 問題と SIS 問題が簡単に解けることを確認しよう．

LWE 問題では，$\boldsymbol{b}^\mathrm{T} = \boldsymbol{s}^\mathrm{T} \boldsymbol{G} + \boldsymbol{e}^\mathrm{T} \in \mathbb{Z}_q^{n\ell}$ ($\boldsymbol{s} \xleftarrow{\mathsf{U}} \mathbb{Z}_q^n$, $\boldsymbol{e} \xleftarrow{\mathsf{R}} \chi^{n\ell}$) となる $(\boldsymbol{G}, \boldsymbol{b})$ が与えられたとき，$\boldsymbol{s}$ が簡単に求められる．$\boldsymbol{s} = (s_1, \ldots, s_\ell)$, $\boldsymbol{e} = (e_1, \ldots, e_\ell, \ldots, e_{n\ell})$ としたとき，まず s_1 に注目すると $(b_1, \ldots, b_\ell) = (s_1, 2s_1, \ldots, 2^{\ell-1} s_1) + (e_1, \ldots, e_\ell)$ であることより，$b_\ell = 2^{\ell-1} s_1 + e_\ell$ の値から s_1 の最上位ビットが求められ，順次 $b_{\ell-1}, \ldots, b_1$ から s_1 の最上位 2 ビット目, ..., 最下位ビットまで求められる．同様に他の $s_i (i = 2, \ldots, n)$ も求めることができる．

SIS 問題では，$\boldsymbol{u} \in \mathbb{Z}_q^n$ が与えられたとき $\boldsymbol{G}\boldsymbol{x} = \boldsymbol{u}$ となる小さな $\boldsymbol{x}$ を求める．$\boldsymbol{u} = (u_1, \ldots, u_n)$, $\boldsymbol{x} = (x_1, \ldots, x_\ell, \ldots, x_{n\ell})$ としたとき，まず u_1 に着目すると $x_1 + 2x_2 + \cdots + 2^{\ell-1} x_\ell = u_1$ となるため，u_1 のバイナリ表現から $(x_1, \ldots, x_\ell)$ は容易に求められ，同様に他の u_i に関する解も求めることができる．ここで，$\boldsymbol{G}$ に関する SIS 問題を解く関数を $\boldsymbol{G}^{-1}(\cdot)$ と表現する．つまり，$\boldsymbol{G} \cdot \boldsymbol{G}^{-1}(\boldsymbol{u}) = \boldsymbol{u}$ となるような関数である．

次に，LWE 問題と SIS 問題のトラップドアを構成することにしよう．まず $\bar{\boldsymbol{A}} \xleftarrow{\mathsf{U}} \mathbb{Z}_q^{n \times \bar{m}}$ とし，$\boldsymbol{R} \in \mathbb{Z}_q^{\bar{m} \times n\ell}$ をランダムな小さな要素（たとえば，q-限界となる離散正規分布）からなる行列としたとき，

$$A = [\bar{A} \mid G - \bar{A}R] \in \mathbb{Z}_q^{n \times m} \quad (m = \bar{m} + n\ell)$$

とする．ここで，| は（行列の）結合を意味する．このとき，このようにして作った A が $A \xleftarrow{U} \mathbb{Z}_q^{n \times m}$ とほぼ同じ分布となる（統計的に識別不可能）ようにすることができる．

この A に関するトラップドア T は，$T = \begin{bmatrix} R \\ I_{n\ell} \end{bmatrix} \in \mathbb{Z}_q^{m \times n\ell}$ であり，$AT = G$ となる．ここで，T は小さな要素からなる行列であることに注意されたい．この $A \in \mathbb{Z}_q^{n \times m}$ に関する LWE 問題と SIS 問題は，このトラップドアを使って効率的に解ける．いま，LWE 問題 $(A, b^T = s^T A + e^T)$ を与えられたとき，$b^T T = s^T A T + e^T T \approx s^T A T = s^T G$ となり，G に関する LWE 問題とすることができる．このように，前に示したように効率的に s を求めることができる．

次に，SIS 問題 (A, u) が与えられたときは $G^{-1}(u)$ は容易に計算できるので $(GG^{-1}(u) = u)$，$ATG^{-1}(u) = u$ となることより，$x = TG^{-1}(u)$ がこの SIS 問題の解となる $(Ax = u)$．このとき，x の要素は小さいことに注意されたい．なお，以上では解 x の分布は考慮していないが，正規分布になるような小さな解を効率的に求めることもできる（このような分布にすることで，解から T の情報が情報理論的に漏れないようにすることができる）．

A.5.5 環 LWE

LWE 問題に基づく暗号方式の鍵サイズや処理速度などの効率を改善するため，より効率的な暗号方式の構成を可能とする**環 LWE**(ring LWE) 問題が提案されている [126, 127, 191]．LWE 仮定に基づく方式の多くは，より効率の優れた環 LWE 仮定に基づく方式に変換することができる．

ここでは，$\mathbb{Z}$ 上の多項式環を多項式 $f(X)$ の単項イデアルで剰余をとった環 $R = \mathbb{Z}[X]/(f(X))$ を用いる．$f(X)$ としては，円分多項式 $X^{2^k} + 1$ を用いることが多い．このとき R を円分環とよぶ．さらに，qR による剰余環 $R_q = R/qR = \mathbb{Z}_q[X]/(f(X))$ を考える．ここで，$f(X)$ の次数を n とした

とき，R_q の要素は $\mathbb{Z}_q^n$ の要素で表現できることに注意．

定義 A.5.4（環 $\mathbf{LWE}_{q,\chi,m}$ 分布） $m, q \in \mathbb{N}$ とし（q, m は n の多項式で表現できる），χ は R 上のある確率分布とする．
$\boldsymbol{a} \xleftarrow{U} R_q, \boldsymbol{s} \xleftarrow{U} R_q, \boldsymbol{e} \xleftarrow{R} \chi$ のとき，$\boldsymbol{b} = \boldsymbol{s} \cdot \boldsymbol{a} + \boldsymbol{e} \in R_q$ としたとき，$(\boldsymbol{a}, \boldsymbol{b})$ を環 $\mathrm{LWE}_{q,\chi}$ 分布とよび，$\mathcal{A}_{\boldsymbol{s},\chi}$ と記す．

定義 A.5.5（環 LWE 仮定 [126]）

環 $\mathbf{LWE}_{q,\chi,m}$ 仮定（計算版） $\{(\boldsymbol{a}_i, \boldsymbol{b}_i) \xleftarrow{R} \mathcal{A}_{\boldsymbol{s},\chi}\}_{i=1,\ldots,m}$ から $\boldsymbol{s}$ を求めることが（平均的に）難しい．

環 $\mathbf{LWE}_{q,\chi,m}$ 仮定（判定版） 環 $\mathrm{LWE}_{q,\chi,m}$ 分布 $\{(\boldsymbol{a}_i, \boldsymbol{b}_i) \xleftarrow{R} \mathcal{A}_{\boldsymbol{s},\chi}\}_{i=1,\ldots,m}$ と一様分布 $\{(\boldsymbol{a}_i, \boldsymbol{b}_i) \xleftarrow{U} R_q \times R_q\}_{i=1,\ldots,m}$ を識別することが（平均的に）難しい．

定理 A.5.1 で述べたように，LWE 仮定は任意の格子上の問題（近似 SVP 問題）の困難性と密接に関連（帰着）する．同様に，環 R に関する環 LWE 仮定は R 上の任意のイデアル格子上の問題（近似 SVP 問題）の困難性と密接に関連（帰着）する（定理 A.5.3）．

イデアル格子は以下のように定められる．有理数 $\mathbb{Q}$ および整数 $\mathbb{Z}$ を代数的に拡大した代数体 K およびその整数環 $\mathcal{O}_K$ を考える．たとえば，上記の円分多項式により代数的に拡大された代数体の整数環が円分環 R である．整数環 $\mathcal{O}_K$ の適当なイデアルは整数線形和の基底となる整数基をもつため，その基底に関する格子の構造をもつ [219]．それがイデアル格子である．つまり，イデアル格子は環上のイデアルという代数的性質と格子という性質を併せもつことになる．なお，6.1 節で示したように，イデアル格子はジェントリの完全準同型暗号でも用いられる．

定理 A.5.3[126]

任意の $m = O(n^c)$（c は定数）において，次数 n の円分環 R と適当な q および χ（パラメータ $\alpha < 1$）に対して環 $\mathrm{LWE}_{q,\chi,m}$ 仮定（判定版）を破る効率的なアルゴリズムが存在すると仮定する．このとき，R 上の任意のイデアル格子の上の近似 $\mathrm{SVP}_{n^c/\alpha}$ を解く効率的な量子アルゴリズムが存在す

る.

この定理は，アベレージケースの安全性である環LWE仮定がワーストケースの安全性である（R上の任意のイデアル格子上の）近似SVP仮定に帰着できることを示している．さらに，環LWE仮定の双対版に相当する環SIS仮定も導入されているが，本書ではその紹介は省略する[168].

A.6 基本的な安全性定義

A.6.1 識別不可能性，擬似乱数，擬似ランダム関数

一方向性関数 (one-way function) は現代暗号において最も基本的な構成要素であり，入力が与えられたときにその関数値の計算は容易であるが，関数値から逆関数の計算が困難な関数のことである．

定義 A.6.1（一方向性関数） 関数 $f: \{0,1\}^* \to \{0,1\}^*$ が一方向性関数であるとは，以下の2つの性質を満たすことである．

1. 入力 $x \in \{0,1\}^*$ に対し，$f(x)$ を出力する効率的（多項式時間）アルゴリズムが存在する．
2. どのような攻撃者（確率的多項式時間アルゴリズム）$\mathcal{A}$ に対しても以下が成立する（$\epsilon(k)$ は，0に近く小さいという意味である．付録A.1節参照）.

$$\Pr\left[f(z) = y \,\middle|\, x \xleftarrow{\mathsf{U}} \{0,1\}^k,\ y = f(x),\ z \xleftarrow{\mathsf{R}} \mathcal{A}(1^k, y)\right] < \epsilon(k).$$

確率変数族 $\mathcal{X} = \{X_k\}_{k \in \mathbb{N}}$ は，すべての $k \in \mathbb{N}$ に対して X_k が $\{0,1\}^*$ 上の確率分布であるような族（集合）である．

定義 A.6.2（識別不可能性 (indistinguishability)） $\mathcal{X} = \{X_k\}_{k \in \mathbb{N}}$ および $\mathcal{Y} = \{Y_k\}_{k \in \mathbb{N}}$ を確率変数族とする．

完全識別不可能性 $\mathcal{X}$ と $\mathcal{Y}$ が完全識別不可能であるとは，すべての k に対して $X_k = Y_k$ が成立することである．

統計的識別不可能性 $\mathcal{X}$ と $\mathcal{Y}$ が統計的識別不可能であるとは，以下が成立することである．

$$\sum_{\alpha \in \{0,1\}^*} |\Pr[X_k = \alpha] - \Pr[Y_k = \alpha]| < \epsilon(k).$$

計算量的識別不可能性 $\mathcal{X}$ と $\mathcal{Y}$ が計算量的識別不可能であるとは，どのような識別器（確率的多項式時間アルゴリズム）$\mathcal{D} : \{0,1\}^* \to \{0,1\}$ に対しても，以下が成立することである．

$$\Pr[\mathcal{D}(1^k, X_k) = 1] - \Pr[\mathcal{D}(1^k, Y_k) = 1] < \epsilon(k).$$

定義 A.6.3（擬似乱数生成器 (pseudorandom generator)） 確定的多項式時間関数（アルゴリズム）G が以下の条件を満たすとき，G を擬似乱数生成器とよぶ．

伸長性 ある関数 $\ell : \mathbb{N} \to \mathbb{N}$ が存在して，すべての $k \in \mathbb{N}$ およびすべての $s \in \{0,1\}^k$ に対して，$|G(s)| = \ell(k) > k$．

擬似乱数性 確率変数族 $\boldsymbol{G} = \{G(s) \mid s \xleftarrow{\mathsf{U}} \{0,1\}^k\}_{k \in \mathbb{N}}$ が一様分布の確率変数族 $\boldsymbol{U} = \{U \mid U \xleftarrow{\mathsf{U}} \{0,1\}^{\ell(k)}\}_{k \in \mathbb{N}}$ と計算量的識別不可能である．

理論的には，どのような一方向性関数からも擬似乱数生成器が作れることが知られている．つまり，一方向性関数が存在すると仮定すれば，擬似乱数生成器が存在する [108]．

定義 A.6.4（擬似ランダム関数族 [92]） 関数 $R : \{0,1\}^{\ell_1(k)} \to \{0,1\}^{\ell_2(k)}$ が次のように定められたとき，R をランダム関数とよぶ．すべての $x \in \{0,1\}^{\ell_1(k)}$ に対して，$R_k(x) \xleftarrow{\mathsf{U}} \{0,1\}^{\ell_2(k)}$（これは，関数の集合 $\mathsf{R}_k = \{R_k : \{0,1\}^{\ell_1(k)} \to \{0,1\}^{\ell_2(k)}\}$ からランダムに選んだ関数 $R \xleftarrow{\mathsf{U}} \mathsf{R}_k$ と同じである）．

シード $s \in \{0,1\}^k$ の値をもつ関数族 $\{F_s \mid \{0,1\}^{\ell_1(k)} \to \{0,1\}^{\ell_2(k)}\}_{s \in \{0,1\}^k}$ が擬似ランダム関数族であるとは，入力 x が与えられたとき $F_s(x)$ が多項

式時間で計算可能であり，かつどのようなオラクル識別器（確率的多項式時間アルゴリズム）$\mathcal{D}$ に対しても，以下が成立していることである．

$$|\Pr[\mathcal{D}^{F_s(\cdot)}(1^k) = 1 \mid s \xleftarrow{U} \{0,1\}^k] - \Pr[\mathcal{D}^{R(\cdot)}(1^k) = 1 \mid R \xleftarrow{U} \mathsf{R}_k]| < \epsilon(k).$$

ここで，オラクル識別器とはオラクル（関数 $F_s(\cdot)$ か $R(\cdot)$）に自由にアクセスできる識別器である．

A.6.2 ハッシュ関数

ハッシュ関数 (hash function) は，任意長の文字列を一定の長さに圧縮する関数である．多くの実用的な応用では出力サイズが固定された特定のハッシュ関数を用いるが，理論的に安全性を定義するためにはセキュリティパラメータ k に関する漸近的な性質として表す必要がある．そのため，まずセキュリティパラメータ k ごとに定義されるハッシュ関数の集合としての「ハッシュ関数族」を定義する．ハッシュ関数 SHA2 および SHA3（付録 B.4 節参照）は，出力長の異なるいくつかの関数から構成されており，このようなハッシュ関数を理論的に拡張したものがハッシュ関数族である．

定義 A.6.5（ハッシュ関数族） ハッシュ関数族 $\mathcal{H} = \{\mathsf{H}_k : \{0,1\}^{m(k)} \to \{0,1\}^{\ell(k)}\}_{k \in \mathbb{N}}$ とは，セキュリティパラメータ k に関する（確率的）多項式時間アルゴリズム H が存在して，以下を満たす．

$$\mathsf{H} : (1^k, x \in \{0,1\}^{m(k)}) \mapsto \mathsf{H}_k(x) \in \{0,1\}^{\ell(k)}.$$

定義 A.6.6（衝突困難ハッシュ関数族） k をパラメータとするハッシュ関数族 $\mathcal{H} = \{\mathsf{H}_k : \{0,1\}^{m(k)} \to \{0,1\}^{\ell(k)}\}_{k \in \mathbb{N}}$ が衝突困難であるとは，すべての確率的多項式時間攻撃者 $\mathcal{A}$ に対して，以下が成立することである．

$$\Pr[(x, x') = \mathcal{A}(1^k) \wedge x \neq x' \wedge \mathsf{H}_k(x) = \mathsf{H}_k(x')] < \epsilon(k).$$

A.6.3 公開鍵暗号

公開鍵暗号 (public key encryption) の概念の定義とその安全性（ゲームベース安全性）の定義を示す．3.2.4 項で述べたように，公開鍵暗号ではゲームベース安全性とシミュレーションベース安全性が等価であるため，ここでは後者の定義を省略する．

公開鍵暗号は，以下の 3 つの（確率的）多項式時間アルゴリズム (Gen, Enc, Dec) からなっている．

[Gen（鍵生成）] 1^k（k：セキュリティパラメータ）を入力とし，公開鍵と秘密鍵のペア (pk, sk) を出力するアルゴリズム．

$$1^k \to \boxed{\text{Gen}} \to (pk, sk)$$

[Enc（暗号化）] 公開鍵 pk と平文 $m \in \mathcal{M}_{pk}$ を入力とし，暗号文 c を出力するアルゴリズム．

$$(pk, m) \to \boxed{\text{Enc}} \to c$$

[Dec（復号）] 公開鍵 pk と秘密鍵 sk と暗号文 c を入力とし，平文 m もしくは復号不可を表す特別な記号 $\bot$ を出力するアルゴリズム．

$$(pk, sk, c) \to \boxed{\text{Dec}} \to m \text{ もしくは } \bot$$

公開鍵暗号における望ましい安全性（選択暗号文攻撃に対する強秘匿性，**IND-CCA2**: indistinguishability against chosen-ciphertext attacks）は，以下のような攻撃者と挑戦者の間の安全性ゲーム (IND-CCA2 ゲーム) によって定義される（図 A.1）．

[初期設定] 各セキュリティパラメータ k に対して，挑戦者は，Gen に 1^k を入力して公開鍵 pk および秘密鍵 sk を生成し，攻撃者 $\mathcal{A}$ に公開鍵 pk を渡す．なお，pk には 1^k の情報が含まれているとする．

[事前攻撃] 攻撃者 $\mathcal{A}$ が自分で選んだ暗号文 c_i を挑戦者に送ると，挑戦者はその復号結果 $\text{Dec}(sk, c_i)$ を返す．攻撃者はこの攻撃（選択暗号文攻

A.6 基本的な安全性定義

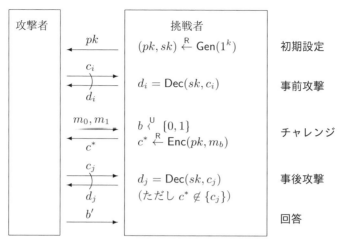

図 **A.1** 公開鍵暗号の IND-CCA2 ゲーム

撃)を適応的に何回でも繰り返すことができる ($i = 1, \ldots, q_1$).

[チャレンジ] 攻撃者 $\mathcal{A}$ は挑戦者に 2 つの平文 m_0, m_1 を送り,チャレンジ暗号文の作成を依頼する.挑戦者は $b \xleftarrow{U} \{0,1\}$ をランダムに選び,チャレンジ暗号文 $c^* \xleftarrow{R} \mathsf{Enc}(pk, m_b)$ を作成し $\mathcal{A}$ に送る.

[事後攻撃] 攻撃者 $\mathcal{A}$ が c^* 以外の暗号文 c_j を挑戦者に送ると,挑戦者はその復号結果 $\mathsf{Dec}(sk, c_j)$ を返す.攻撃者はこの攻撃(選択暗号文攻撃)を適応的に何回でも繰り返すことができる ($j = q_1 + 1, \ldots, q$).

[回答] 攻撃者 $\mathcal{A}$ は平文 $b' \in \{0,1\}$ を出力する.このとき $b' = b$ であれば攻撃者の勝ちとする.

定義 A.6.7 公開鍵暗号方式 $\Sigma = (\mathsf{Gen}, \mathsf{Enc}, \mathsf{Dec})$ に関する上記の IND-CCA2 ゲームにおいて,すべての確率的多項式時間攻撃者 $\mathcal{A}$ に対して,以下が成立するならば,公開鍵暗号方式 Σ は選択暗号文攻撃に対する強秘匿 (IND-CCA2) であるという.

$$|\Pr[b = b' \; (\mathcal{A} が勝つ)] - 1/2| < \epsilon(k).$$

A.6.4 ディジタル署名

ディジタル署名 (digital signatures) は，以下3つのアルゴリズム (Gen, Sig, Ver) からなっている．

[Gen（鍵生成）] 1^k (k：セキュリティパラメータ) を入力とし，検証鍵（公開鍵）と署名鍵（秘密鍵）のペア (vk, sk) を出力するアルゴリズム．

$$1^k \to \boxed{\text{Gen}} \to (vk, sk)$$

[Sig（署名生成）] 検証鍵 vk，署名鍵 sk および文書 $m \in \{0,1\}^*$ を入力とし，署名 σ を出力するアルゴリズム．

$$(vk, sk, m) \to \boxed{\text{Sig}} \to \sigma$$

[Ver（検証）] 検証鍵 vk，メッセージ m および署名 σ を入力として，署名が正しいかを検証し，1（合格）もしくは0（不合格）を出力するアルゴリズム．

$$(vk, m, \sigma) \to \boxed{\text{Ver}} \to 1 \text{ or } 0$$

ディジタル署名に対する望ましい安全性（**選択文書攻撃に対して存在的偽造不可**，**EUF-CMA**: Existentially Unforgeable Against Chosen Message Attacks）は，以下のような攻撃者と挑戦者の間の安全性ゲーム（EUF-CMAゲーム）によって定義される．

[初期設定] 各セキュリティパラメータ k に対して，挑戦者は Gen に 1^k を入力し検証鍵 vk および署名鍵 sk を生成し，攻撃者 $\mathcal{A}$ に検証鍵 vk を渡す．なお，vk には 1^k の情報が含まれているとする．

[攻撃] 攻撃者 $\mathcal{A}$ が自分で選んだ文書 m_i を挑戦者に送ると，挑戦者はその署名 $\sigma_i \xleftarrow{R} \text{Sig}(vk, sk, m_i)$ を攻撃者に返す．攻撃者はこの攻撃（選択文書攻撃）を適応的に何回でも繰り返すことができる $(i = 1, \ldots, q)$．

[偽造] 攻撃者 $\mathcal{A}$ が文書と署名の対 (m^*, σ^*) を出力する．このとき $m^* \notin \{m_i\}_{1 \leq i \leq q}$ かつ $\text{Ver}(vk, m^*, \sigma^*) = 1$ であれば，攻撃者の勝ち（偽造に

A.6 基本的な安全性定義

成功した）とする．

定義 A.6.8 ディジタル署名方式 $\Sigma = (\mathsf{Gen}, \mathsf{Sig}, \mathsf{Ver})$ に関する上記の EUF-CMA ゲームにおいて，すべての確率的多項式時間攻撃者 $\mathcal{A}$ に対して，以下が成立するならば，ディジタル署名方式 Σ は選択文書攻撃に対して存在的偽造不可 (EUF-CMA) であるという．

$$\Pr[\mathcal{A} \text{ が勝つ}] < \epsilon(k).$$

A.6.5 コミットメント

コミットメント (commitment) については，3.3.3 項を参照されたい．ここでは簡単のためコミットする情報 b を 1 ビット情報とし，コミットメント関数 $\mathsf{Com}(\cdot;\cdot)$ を用いたコミットメントを考える．ここで，$\mathsf{Com}(\cdot;\cdot)$ は情報 $b \in \{0,1\}$ と乱数 $r \xleftarrow{\mathsf{U}} \{0,1\}^k$ を入力として（k はセキュリティパラメータ），コミットメント $c = \mathsf{Com}(b;r)$ を出力する．コミットメントは以下の 2 フェーズからなる．

コミットフェーズ 送信者はコミットしたい情報 $b \in \{0,1\}$ からコミットメント $c = \mathsf{Com}(b;r)$ を計算し，それを受信者に送る．

オープンフェーズ 送信者は (b,r) を受信者に送る．受信者は $c = \mathsf{Com}(b;r)$ が成立することを確認する．

このとき，コミットメント関数が以下の 2 条件を満足するならば，このコミットメントは安全であるという．

(計算量的) 秘匿性 すべての確率的多項式時間アルゴリズム（攻撃者）$\boldsymbol{A}$ に対して以下の式が満たされるならば，（計算量的）秘匿性 (hiding) をもつという．

$\Pr[b = b' \mid b \xleftarrow{\mathsf{U}} \{0,1\},\ r \xleftarrow{\mathsf{U}} \{0,1\}^k,\ c = \mathsf{Com}(b;r),\ b' \xleftarrow{\mathsf{R}} \boldsymbol{A}(c)]$
  $< \epsilon(k).$

（完全）拘束性　$\mathsf{Com}(0;r_0) = \mathsf{Com}(1;r_1)$ を満たす (r_0, r_1) が存在しないとき，（完全）拘束性 (binding) をもつという．

以上のコミットメント関数 Com は，以下のような複数ビットのコミットメント関数に拡張できる．情報 $x = (b_1, \ldots, b_n) \in \{0,1\}^n (b_i \in \{0,1\}, i = 1, \ldots, n)$ に対して，コミットメントは $\mathsf{Com}(x;r) = (\mathsf{Com}(b_1;r_1), \ldots, \mathsf{Com}(b_n;r_n))$，ここで $r = (r_1, \ldots, r_n)$, $r_i \xleftarrow{U} \{0,1\}^\lambda$, $i = 1, \ldots, n$.

安全なコミットメントは，単射一方向性関数（のハードコアビット [93]）を用いて実現できる．一方，完全秘匿性（$\mathsf{Com}(0;r_0)$ と $\mathsf{Com}(1;r_1)$ が同じ確率分布）と計算量的拘束性（確率的多項式時間アルゴリズム（攻撃者）$\mathbf{A}$ が $\mathsf{Com}(0;r_0) = \mathsf{Com}(1;r_1)$ であるような $((0;r_0),(1;r_1))$ を見つけることは難しい）をもつコミットメントも実現可能である（たとえばピダーセン (Pedersen) コミットメント [166] など）．

A.6.6　ゼロ知識証明

本項では，3.2.5 項で紹介したゼロ知識（対話・非対話）証明の定義を述べる．対話証明は，確率（サイコロを振る）と対話（質疑応答を繰り返す）を導入することにより（確定的で非対話的な）従来の（非対話的な）証明系を自然に拡張したものと考えることができる．

また，ゼロ知識は，暗号（プロトコル）の要請から導入されたものであり，ある情報を隠してある目的を実行したいという暗号の世界における自然な要求に由来する．たとえば，自分の秘密情報（パスワード）を隠しつつ，その秘密をもっていることは示したいなどという要求に応えるものである．ゼロ知識対話証明では，ある情報（入力）がある条件を満たすという 1 ビットの情報（ある集合に属すという情報）をそれ以外の余分な情報を一切漏らさずに対話的に証明する．

(1)　ゼロ知識対話証明

ここでは，証明者 P が検証者 V にある事実 $(x \in L)$ を納得させるようなプロトコルを考える．P は計算能力（計算時間，記憶領域）に制限のない

A.6 基本的な安全性定義

確率的チューリング機械とし，V は多項式時間に制限された確率的チューリング機械とする．また P と V は対話を行う．形式的には対話用テープへの書き込み/読み出しを介して行われるものとする．このようなチューリング機械を対話チューリング機械とよび，(P,V) を用いて言語 L に対する対話証明を以下のように定義する．

定義 A.6.9（対話証明 [90]）

以下の条件を満足すれば，対話チューリング機械の組 (P,V) は言語（$\{0,1\}^*$ の部分集合）L に対する（暗号学的な）対話証明である

完全性 すべての $x \in L$ に対して $\Pr[(P,V) \text{ が } x \text{ を受理}] > 1 - \epsilon(|x|)$.

健全性 すべての $x \notin L$ およびすべての証明者（チューリング機械）P^* に対して $\Pr[(P^*,V) \text{ が } x \text{ を受理}] < \epsilon(|x|)$.

上記の健全性は，無限の計算能力をもつ（計算量の制限のない）証明者 P^* に対して定義されていることに注意する．なお，このような健全性を計算量的健全性に対比させて，**完全健全性**とよぶこともある．一方，（確率的）多項式時間に制限した証明者に対して定義した健全性を**計算量的健全性**とよび，計算量的健全性に限定した証明系を**アーギュメント**とよぶ．このとき，完全性の誤り確率を 0 とする．また，（計算量的）健全性を強めた概念として，**知識の（計算量的）健全性**という概念がある．その例を，付録 C で紹介する．

対話証明における P と V の対話をシミュレート（模擬）する確率的多項式時間チューリング機械 M（シミュレータ）を用いることにより，その対話証明で証明者が検証者に情報を漏らすかどうかを調べることができる．つまり，対話の内容を（ほとんど/完全に）多項式時間でシミュレートできれば，証明者の情報は（ほとんど/完全に）漏れていないと考えてよいだろう．なぜなら，そのような対話で得られた情報は多項式時間機械である検証者自らが構成（シミュレート）できるような内容であるからである．このように対話証明の内容をシミュレートできるとき，その対話証明はゼロ知識であるという（ゼロ知識対話証明）．

定義 A.6.10（ゼロ知識性 [99]）

L を言語とし，(P,V) を言語 L に対する対話証明とする．このとき，P と V の対話において V が知ることのできるすべての系列（共通入力 x，V の使った乱数，P からの対話，その他の外部入力 $y \in \{0,1\}^{|x|^c}$（c は定数））からなる確率変数の族を検証者 V のビューとよび，$\mathrm{View}_{(P,V)}(x,y)$ と記す．

すべての $x \in L, y \in \{0,1\}^{|x|^c}$ とすべての検証者（確率的多項式時間チューリング機械）V^* に対して確率的多項式時間チューリング機械 M_{V^*}（シミュレータ）が存在し，$\mathrm{View}_{(P,V^*)}(x,y)$ と $M_{V^*}(x,y)$ が（$k=|x|$ に関して）（完全/統計的/計算量的）識別不可能であるとき，(P,V) を（完全/統計的/計算量的）ゼロ知識対話証明であるという．

上記定義においては，$M_{V^*}(x,y)$ を構成的に示す必要はなく，単に存在を示せば十分である．しかし構成的でなくその存在を証明することは難しく，通常は以下の構成的な定義（ブラックボックス・ゼロ知識証明）を用いて証明を行う．このブラックボックス・ゼロ知識証明の定義を満足すれば，ゼロ知識証明の定義を満足する（逆は必ずしも成り立たない）．

定義 A.6.11（ブラックボックス・ゼロ知識性 [99]）

ある確率的多項式時間チューリング機械 M（シミュレータ）が存在し，すべての $x \in L$ とすべての検証者 V^* に対して，$\mathrm{View}_{(P,V^*)}(x)$ と $M^{V^*}(x)$ が（$k=|x|$ に関して）（完全に/統計的に/計算量的に）識別不可能であるとき，(P,V) を（完全/統計的/計算量的）ブラックボックス・ゼロ知識対話証明という．

なお，$M^{V^*}(x)$ は M が V^* をブラックボックスとして用いたときの出力系列（確率変数）の族である．なお，V^* の外部入力および乱数は M が知り得る（もしくは M により与えられる）ものとする．

上で定義したように，計算量的ゼロ知識対話証明は，無限の計算能力をもつ証明者 P に対して「健全性」が成り立ち，多項式時間に限定した検証者 V に対して計算量的ゼロ知識性が成り立つ．一方，多項式時間に限定した証明者 P に対して計算量的健全性（もしくは知識の健全性）が成り立ち，

無限の計算能力をもつ検証者 V に対して完全ゼロ知識性が成り立つような証明系をゼロ知識アーギュメント（もしくは知識のゼロ知識アーギュメント）とよぶ．さらに，非対話で簡潔な知識のゼロ知識アーギュメントは ZK-SNARK とよばれ，仮想通貨などで利用される（付録 C 参照）．

付録 B

インターネットと仮想通貨で使われている代表的な暗号方式

B.1 共通鍵暗号方式

本章では，最も代表的な共通鍵暗号方式として，**AES**(Advanced Encryption Standard) を紹介する．

B.1.1 AES

AES は 2000 年に米国標準技術研究所 (NIST) が公募し選定した暗号標準で，2001 年 11 月に米国連邦標準の暗号規格「FIPS PUB 197」として公表された [147]．AES の選定では次のことが条件とされた．

- ブロック暗号でブロック長が 128 ビットであること．
- 暗号強度が高く処理が高速で行えること．
- 鍵長は 128, 192, 256 の 3 種類をサポートすること．
- 仕様と設計基準が完全に公開されていること．
- ライセンスフリー（特許使用料が無料）で使用できること．

以上の要求を満足する条件で選考されたために，最終的に選ばれた AES は，暗号強度が高いだけでなく，ソフトウェア・ハードウェア両面で効率的な処理が行えるなど高い性能をもつ．また，比較的性能の低い携帯端末から高機能なコンピュータにおけるまで効率的に動作する．

AES は，図 B.1 に示すように，同一のラウンド関数を繰り返す SPN (Substitution Permutation Network Structure) 構造となっている．ラウ

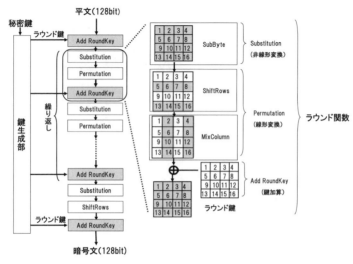

図 B.1　AES の暗号処理概要

ンド関数は，暗号処理の基本となる非線形置換（Substitution，入力を所定の非線形関数により変換して出力）と転置（Permutation，入力列の要素を並べ替えて出力．線形関数である）を組み合わせたものである．ラウンド関数を何回繰り返すかという「ラウンド数」は鍵長に応じて決まり，鍵長が 128, 192, 256 のときは，それぞれ 10,12,14 回である．

　以下では，さらに詳しく AES の暗号化処理を見ていこう（詳細は [147] を参照されたい）．復号では，この逆方向の処理を行うことにより元の平文が復元される．

[鍵スケジューリング]　秘密鍵からラウンド数に応じた数のラウンド鍵を生成する．

[初期転置]　1 ブロック（128 ビット）の平文を 8 ビット（1 バイト）ごとに区切り，各バイトを 4 行 4 列のマスに収める．このデータ（4 行 4 列のマス）と最初のラウンド鍵との XOR（eXclusive OR，排他的論理和）演算を行い出力する（この処理は AddRoundKey とよばれる）．

[ラウンド関数（繰り返す）]　次の処理を 1 ラウンド分として，決められた回数（（ラウンド数 −1）回）繰り返す．

B.1 共通鍵暗号方式

	y															
		0	1	2	3	4	5	6	7	8	9	a	b	c	d	e	f
x	0	63	7c	77	7b	f2	6b	6f	c5	30	01	67	2b	fe	d7	ab	76
	1	ca	82	c9	7d	fa	59	47	f0	ad	d4	a2	af	9c	a4	72	c0
	2	b7	fd	93	26	36	3f	f7	cc	34	a5	e5	f1	71	d8	31	15
	3	04	c7	23	c3	18	96	05	9a	07	12	80	e2	eb	27	b2	75
	4	09	83	2c	1a	1b	6e	5a	a0	52	3b	d6	b3	29	e3	2f	84
	5	53	d1	00	ed	20	fc	b1	5b	6a	cb	be	39	4a	4c	58	cf
	6	d0	ef	aa	fb	43	4d	33	85	45	f9	02	7f	50	3c	9f	a8
	7	51	a3	40	8f	92	9d	38	f5	bc	b6	da	21	10	ff	f3	d2
	8	cd	0c	13	ec	5f	97	44	17	c4	a7	7e	3d	64	5d	19	73
	9	60	81	4f	dc	22	2a	90	88	46	ee	b8	14	de	5e	0b	db
	a	e0	32	3a	0a	49	06	24	5c	c2	d3	ac	62	91	95	e4	79
	b	e7	c8	37	6d	8d	d5	4e	a9	6c	56	f4	ea	65	7a	ae	08
	c	ba	78	25	2e	1c	a6	b4	c6	e8	dd	74	1f	4b	bd	8b	8a
	d	70	3e	b5	66	48	03	f6	0e	61	35	57	b9	86	c1	1d	9e
	e	e1	f8	98	11	69	d9	8e	94	9b	1e	87	e9	ce	55	28	df
	f	8c	a1	89	0d	bf	e6	42	68	41	99	2d	0f	b0	54	bb	16

出典:AES, FIPS PUB 197, Figure 7

図 B.2 S-Box

1. SubBytes:S-Box という置換表(後述)を使用してバイト単位に別な値に変換する.
2. ShiftRows:各行(32 ビット)のデータをバイト単位にシフトする.シフトするバイト数は行ごとに異なった値にする.
3. MixColumns:列ごとにビット演算を行い,別な値に変換する.
4. AddRoundKey:対応するラウンド鍵との XOR 演算を行う.

[最終ラウンド関数] 上記の SubBytes, ShiftRows, AddRoundKey 処理を行う.

以下には上記のラウンド関数で行われる処理の概要について述べる.

AddRoundKey 各ラウンドで対応するラウンド鍵との間で XOR 演算を行う.XOR 演算は,同じ位置のビット要素ごとの排他的論理和 ⊕ である(3.2.1 項参照).

SubBytes 図 B.2 に示す置換表 (S-Box) を使用してバイト単位に変換を行う.たとえば元のバイトの値が "0x65" のとき,S-Box で変換されるバイトは "0x4d" である.

ShiftRows バイトごとに 4 行 4 列に収容された 1 ブロックのデータ(16 バイト)を図 B.3 に示すようにサイクリックにシフトする.$S_{0,0}$〜$S_{3,3}$ は 1 バイトのデータで,ShiftRows では行ごとにシフトする.シ

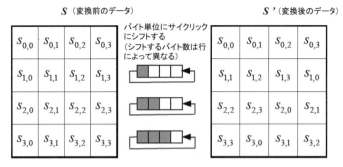

図 B.3　ShiftRows の処理

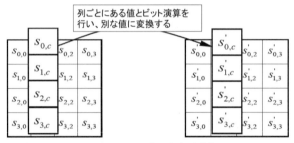

(a) MixColumnsにおけるデータ変換

$$\begin{bmatrix} s'_{0,c} \\ s'_{1,c} \\ s'_{2,c} \\ s'_{3,c} \end{bmatrix} = \begin{bmatrix} 02 & 03 & 01 & 01 \\ 01 & 02 & 03 & 01 \\ 01 & 01 & 02 & 03 \\ 03 & 01 & 01 & 02 \end{bmatrix} \begin{bmatrix} s_{0,c} \\ s_{1,c} \\ s_{2,c} \\ s_{3,c} \end{bmatrix} \quad \text{for } 0 \leq c < 4$$

(b) MixColumnsの計算式

図 B.4　MixColumns

フトするバイト数は行ごとに異なる.

MixColumns　MixColumns では，図 B.4 に示すように列ごとに $\mathbb{F}_{2^8}$ の要素（法既約多項式： $x^8 + x^4 + x^3 + x + 1$）の線形演算（図 B.4(b)，ここで行列の要素は $\mathbb{F}_{2^8}$ の要素を 16 進表示）を行う．

性能面では，SubBytes はバイトごとに，ShiftRows は行ごとに，MixColumns は列ごとに並列演算できるようにして，処理時間の短縮が図

られている.

B.2 公開鍵暗号方式

公開鍵暗号方式として，RSA 暗号に基づく標準的暗号・署名方式（PKCS#1 暗号・署名方式），楕円曲線暗号・署名方式，ディフィー–ヘルマン鍵共有方式について述べる．

B.2.1 RSA 暗号：PKCS#1 v1.5

[鍵生成] 基本的な RSA 暗号と同じで，公開鍵が (n, e)，秘密鍵が d である．

[暗号化・復号] 図 B.5 に PKCS #1 v1.5 による暗号化と復号の手順を示す．暗号化処理では，暗号化対象の平文にパディング文字列などを含む暗号ブロック (EB: Encryption Block) を付加して暗号化する．この EB の構成を図 B.6 に示す．復号で得られた EB の検証では，次の条件が発生するとエラーとする．

- EB を構成する BT（ブロックタイプ），PS（パディング文字列），データが明確に識別できない．
- PS の長さが 8 バイトより短い．また，PS の内容が BT と対応しない．
- BT が "02" でない．

図 B.6 に示すように，EB のうち BT は 1 バイトで，暗号ブロックの種別（暗号か署名かなど）を示す．このブロックを含むデータを秘密鍵で RSA 復号する場合，BT には "00" または "01" を設定する（署名として利用する場合は "01" の設定を推奨）．公開鍵で RSA 暗号化する場合（暗号として利用する場合），BT には "02" を設定する．暗号化するデータ（平文）が暗号化の単位となるブロック長 (k) に満たない場合は，PS を付加する．PS の長さは，平文の長さを d とすると $k - 3 - d$

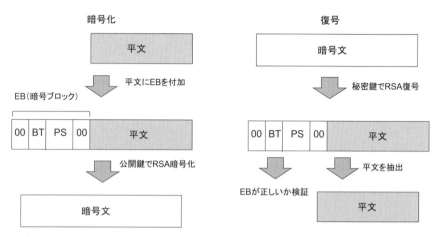

図 **B.5** PKCS#1 v1.5 の暗号化と復号

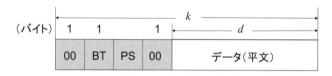

図 **B.6** PKCS#1 v1.5 の暗号ブロック (EB)

となる．BT の値に応じて PS を次のように設定する．

- BT が "00" の場合，"00" を必要数設定する．
- BT が "01" の場合，"FF" を必要数設定する．
- BT が "02" の場合，ゼロでない擬似乱数を必要数設定する．

なお，BT が "02" の場合，攻撃者が可能性のあるすべての EB を試してデータを復号することを防止するため，パディング長は 8 バイト以上としている．この条件は BT が "01" の場合でも同じである．

B.2.2 RSA-OAEP暗号

2.2.2項で述べたように，RSA暗号の標準的な利用フォーマットを定めているPKCS#1（暗号版）において，最新版 (v2.2) はRSA-OAEP暗号 [20, 81, 217] に基づいている．以下にRSA-OAEP暗号を紹介する．

[鍵生成] RSA暗号と基本的に同じで（2つのハッシュ関数が公開鍵に追加），公開鍵が (n,e)，ハッシュ関数が $G: \{0,1\}^{k_0} \to \{0,1\}^{|n|-k_0}$ と $H: \{0,1\}^{|n|-k_0} \to \{0,1\}^{k_0}$，秘密鍵が d である．

[暗号化] 平文 $m \in \{0,1\}^{|n|-k_0-k_1}$ が与えられたとき，公開鍵 (n,e) およびハッシュ関数 G, H を用いて，以下のように暗号文 $c \in \mathbb{Z}_n^\times$ を計算する．

$$r \xleftarrow{\cup} \{0,1\}^{k_0}, \quad s = (m \parallel 0^{k_1}) \oplus G(r), \quad t = r \oplus H(s),$$
$$c = (s \parallel t)^e \bmod n.$$

[復号化] 暗号文 $c \in \mathbb{Z}_n^\times$ が与えられたとき，秘密鍵 d（および公開鍵）を用いて，以下のように復号する．

$(s,t) = c^d \bmod n$ により求めた s, t の値およびハッシュ関数 G, H を用いて，$r = t \oplus H(s)$，および $M = s \oplus G(r)$ を計算する．もし $[M]_{k_1} = 0^{k_1}$ なら $[M]^{|n|-k_0-k_1}$ を出力する．そうでなければ $\perp$ を出力する．ここで，$[x]_i$ は x の下位 i ビット，$[x]^j$ は x の上位 j ビットを表す．

以上の暗号化手順を図B.7に示す．2.2.2項で述べたように，RSA-OAEP暗号はRSA関数が一方向性であるという仮定（RSA仮定）の下で，ランダムオラクルモデル（G, H に関して）[19] において望ましい安全性 (IND-CCA2) をもつ [20, 80, 81, 217]．

B.2.3 楕円エルガマル暗号

2.2.2項 (3) で示したように，楕円曲線暗号の代表的公開暗号方式は楕円エルガマル暗号である．以下この方式を紹介する．

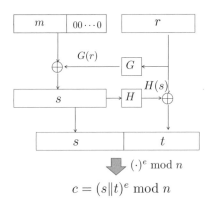

$$c = (s\|t)^e \bmod n$$

図 B.7　RSA-OAEP の暗号化

[鍵生成]　セキュリティパラメータ k を与えられたとき，対応するサイズの素数 q を位数とする（有限体上の）楕円曲線の（加法）群 $\mathbb{G}$ を定め，その生成元を G とする．$x \xleftarrow{\mathsf{U}} \mathbb{Z}_q$ をランダムに選び，$Y = xG$ を計算する．

公開鍵　$(\mathbb{G}, q, G, Y)$
秘密鍵　x

[暗号化]　平文 $M \in \mathbb{G}$ が与えられたとき，公開鍵 $(\mathbb{G}, q, G, Y)$ を用いて，以下のように暗号文 $C = (C_1, C_2) \in \mathbb{G}^2$ を計算する．なお，ビット列の平文 m が与えられた場合は，適当な方法により m を $\mathbb{G}$ の要素に埋め込み，それを M とする．

$$t \xleftarrow{\mathsf{U}} \mathbb{Z}_q,\ \ C_1 = tG,\ \ C_2 = tY + M.$$

[復号化]　暗号文 $C = (C_1, C_2)$ が与えられたとき，秘密鍵 x（および公開鍵 $\mathbb{G}$）を用いて，以下のように復号する．

$$M = C_2 - xC_1.$$

この方式は DDH 仮定の下で受動的攻撃に対する安全性はもつが，望ま

しい安全性 (IND-CCA2) はもたない．ランダムオラクルモデルの下で楕円離散対数問題の困難性を仮定（楕円離散対数仮定）して望ましい安全性をもつ方式として，鍵共有に特化した（前にも述べたように，公開鍵暗号の主な用途は鍵共有である）PSEC-KEM(Provably Secure Elliptic Curve encryption-KeyEncapsulation Mechanisms) がある [206]．これは，IND-CCA2 暗号への一般的な変換手法である藤崎–岡本変換 [78, 79] を用いて作られたものである．標準モデルで望ましい安全性をもつ実用的な方式としては，目標衝突困難性をもつハッシュ関数と（楕円）DDH 仮定に基づき，（楕円）クラマー–シュープ (Cramer-Shoup) 暗号方式 [57, 58] や黒澤–デスメット (Desmedt)（ハイブリッド）暗号方式 [118, 6] などが提案されている．

B.2.4　ディフィー–ヘルマン鍵共有方式

1.1 節で紹介したように，安全でない（盗聴される恐れのある）通信路を使って 2 人の利用者が安全に秘密の情報（秘密鍵）をどのように共有するかという問題に対する解決策は，1976 年に公開鍵暗号やディジタル署名の概念とともにディフィーとヘルマンによって与えられた [63]．ここでは，このディフィー–ヘルマン (DH) 鍵共有方式を紹介する．

以下のように，利用者 A と B が安全でない通信路を使って秘密鍵 K を共有することをめざす．両者は位数が q の（乗法）群 $\mathbb{G}$ およびその生成元 G を用いる．

$$
\begin{array}{ll}
\mathbf{A} & \mathbf{B} \\
x \stackrel{U}{\leftarrow} \mathbb{Z}_q & y \stackrel{U}{\leftarrow} \mathbb{Z}_q \\
A = g^x & \\
\quad \xrightarrow{\quad A \quad} & \\
& \xleftarrow{\quad B \quad} \quad B = g^y \\
K_A = B^x & K_B = A^y
\end{array}
$$

この方式により正しく情報（鍵）が共有されることは，$K_A = (g^y)^x = g^{xy} = (g^x)^y = B^y$ により容易に確認できる．ディフィー–ヘルマン鍵共有方式では群 $\mathbb{G}$ として有限体上の情報群を用いたが，これを（有限体上の）楕円

曲線の群の上としても同様に実現できる（楕円ディフィー-ヘルマン鍵共有方式）．

受動的な攻撃に対する安全性は，通信路上を流れる $A = g^x$ および $B = g^y$ を盗聴しても，共有情報 $K = g^{xy}$ を計算することが困難であることにより担保される．この困難性の仮定（ディフィー-ヘルマン仮定）は，現在では標準的な仮定の一つとして認められている．また，その判定版の仮定である判定 DH (DDH: Decisional DH) 仮定（(g, g^x, g^y, g^{xy}) と (g, g^x, g^y, g^z)）が計算量的に識別不可能．ここで $x, y, z \xleftarrow{U} \mathbb{Z}_q$）も標準的な仮定とされている．

B.3 ディジタル署名

B.3.1 RSA 署名：PKCS#1 v1.5

以下に，PKCS#1 v1.5 を用いたディジタル署名の生成および検証手順を示す（図 B.8 参照）．

[鍵生成] RSA 暗号と基本的に同じで，公開鍵（検証鍵）が (n, e) およびハッシュ関数，秘密鍵（署名鍵）が d である．

[署名生成] まず選択したハッシュ関数で文書のハッシュ値を生成する．このハッシュ値にハッシュ関数の識別子（D-ID: Digest Algorithm Identifier）を連結させる．これに図 B.6 に示した EB を付加し（BT は "01" とする），秘密鍵（署名鍵）で RSA 復号（署名）して署名を作成する．

[検証] 署名を公開鍵（検証鍵）で RSA 暗号化し，暗号ブロック，D-ID，ハッシュ値を得る．次に，D-ID で指定されるハッシュ関数で受信した文書のハッシュ値を生成する．このハッシュ値と署名から得られたハッシュ値を比較し，一致した場合，正しい文書と認証する．署名のビット長が 8 の倍数でない場合，または RSA 暗号化で復元されたデータの BT が "01" でない場合はエラーとする．また，ハッシュ関数識別子で正しいハッシュ関数を識別できないときもエラーとする．

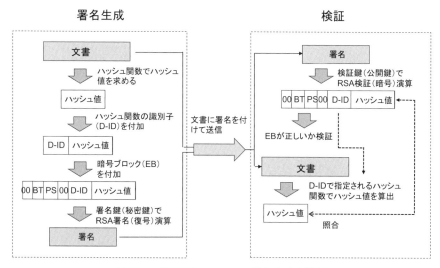

図 **B.8** PKCS#1 v1.5 の署名生成と検証

B.3.2 RSA-PSS 署名

2.2.2項で述べたように，RSA 署名の標準的な利用フォーマットを定めている PKCS#1（署名版）において，最新版 (v2.2) は RSA-PSS 署名 [21] に基づいている．以下に RSA-PSS 署名の紹介を行う．

[鍵生成] RSA 暗号と基本的に同じで（2つのハッシュ関数が公開鍵に追加される），公開鍵（検証鍵）が (n,e)，ハッシュ関数 $G(\{0,1\}^{k_1} \to \{0,1\}^{|n|-k_1-1})$ と $H(\{0,1\}^* \to \{0,1\}^{k_1})$，秘密鍵（署名鍵）が d である．

[署名作成] 文書 $m \in \{0,1\}^*$ が与えられたとき，秘密鍵（署名鍵）d（および公開鍵）を用いて，以下のように署名 $\sigma \in \mathbb{Z}_n^\times$ を計算する．

$$r \overset{\mathsf{U}}{\leftarrow} \{0,1\}^{k_0}, \quad w = H(m \parallel r), \quad r^* = G_1(w) \oplus r,$$
$$\sigma = (0 \parallel w \parallel r^* \parallel G_2(w))^d \bmod n.$$

なお，$G(w)$ の先頭 k_0 ビットを $G_1(w)$，残り $(|n|-k_1-k_0-1)$ ビットを $G_2(w)$ と記す．

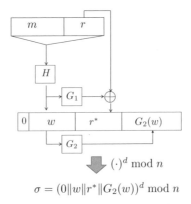

$$\sigma = (0\|w\|r^*\|G_2(w))^d \bmod n$$

図 **B.9** RSA-PSS の署名生成

[検証] 文書 m と署名 σ が与えられたとき，公開鍵（検証鍵）(n,e) および G, H を用いて以下の式が成立するかどうかにより署名検証する．
$(b \| w \| r^* \| \gamma) = \sigma^e \bmod n$ により求めた (b, w, r^*, γ) の値およびハッシュ関数 G, H を用いて，$r = r^* \oplus G_1(w)$ とし，以下が成立するかどうかにより正当な署名であるかどうかを判定する．

$$H(m \| r) = w \text{ かつ } G_2(w) = \gamma \text{ かつ } b = 0.$$

以上の署名手順を図 B.9 に示す．2.2.2 項で述べたように，RSA-PSS 署名は RSA 関数が一方向性であるという仮定（RSA 仮定）の下で，ランダムオラクルモデル（G, H に関して）[19] において望ましい安全性（EUF-CMA）をもつ [21]．

B.3.3 楕円 DSA (ECDSA) 署名

ここでは，ECDSA 署名方式を紹介する．なお，$(\ )_\mathbb{G}$ は $(\ )$ の中が $\mathbb{G}$ 上の演算であることを示し，その演算結果（楕円曲線上の点）の X-座標の値を出力する．

[鍵生成] 楕円エルガマル暗号と基本的に同じで，公開鍵（検証鍵）を $(\mathbb{G}, q, G, Y)$ およびハッシュ関数 $H : \{0,1\}^* \to \mathbb{Z}_q$ とし，秘密鍵（署名鍵）

を x とする.

[署名作成] 文書 $m \in \{0,1\}^*$ が与えられたとき,秘密鍵（署名鍵）x（および公開鍵）を用いて,以下のように署名 $(r,s) \in \mathbb{Z}_q^2$ を計算する.

$$t \xleftarrow{U} \mathbb{Z}_q, \quad r = (tG)_\mathbb{G} \bmod q, \quad s = (H(m) + xr)/t \bmod q.$$

[検証] 文書 m と署名 (r,s) が与えられたとき,公開鍵（検証鍵）$(\mathbb{G}, q, G, Y, H)$ を用いて以下の式が成立するかどうかにより検証する.

$$r \stackrel{?}{=} ((H(m)/s) \cdot G + (r/s) \cdot Y)_\mathbb{G} \bmod q.$$

正しく作られた署名が正当な署名と検証されることは,以下で確認できる.

$$(H(m)/s) \cdot G + (r/s) \cdot Y = (H(m) + rx)/s \cdot G = tG.$$

B.4 ハッシュ関数

B.4.1 SHA-2 (SHA-256)

SHA ファミリーのそれぞれのハッシュ関数の出力サイズ（ハッシュ値のサイズ）は固定で,SHA-1 のハッシュ値は 160 ビットであり,SHA-2 のハッシュ値は,224, 256, 384, 512 の種類がある [154]. これらはそれぞれ SHA-224, SHA-256, SHA-384, SHA-512 とよばれる（さらに,SHA-512/224, SHA-512/256 がある）.

図 B.10 に SHA-256 の計算フローの概要を示す.その仕様の詳細は [154] を参照されたい.以下は図 B.10 の説明で,①〜③は,図の番号に対応している.

① メッセージにパディング (padding) を付加し,長さを 512 ビットの整数倍にした後,512 ビット単位に分割する.パディングは次のように行う.

   1. メッセージの最終ビットの次に "1" を設定する.その後,最後の

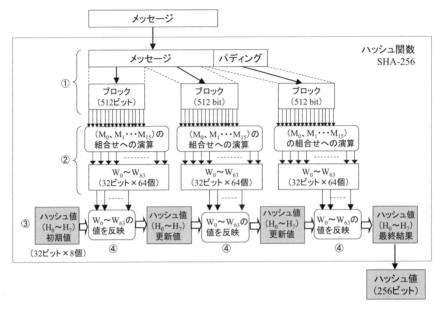

図 B.10　ハッシュ関数の演算フローの概要 (SHA-256)

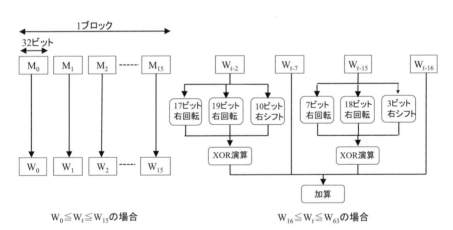

図 B.11　W_t ($t: 0 \sim 63$) の算出

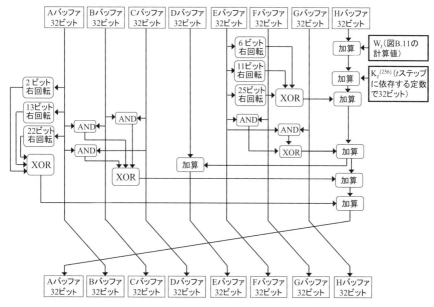

図 **B.12** ブロック内の各ステップ (t: 0〜63) におけるハッシュ値の演算

　　ブロックで 64 ビットを残し，"0" を設定する．
　2. 最後のブロックの末尾に 64 ビットの「メッセージ長」を設定する．
② 各ブロックを 16 個の 32 ビットワードに分割し (M_0〜M_{15})，それらを使用して，図 B.11 に示すようにブロックごとにビットの回転，ビットのシフト，XOR 演算，加算などを行うことにより，64 個の 32 ビットワード (W_0〜W_{63}) を得る．
③ ハッシュ値を 32 ビット ×8 個で構成し (H_0〜H_7)，全ブロックについて H_0〜H_7 と各ブロックの W_0〜W_{63} を使用した演算を行って，最終的に 256 ビットのハッシュ値を得る．ブロックの各ステップ (t: 0〜63) におけるハッシュ値の演算（図 B.10 の④）のフローを図 B.12 に示す．各ステップでは前のハッシュ値の各バッファ（32 ビット）の値 (H_0〜H_7)，ステップに対応する W_t，ステップに依存する定数 ($k_t^{\{256\}}$) より算出する．図 B.12 に示す演算をブロック内の全ステップについて行っ

た後，次のブロックのデータに対して行う．

SHA-256 は 32 ビット単位の処理を行うため 32 ビット演算系プロセッサの使用が，SHA-384 と SHA-512 は 64 ビット単位の処理を行うため 64 ビット演算系プロセッサの使用が適している．SHA-1 と SHA-2 では生成するデータや演算は異なるが，次のように，生成するデータや演算の種類，演算の手順はほぼ同様である．

1. メッセージをブロック（512 ビット）に分割し，ブロックのデータを SHA-1 と SHA-256 では 32 ビット単位に，SHA-384 と SHA-512 では 64 ビット単位に演算を行い，ブロックごとにワード (W_t) を生成する（図 B.11）．
2. ハッシュ値のバッファを SHA-1 と SHA-256 では 32 ビット単位に，SHA-384 と SHA-512 では 64 ビット単位に区切り，ブロックごとに W_t の値をもとに演算を繰り返す（図 B.12）．この演算を全ブロックに対し行う．

SHA-1 と SHA-2 における W_t の数と演算単位，ハッシュ値計算のためのバッファサイズの比較を表 B.1 に示す．なお，SHA-384 の演算アルゴリズムは SHA-512 とほぼ等しく，演算で生成するハッシュ値も SHA-512 と同様 512 ビットであるが，最終的に生成したハッシュ値の上位 384 ビットを使用し，それ以外の 128 ビットは切り捨てる．

NIST では，表 B.1 に示す 4 つの SHA-2 のほかに，2012 年 3 月に FIPS PUB 180-4 において SHA-512/224 と SHA-512/256 を追加規定している．これらは，SHA-384 と同様，SHA-512 のアルゴリズムを使用して計算し，出力データからハッシュ値としてそれぞれ 224 ビット，256 ビットを切り出すハッシュ関数である．

B.4.2　SHA-3

2.2.3 項で述べたように，SHA-3 は公募に対して応募された Keccak に基づいている [153]．以下，SHA-3 を含む Keccak のアルゴリズムについて述

B.4 ハッシュ関数

表 B.1 SHA の演算系とデータ構造の比較

	SHA-1	SHA-256	SHA-384	SHA-512
ワード (W_t) の数	80	64	80	80
ワード (W_t) の演算単位（ビット）	32	32	64	64
ハッシュ値の長さ	160	256	384	512

べる．

(1) スポンジ構造

Keccak はスポンジ (sponge) 構造とよばれる方法によるハッシュ関数である．スポンジ構造では固定長の置換 (permutation) とパディングに基づき動作を行い，（任意長の）入力データが内部状態に「吸収」され，そこから出力が「絞り出」される．また，スポンジ構造によりデータ変換を行う関数をスポンジ関数という．図 B.13 に，スポンジ構造を示す．置換関数 f で置換を行う内部状態のビット幅 ($b = r + c$) として，Keccak のアルゴリズムでは 25, 50, 100, 200, 400, 800, 1600 ビットが規定されているが，SHA-3 では 1600 ビットのみが使用されている．

スポンジ構造は，以下に示すような吸収 (absorbing) と搾出（絞り出し，squeezing）の 2 つのフェーズに分かれる．

[吸収フェーズでの処理] 入力メッセージを分割するブロックと内部状態の構成およびスポンジ関数の処理概要を図 B.14 に示す．以下は図 B.14 の説明で，①〜③は図の番号に対応している．

① 入力メッセージ M にパディングを行い，パディング後の長さ (p) を r（rate，SHA-2 のブロック長に相当）の整数倍とする．

② パディング後のメッセージ P を r ビットのデータに分割し，分割したデータを $P_0, P_1, P_2, \ldots, P_{n-1}$ ($n = p/r$) とする．

③ まず内部状態（b ビット）をオール "0" に初期化し，内部状態のデ

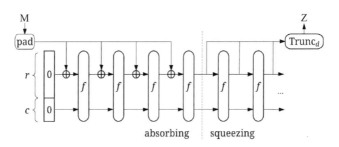

pad：パディング， r：rate， c：capacity， absorbing（吸収）， squeezing（搾出），
Trunc_d：出力データ（置換関数fで変換されたデータの上位dビットのデータ）

出典："SHA-3 Standard: Permutation Based Hash and Extendable-Output Functions", DRAFT FIPS PUB 202, Fig.7, May, 2014.

図 B.13 スポンジ構造

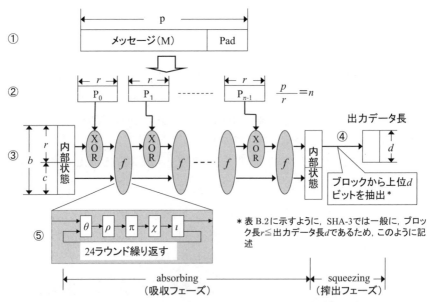

図 B.14 ブロックと内部状態の構成およびスポンジ関数の処理概要

ータと P_0（r ビット）の XOR 演算を行ったあと，関数 f で置換を行う．次に，この結果得られた内部状態の上位 r ビットと P_1（r ビット）の XOR 演算を行ったあと，内部状態に対する関数 f に

B.4 ハッシュ関数

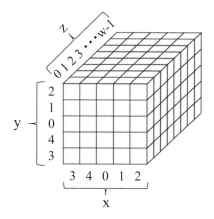

出典:"SHA-3 Standard: Permutation Based Hash and Extendable-Output Functions", DRAFT FIPS PUB 202, Fig.2, May, 2014.

図 **B.15** 関数 f で置換対象とする 3 次元データ

よる置換を行う．これを P_{n-1} まで繰り返す（関数 f の処理内容は (2) 参照）．

[搾出フェーズでの処理]

- 吸収フェーズで関数 f により置換された b ビットの上位 r ビット（Z_1 と記載）を搾出する．この場合，$r \geq d$ のとき，上位 d ビットのデータ（Trunc_d）を出力データとする（図 B.14 ④）．
- $r < d$ のとき，b ビットのデータを関数 f で置換し，置換した b ビットの上位 r ビット（Z_2 と記載）を搾出し，先に搾出したデータ Z_1 と連結する．これを，連結したデータ $Z_1, Z_2, \ldots, Z_i (i = 1, \ldots, i)$ のサイズが d ビット以上となるまで繰り返す．

(2) 置換関数 f の処理内容（図 B.14 ⑤）

Keccak では，関数 f で置換する b ビットのデータの状態 (state) を図 B.15 に示す 3 次元 ($x \leq 5, y \leq 5, z \leq w, w = b/25$) で表し，3 次元データの置換を図 B.16 の (a)〜(d) に示す 4 つのステップとラウンド定数との XOR 処理（t ステップ）で行う．これら 5 つの演算を $\theta, \rho, \pi, \chi, \iota$ の順にひととお

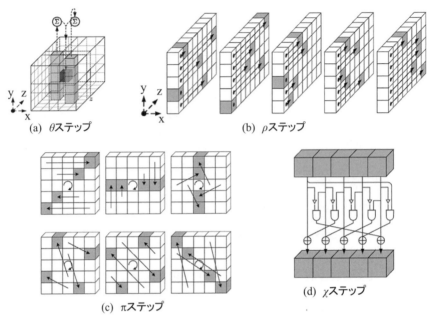

(a) θステップ (b) ρステップ (c) πステップ (d) χステップ

出典: "SHA-3 Standard: Permutation Based Hash and Extendable-Output Functions", DRAFT FIPS PUB 202, Fig.3-Fig.6, May, 2014.

図 **B.16** Keccak による置換処理

り行うことを1ラウンドといい，関数 f では $(12+2\ell)$ 回 $(\ell = \log_2 b/25)$ のラウンドを実行する．$b = 1600$ のとき $\ell = 6$ で，ラウンド数は $12 + 2 \times 6 = 24$ 回となる．

Keccak による置換 $\theta, \rho, \pi, \chi, \iota$ の各ステップの概要は以下のとおりであるが，全体を記載したものではない．詳細は [153] を参照されたい．

[**θ ステップ**] y 軸方向に XOR 演算を行って5ビットの列 (column) のパリティを計算し，隣接する2つの列のパリティの XOR 演算を行う．この演算結果と (x, z) が列の位置と等しい各点 $A(x, y, z)$ の間で XOR 演算を行う．

[**ρ ステップ**] (x, y) のデータを z 軸方向に回転する．(x, y) の位置と回転するビット数は特定の演算で決定する．

[**π ステップ**] 特定の z に対応する (x, y) 平面上のビットの位置を変える．

B.4 ハッシュ関数

表 **B.2** SHA-3 のパラメータ

関数	出力データ長 d（ビット）	内部状態長 b（ビット）	ブロック長 r（ビット）	ラウンド数（回）
SHA3-224	224	1600	1152*	24
SHA3-256	256	1600	1088*	24
SHA3-384	384	1600	832*	24
SHA3-512	512	1600	576*	24
SHAKE128	d（可変長）	1600	1344	24
SHAKE256	d（可変長）	1600	1088	24

*: ブロック長 $r = 1600 - c = 1600 - 2d$

この処理をすべての z の値について行う．新たなビットの位置は特定の演算で決定する．

[χ ステップ] すべての (y, z) について x 軸上の異なる 3 点の間で XOR, NOT, AND の演算を行い，結果を元の値と置き換える．

[ι ステップ] ラウンド（置換の各回）ごとに定数を決め，この定数と $(x, y) = (0, 0)$ の z 軸方向の値の間で XOR 演算を行う．

(3) SHA-3 で規定される Keccak の関数

SHA-3 では置換対象の b ビットの長さを 1600 ビット固定とし，Keccak の出力データ長（ハッシュ値の長さ）が 224, 256, 384, 512 ビットの Keccak を SHA3-224, SHA3-256, SHA3-384, SHA3-512 として定義している．ここで，出力データ長 (d) と capacity(d) の間には $c = 2d$ の関係がある．また capacity は 256, 512 ビットで，出力データ長が可変長である Keccak をそれぞれ SHAKE128, SHAKE256 として定義している．これら SHA-3 のパラメータを表 B.2 に示す．

SHA-2 などほかのハッシュ関数はブロック長が小さいため，複雑な撹拌を行うことにより衝突困難性を高め，安全性を確保している．一方 SHA-3 では，ブロック長および内部状態の長さを大きくとることにより，複雑な撹拌をしなくても安全性を確保できるようにしている．SHA-3 での撹乱

処理の単純さはハードウェアでの実装のしやすさと処理の高速化にとって有利であり，SHA-2 および SHA-3 の最終選定で残った他の候補よりも高速であった．また，SHA-2 では SHA-256 と SHA-512 で撹拌関数が異なるが，SHA-3 では同一の撹拌関数で実現するとともにブロック長と出力データ長の変更を可能とすることにより，将来の安全性への要求にも対応できるよう拡張性を確保している．

付録 C

仮想通貨で利用される ゼロ知識証明

　ZCash や Ethereum などの仮想通貨では，実用的な非対話ゼロ知識証明が使われている（4.5.2 項，[23, 35, 204] 参照）．それは，3.2.5 項で紹介した簡潔な知識の非対話ゼロ知識アーギュメント (**ZK-SNARK**) とよばれているものである．より具体的には，2013 年にジェナロら [85] によって **2 次スパン問題 (QSP)** に関する実用的な ZK-SNARK 方式が双線形写像に基づき構成され，それを 2 次算術問題 (QAP) を用いて改良した方式を実装したものが **Pinocchio** である [164]．これ以降，多くの実装が行われている．上記の仮想通貨では，この Pinocchio の実装を利用している．

　また，Pinocchio などをさらに改良した方式が 2016 年にグロスにより提案されており [102]，それが現時点では最も効率の良い ZK-SNARK 方式である．グロス方式も Pinocchio と同様に QAP を用いて構成されている．ここではまず ZK-SNARK の定義を述べ，そのあとに，グロスの ZK-SNARK の紹介を行う．

C.1　非対話ゼロ知識アーギュメント (ZK-SNARK) の定義

　3.2.5 項および付録 A.6.6 項で述べたように，多項式時間に限定した証明者 P に対して知識の健全性が成り立ち，無限の計算能力をもつ検証者 V に対して完全ゼロ知識性が成り立つような証明系を，知識のゼロ知識アーギュメントとよぶ．さらに，非対話で証明サイズが命題のサイズに依存しない知識のゼロ知識アーギュメントを簡潔な知識の非対話ゼロ知識アーギュメント **ZK-SNARK** (Zero-Knowledge Succinct Noninteractive ARgument of

Knowlege) とよぶ [85, 102]. 以下，その定義を述べる.

関係生成器 $\mathcal{R}$ は，セキュリティパラメータ k に関する 1^k を入力し多項式時間関係（**NP** 関係）$R \subseteq \{0,1\}^* \times \{0,1\}^*$ を出力する多項式時間アルゴリズムである．このとき $R \in \mathcal{R}(1^k)$ と表記し，R には 1^k の情報が含まれているとする．多項式時間関係（NP 関係）とは，$(x,w) \in \{0,1\}^* \times \{0,1\}^*$ が与えられたとき $(x,w) \in R$ を満たすかどうかが k の多項式時間で判定できるような関係 R である．$(x,w) \in R$ のとき，x を R の **NP 命題**（命題）とよび，w をその証拠とよぶ．

関係生成器 $\mathcal{R}$ に関する非対話証明は，以下の4つの（確率的）多項式時間アルゴリズム (Setup, Prove, Ver, Sim) で定められる．

[Setup（事前設定）] 信頼できる機関が用いるアルゴリズムであり，関係 $R = \mathcal{R}(1^k)$ を入力して CRS σ を出力する．

$$R \to \boxed{\text{Setup}} \to \sigma$$

[Prov（証明）] 証明者が用いるアルゴリズムであり，CRS σ および $(x,w) \in R$ を入力して証明 π を出力する．

$$(R, \sigma, x, w) \to \boxed{\text{Prov}} \to \pi$$

[Ver（検証）] 検証者が用いるアルゴリズムであり，CRS σ，命題 x および証明 π を入力して判定結果（1:合格/0:不合格）を出力する．

$$(R, \sigma, x, \pi) \to \boxed{\text{Ver}} \to 1/0$$

[Sim $= (\boldsymbol{S}_1, \boldsymbol{S}_2)$（シミュレーション）] シミュレータが用いるアルゴリズムであり，$\boldsymbol{S}_1$ は R を入力して（シミュレートした）CRS σ とトラップドア τ を出力し，$\boldsymbol{S}_2$ はトラップドア τ および命題 x を入力して（シミュレートした）証明 π を出力する．

$$R \to \boxed{\boldsymbol{S}_1} \to (\sigma, \tau)$$
$$(R, \tau, x) \to \boxed{\boldsymbol{S}_2} \to \pi$$

以下に示す条件を満足する非対話証明 (Setup, Prove, Ver, Sim) を，知識の非対話ゼロ知識アーギュメントとよぶ.

完全性 すべての $k \in \mathbb{N}$, $R \in \mathcal{R}(1^k)$, $(x,w) \in R$ に対して，

$$\Pr[\mathsf{Ver}(R,\sigma,x,\pi) = 1 \mid \sigma \xleftarrow{R} \mathsf{Setup}(R),\ \pi \xleftarrow{R} \mathsf{Prov}(R,\sigma,x,w)] = 1.$$

知識の計算量的健全性 どのような攻撃者 $\boldsymbol{A}$ (確率的多項式時間アルゴリズム) に対しても抽出器 $\boldsymbol{E_A}$ (確率的多項式時間アルゴリズム) が存在して，

$$\Pr[(x,w) \notin R \land \mathsf{Ver}(R,\sigma,x,\pi) = 1 \mid R \in \mathcal{R}(1^k),\ \sigma \xleftarrow{R} \mathsf{Setup}(R),$$
$$((x,\pi); w) \xleftarrow{R} (\boldsymbol{A} \| \boldsymbol{E_A})(R,\sigma)\ ] < \epsilon(k).$$

ここで，$(b; c) \xleftarrow{R} (\boldsymbol{A} \| \boldsymbol{E_A})(a)$ の b は a を (ランダムコイン r を用いた) $\boldsymbol{A}$ に入力した出力であり，c は $\boldsymbol{E_A}$ に a と r を入力したときの出力である [4].

完全ゼロ知識性 すべての $k \in \mathbb{N}$, $R \in \mathcal{R}(1^k)$, $(x,w) \in R$ に対して，以下の 2 つの分布 Real_k と Ideal_k が等しい.

$$\mathsf{Real}_k = \{(R,\sigma,x,\pi) \mid \sigma \xleftarrow{R} \mathsf{Setup}(R),\ \pi \xleftarrow{R} \mathsf{Prov}(R,\sigma,x,w)\},$$
$$\mathsf{Ideal}_k = \{(R,\sigma,x,\pi) \mid (\sigma,\tau) \xleftarrow{R} \boldsymbol{S}_1(R),\ \pi \xleftarrow{R} \boldsymbol{S}_2(R,\tau,x)\}.$$

C.2　2次算術問題 (QAP)

実用的なゼロ知識証明で証明したいこと (命題) は，上で述べた NP 関係 (NP 命題) として表現される．このような NP 関係 $R \in \mathcal{R}(1^k)$ は，セキュリティパラメータ k に関する多項式サイズの (ブール) 回路として表現できる．このときこの回路を算術化・数式化しておくと，その数学的な取り扱いが容易となり，NP 関係 R に関する効率的なゼロ知識証明への道が開ける．その一手法が 2 次算術問題 (Quadratic Arithmetic Program) である.

いま NP 命題 x とその証拠 w が算術化され $x = (s_1, \ldots, s_n) \in \mathbb{F}_p^n$, $w = (s_{n+1}, \ldots, s_m) \in \mathbb{F}_p^{m-n}$ として表現されているとする．このとき，NP 関係 R を以下のような 2 次算術式の形で表現できる．

定義 C.2.1（2 次算術問題）

（2 次算術問題で表現した）関係 R は $(\mathbb{F}_p, n, \{A_i(X), B_i(X), C_i(X)\}_{i=0,\ldots,m}, Z(X))$（ここで，$A_i(X), B_i(X), C_i(X), Z(X) \in \mathbb{F}_p[X]$）という形式で表され，命題 $x \in \mathbb{F}_p^n$ と証拠 $w \in \mathbb{F}_p^{m-n}$ に関して以下の関係が成立する．

$(x, w) \in R \Leftrightarrow s = (x, w)$ に関して式 (C.1) が成立するような $H(X)$ が存在．

$$(A_0(X) + \sum_{i=1}^m s_i A_i(X)) \cdot (B_0(X) + \sum_{i=1}^m s_i B_i(X))$$
$$= C_0(X) + \sum_{i=1}^m s_i C_i(X) + H(X) \cdot Z(X). \quad (C.1)$$

ここで，$Z(X)$ の次数が d のとき，$H(X) \in \mathbb{F}_p[X]$ の次数は $d-2$．

（適当な計算機言語の表現として）NP 命題と証拠が与えられたとき，それを算術表現 $s = (x, w)$ と 2 次算術問題の関係 R として表現する必要がある．2 次算術問題の計算機実装では，そのような表現変換ツール（コンパイラ）が使われる [164, 23]．

C.3 グロスの ZK-SNARK

現時点で最も効率の良い ZK-SNARK であるグロスの方式 [102] を紹介する．この方式は，QAP（C.2 節参照）で表現された NP 関係に対して双線形写像（付録 A.4 節参照）を用いて構成されている．

[セットアップ] 2 次算術問題で表現した NP 関係 $R = (\mathbb{F}_p, n, \{A_i(X), B_i(X), C_i(X)\}_{i=0,\ldots,m}, Z(X))$ を入力して，p を位数とする双線形写

C.3 グロスのZK-SNARK

像群 $(\mathbb{G}_1, \mathbb{G}_2, \mathbb{G}_T)$（ここで，双線形写像 $e : \mathbb{G}_1 \times \mathbb{G}_2 \to \mathbb{G}_T$）を定め，以下を生成する．

- $P_1 \xleftarrow{U} \mathbb{G}_i,\ P_2 \xleftarrow{U} \mathbb{G}_2$
- $\alpha, \beta, \gamma, \delta \xleftarrow{U} \mathbb{F}_p^\times,\ \tau \xleftarrow{U} \mathbb{F}_p\ (Z(\tau) \neq 0)$
- $\mathsf{vk} = (P_1, P_2, \mathsf{vk}_T, \mathsf{vk}_\gamma', \mathsf{vk}_\delta', \{\mathsf{vk}_{L,i}\}_{i=0,\dots,n})$

  $\mathsf{vk}_T = e(P_1, P_2)^{\alpha\beta},\quad \mathsf{vk}_\gamma' = \gamma P_2,\quad \mathsf{vk}_\delta' = \delta P_2,$

  $\mathsf{vk}_{L,i} = \gamma^{-1}(\beta A_i(\tau) + \alpha B_i(\tau) + C_i(\tau))P_1\ (i = 0, \dots, n)$

- $\mathsf{pk} = (\mathsf{pk}_\alpha, \mathsf{pk}_\beta, \mathsf{pk}_\beta', \mathsf{pk}_\delta, \mathsf{pk}_\delta', \mathsf{pk}_H, \mathsf{pk}_H', \mathsf{pk}_K, \mathsf{pk}_Z)$

  $\mathsf{pk}_\alpha = \alpha P_1,\ \mathsf{pk}_\beta = \beta P_1,\ \mathsf{pk}_\beta' = \beta P_2,\ \mathsf{pk}_\delta = \delta P_1,\ \mathsf{pk}_\delta' = \delta P_2,$

  $\mathsf{pk}_{H,i} = \tau^i P_1,\ \mathsf{pk}_{H,i}' = \tau^i P_2\ (i = 0, \dots, d-1)$

  $\mathsf{pk}_{K,i} = \delta^{-1}(\beta A_i(\tau) + \alpha B_i(\tau) + C_i(\tau))P_1\ (i = n+1, \dots, m)$

  $\mathsf{pk}_{Z,i} = \delta^{-1}\tau^i Z(\tau)P_1\ (i = 0, \dots, d-2)$

- $\mathsf{crs} = (\mathsf{vk}, \mathsf{pk})$ を出力.

[証明作成] 関係 R, $\mathsf{crs} = (\mathsf{vk}, \mathsf{pk})$ および命題と証拠 $\vec{s} \in \mathbb{F}_p^m$ を入力として以下のとおり証明を作成する．ここで，$\{a_{i,j}\}, \{b_{i,j}\}$ は $A_i(X)$, $B_i(X)$ の係数 $(i = 0, \dots, m,\ j = 0, \dots, d-1)$ である．

1. 式 (C.1) を満たす $H(X) = h_0 + h_1 X + \cdots + h_{d-2} X^{d-2} \in \mathbb{F}_p[X]$ を計算する．
2. $r, s \xleftarrow{U} \mathbb{F}_p,$

$$\pi_A = \mathsf{pk}_\alpha + \sum_{j=0}^{d-1}(a_{0,j} + s_i \sum_{i=1}^{m} a_{i,j})\mathsf{pk}_{H,j} + r\,\mathsf{pk}_\delta,$$

$$\pi_B' = \mathsf{pk}_\beta' + \sum_{j=0}^{d-1}(b_{0,j} + s_i \sum_{i=1}^{m} b_{i,j})\mathsf{pk}_{H,j}' + s\,\mathsf{pk}_\delta',$$

$$\pi_{B,\mathsf{aux}} = \mathsf{pk}_\beta + \sum_{j=0}^{d-1}(b_{0,j} + s_i \sum_{i=1}^{m} b_{i,j})\mathsf{pk}_{H,j} + s\,\mathsf{pk}_\delta,$$

$$\pi_C = \sum_{i=n+1}^{m} s_i \mathsf{pk}_{K,i} + \sum_{j=0}^{d-2} h_j \mathsf{pk}_{Z,j} + s\pi_A + r\pi_{B,\mathsf{aux}} + rs\,\mathsf{pk}_\delta.$$

3. 証明 $\pi = (\pi_A, \pi_B', \pi_C)$ を出力する.

[検証] 関係 R, vk, 命題 $\vec{x} \in \mathbb{F}_p^n$ および証明 $\pi \in \mathbb{G}_1^2 \times \mathbb{G}_2$ を以下のように検証する.

1. $\mathsf{vk}_x = \mathsf{vk}_{L,0} + \sum_{i=1}^{n} x_i \mathsf{vk}_{L,i}$ を計算.
2. 以下の検証式を満足するならば受理する.

$$e(\pi_A, \pi_B') = \mathsf{vk}_T \cdot e(\mathsf{vk}_x, \mathsf{vk}_\gamma') \cdot e(\pi_C, \mathsf{vk}_\delta').$$

[シミュレーション] (S_1, S_2) は, それぞれ以下を作成する.

S_1

1. 関係 R を入力として, セットアップと同様に $\alpha, \beta, \gamma, \delta \xleftarrow{\mathsf{U}} \mathbb{F}_p^\times, \tau \xleftarrow{\mathsf{U}} \mathbb{F}_p\ (Z(\tau) \neq 0)$ を用いて, $\mathsf{crs} = (\mathsf{vk}, \mathsf{pk})$ を生成する.
2. $\mathsf{crs} = (\mathsf{vk}, \mathsf{pk})$ およびトラップドア $(\alpha, \beta, \gamma, \delta, \tau)$ を出力する.

S_2

1. 関係 R, トラップドア $(\alpha, \beta, \gamma, \delta, \tau)$ および $x = (s_1, \ldots, s_n) \in \mathbb{F}_p^n$ を入力として, 以下を作成する. ここで, $s_0 = 1$ とする.

$$a, b \xleftarrow{\mathsf{U}} \mathbb{F}_p,$$
$$c = \delta^{-1}\left(ab - \alpha\beta - \sum_{i=0}^{n} s_i(\beta A_i(\tau) + \alpha B_i(\tau) + C_i(\tau))\right),$$
$$\pi_A = aP_1, \pi_B' = bP_2, \pi_C = cP_1.$$

2. 証明 $\pi = (\pi_A, \pi_B', \pi_C)$ を出力する.

まず, 2次算術問題で表現された関係 $R = (\mathbb{F}_p, n, \{A_i(X), B_i(X), C_i(X)\}_{i=0,\ldots,m}, Z(X))$ および $\mathsf{crs} = (\mathsf{vk}, \mathsf{pk})$ における正しい命題と証拠 $\vec{s} = (\vec{x}, \vec{w}) \in \mathbb{F}_p^{n+(m-n)}$ を用いて正しく作成された証明 $\pi = (\pi_A, \pi_B', \pi_C)$

C.3 グロスの ZK-SNARK

が正しく検証されることを確認しよう.

$e(\pi_A, \pi'_B)$
$= e(\alpha P_1 + \sum_{j=0}^{d-1}(a_{0,j} + s_i \sum_{i=1}^{m} a_{i,j})\tau^j P_1 + r\delta P_1,$
$\beta P_2 + \sum_{j=0}^{d-1}(b_{0,j} + s_i \sum_{i=1}^{m} b_{i,j})\tau^j P_2 + s\delta P_2)$
$= e(P_1, P_2)^{(\alpha + \sum_{j=0}^{d-1}(a_{0,j} + s_i \sum_{i=1}^{m} a_{i,j})\tau^j + r\delta) \cdot (\beta + \sum_{j=0}^{d-1}(b_{0,j} + s_i \sum_{i=1}^{m} b_{i,j})\tau^j + s\delta)}$
$= e(P_1, P_2)^{(\alpha + A_0(\tau) + s_i \sum_{i=1}^{m} A_i(\tau) + r\delta) \cdot (\beta + B_0(\tau) + s_i \sum_{i=1}^{m} B_i(\tau) + s\delta)}$
$= e(P_1, P_2)^{\alpha\beta + \alpha(\ldots) + \beta(\ldots) + (A_0(\tau) + s_i \sum_{i=1}^{m} A_i(\tau)) \cdot (B_0 + s_i \sum_{i=1}^{m} B_i(\tau)) + s\delta(\ldots) + r\delta(\ldots) + sr\delta^2}$
$= e(P_1, P_2)^{\alpha\beta + \alpha(\ldots) + \beta(\ldots) + (C_0(\tau) + s_i \sum_{i=1}^{m} C_i(\tau) + H(\tau)Z(\tau)) + s\delta(\ldots) + r\delta(\ldots) + sr\delta^2}$
$= e(P_1, P_2)^{\alpha\beta + (\beta A_0(\tau) + \alpha B_0 + C_0(\tau)) + s_i \sum_{i=1}^{m} (\beta A_i(\tau) + \alpha B_i(\tau) + C_i(\tau)) + H(\tau)Z(\tau)}$
$\quad \cdot e(P_1, P_2)^{s\delta(\alpha + A_0(\tau) + s_i \sum_{i=1}^{m} A_i(\tau)) + r\delta(\beta + B_0 + s_i \sum_{i=1}^{m} B_i(\tau)) + sr\delta^2},$

$\mathsf{vk}_T \cdot e(\mathsf{vk}_x, \mathsf{vk}'_\gamma)$
$= e(P_1, P_2)^{\alpha\beta} \cdot e(P_1, P_2)^{\gamma\gamma^{-1}((\beta A_0(\tau) + \alpha B_0(\tau) + C_0(\tau)) + \sum_{i=1}^{n} s_i(\beta A_i(\tau) + \alpha B_i(\tau) + C_i(\tau))}$
$= e(P_1, P_2)^{\alpha\beta + (\beta A_0(\tau) + \alpha B_0(\tau) + C_0(\tau)) + \sum_{i=1}^{n} s_i(\beta A_i(\tau) + \alpha B_i(\tau) + C_i(\tau))}$

$e(\pi_C, \mathsf{vk}'_\delta)$
$= e(P_1, P_2)^{\sum_{i=n+1}^{m} s_i(\beta A_i(\tau) + \alpha B_i(\tau) + C_i(\tau)) + H(\tau)Z(\tau)}$
$\quad \cdot e(P_1, P_2)^{\delta s(\alpha + A_0(\tau) + s_i \sum_{i=1}^{m} A_i(\tau) + r\delta) + \delta r(\beta + B_0 + s_i \sum_{i=1}^{m} B_i + s\delta) + rs\delta^2}.$

以上より, $e(\pi_A, \pi'_B) = \mathsf{vk}_T \cdot e(\mathsf{vk}_x, \mathsf{vk}'_\gamma) \cdot e(\pi_C, \mathsf{vk}'_\delta)$ が確認できる.

次に, この方式が完全ゼロ知識であること(シミュレーションの出力した CRS および証明が現実の CRS および証明と同一の確率分布であること)は, 以下のような考察により確認できる.

シミュレーションによる CRS は現実の CRS と全く同じである. 現実の証明の π_A および π'_B は $r, s \xleftarrow{U} \mathbb{F}_p$ であることより, シミュレーションによる証明 $\pi_A = aP_1, \pi'_B = bP_2, (a, b \xleftarrow{U} \mathbb{F}_p)$ と同じ確率分布となる. CRS と (π_A, π'_B) および $\vec{x}$ を定めたとき, π_C は現実とシミュレーションで同じ値に定まる. 以上より, シミュレーションによる証明が現実の証明と同じ分布であることが確認できる.

最後に, 双線形群のジェネリック群モデルにおいて知識の健全性が満たされることを直観的に説明する. ジェネリック群モデルでは群演算はすべてオ

ラクルに依頼して得られるため，検証式を満足するような証明 (π_A, π'_B, π_C) の値は，crs として公開された値から出発してオラクルに繰り返し問い合わせて得られた値となっている．つまり，crs の値から最終的に得られた証明 (π_A, π'_B, π_C) の値の関係式は，どのような値をオラクルに問い合わせたかの情報から具体的に書き下すことができる．この具体的関係式より，非常に高い確率で証拠 $\vec{w} = (s_{n+1,\ldots,s_m})$ の値が求められる．

付録 D

格子暗号の実現例

D.1 レゲフ公開鍵暗号方式

ここでは，2005 年にレゲフにより提案された LWE 仮定に基づく公開鍵暗号方式を紹介する [171]．この方式は，$(g^x)^y = (g^y)^x$ の性質を用いたエルガマル暗号（ディフィー–ヘルマン鍵共有）と同様に $(\bm{s}^{\mathrm{T}}\bm{A})\bm{x} = \bm{s}^{\mathrm{T}}(\bm{A}\bm{x})$ を用いるものである．

[鍵生成]　1^n を入力とし，LWE 分布 $(\bar{\bm{A}} \xleftarrow{\mathsf{U}} \mathbb{Z}_q^{n\times m}, \bm{b}^{\mathrm{T}} = \bm{s}^{\mathrm{T}}\bar{\bm{A}} + \bm{e}^{\mathrm{T}}) \xleftarrow{\mathsf{R}} \mathcal{A}_{\bm{s},\chi}$ を作る（ここで，$m \approx (n+1)\log q$．$\bm{A}$ を以下のように定める．

$$\bm{A} = \begin{bmatrix} \bar{\bm{A}} \\ \bm{b}^{\mathrm{T}} \end{bmatrix} \in \mathbb{Z}_q^{(n+1)\times m}.$$

公開鍵を $\bm{A}$，秘密鍵を $\bm{s}$ とする．なお，$(-\bm{s},1)^{\mathrm{T}} \cdot \bm{A} = \bm{e}^{\mathrm{T}} \approx \vec{0}^m$ となることに注意する．

[暗号化]　平文 $\mu \in \{0,1\}$ に対し，$\bm{x} \xleftarrow{\mathsf{U}} \{0,1\}^m$ を選んで，以下を計算し，$\bm{c}$ を暗号文とする．

$$\bm{c} = \bm{A}\bm{x} + (\vec{0}^n, \mu \cdot \lfloor q/2 \rfloor) \in \mathbb{Z}_q^{n+1}.$$

[復号]　秘密鍵 $\bm{s}$ を用いて以下を計算する．

$$\begin{aligned}(-\bm{s},1)^{\mathrm{T}} \cdot \bm{c} &= (-\bm{s},1)^{\mathrm{T}} \cdot \bm{A}\bm{x} + (-\bm{s},1)^{\mathrm{T}} \cdot (\vec{0}^n, \mu \cdot \lfloor q/2 \rfloor) \\ &= \bm{e}^{\mathrm{T}} \cdot \bm{x} + \mu \cdot \lfloor q/2 \rfloor \approx \mu \cdot \lfloor q/2 \rfloor.\end{aligned}$$

上記計算結果が 0 に近いか $\lfloor q/2 \rfloor$ に近いかで，0 か 1 を出力．

この方式の安全性は，LWE 仮定（判定版）の下で IND-CPA である（受動的攻撃に対して強秘匿）．その証明は，まず LWE 仮定により b が一様にランダムなベクトルと識別不可であり，A も一様にランダムな行列と識別不可となることが示される．そのとき，レフトオーバーハッシュ補題により (A, Ax) は $(A, u \xleftarrow{\mathsf{U}} \mathbb{Z}_q^n)$ と統計的識別不可となり，強秘匿であることが示される．

この方式を能動的な攻撃に対しても安全である (IND-CCA2) ようにするためには，ランダムオラクルを用いた藤崎–岡本変換 [78, 79] を適用する方法や，標準モデルでロッシー関数を用いる方式などが知られている [169]．

D.2 双対レゲフ公開鍵暗号方式

前節でレゲフ暗号方式が $(s^\mathrm{T} A)x = s^\mathrm{T}(Ax)$ の性質を用いていることを述べたが，そこでは $s^\mathrm{T} A$ の部分を公開鍵に用いて Ax を暗号文に用いた．それらの役割を逆転させ，$s^\mathrm{T} A$ の部分を暗号文に用いて，Ax を公開鍵に用いることもできる．そのようにして作られた暗号方式が双対レゲフ暗号であり，2008 年にジェントリ，パイカート (Peikert)，バイクンタナサンにより提案された [87]．

[鍵生成] 1^n を入力として $x \xleftarrow{\mathsf{U}} \{0,1\}^m$ および $\bar{A} \xleftarrow{\mathsf{U}} \mathbb{Z}_q^{n \times m}$ を選び ($m \approx (n+1)\log q$)，$u = \bar{A}x$ を計算し，x を秘密鍵として，$A = [\bar{A} \mid u] \in \mathbb{Z}_q^{n \times (m+1)}$ を公開鍵とする．なお，$A \cdot (-x, 1) = \vec{0}^n$ となることに注意．

[暗号化] 平文 $\mu \in \{0,1\}$ に対し，LWE 秘密情報 $s \xleftarrow{\mathsf{U}} \mathbb{Z}_q^n$ を選び，$c^\mathrm{T} = s^\mathrm{T} A + e^\mathrm{T} + (\vec{0}^m, \mu \cdot \lfloor q/2 \rfloor) \in \mathbb{Z}_q^{m+1}$ を暗号文とする．

[復号] 秘密鍵 x を用いて以下を計算する．

$$c^\mathrm{T} \cdot (-x, 1) = e^\mathrm{T} \cdot (-x, 1) + \mu \cdot \lfloor q/2 \rfloor \approx \mu \cdot \lfloor q/2 \rfloor.$$

上記計算結果が 0 に近いか $\lfloor q/2 \rfloor$ に近いかで，0 か 1 を出力．

レゲフ方式と同様に，双対レゲフ方式も LWE 仮定（判定版）の下で受動的攻撃に対する強秘匿性 (IND-CPA) が成り立つ．この場合，まずレフトオーバーハッシュ補題を用いて公開鍵 $\boldsymbol{A}$ が一様ランダムな分布と統計的識別不可であることを示す．このとき，LWE 仮定の下で暗号文の LWE 分布が一様分布と識別不可であるため，強秘匿性が成り立つ．

D.3 GPV 署名方式

付録 A.5.4 項で紹介した LWE 問題に関するトラップドア [139] を用いたディジタル署名方式が以下に紹介するジェントリ，パイカート，バイクンタナサンにより提案された GPV 署名である [87]．

[鍵生成]　1^n を入力として A.5.4 項で紹介した方法で $\boldsymbol{A} \in \mathbb{Z}_q^{n \times m}$ およびトラップドア $\boldsymbol{T}$ を生成し，$\boldsymbol{A}$ および適当なハッシュ関数 $H : \{0,1\}^* \to \mathbb{Z}_q^n, (q, \beta)$ を公開鍵とし，$\boldsymbol{T}$ を秘密鍵とする．

なお，$\boldsymbol{T}$ を用いて $\boldsymbol{A}$ に関する SIS 問題が効率的に解けることに注意．

[署名]　文書 $M \in \{0,1\}^*$ に対し，ハッシュ関数 H を用いて $H(M) \in \mathbb{Z}_q^n$ を計算する．次に，トラップドア $\boldsymbol{T}$ を用いて，式 (D.1) を満足する離散正規分布の $\sigma \in \mathbb{Z}_q^m$ を求める．M に対する署名が $\boldsymbol{\sigma}$ である．

$$\boldsymbol{A}\boldsymbol{\sigma} = H(M), \quad \|\boldsymbol{\sigma}\| < \beta. \tag{D.1}$$

[検証]　公開鍵 $\boldsymbol{A}, H, \beta$ を用いて式 (D.1) が成立するかを検証する．

この方式により，H をランダムオラクルとしたときに，（パラメータ β に関する）SIS 仮定の下で能動的な攻撃に対して存在的偽造不可 (EUF-CMA) であることが示せる．この証明は，従来のフルドメインハッシュ署名の証明とほぼ同様である．この方式と同様に，ID ベース暗号を構成するのは容易である [87]．

D.4 ルバシェフスキー認証方式および署名方式

ネットワークを経由して通信相手の正当性を確認するものが認証方式である．単純なパスワード方式などは安全上の問題があるため，チャレンジ-レスポンスをベースとして対話的な認証方式が用いられており，その安全性が証明されている．その中でも3交信認証方式は（フィアット-シャミア変換を用いて）署名への変換が知られているため，特に有用である（2.1.6項参照）．以下では，格子に基づくルバシェフスキー (Lyubashevsky) の3交信認証方式 [125] を紹介し，その署名への変換を示す．

ルバシェフスキー認証方式では，まず初期設定として各利用者の秘密鍵と公開鍵を生成する．この方式の安全性は SIS 仮定（定義A.5.3）の下で示されるので，ここで利用するパラメータ $(n, m, q \in \mathbb{N}, \beta \in \mathbb{R}, \boldsymbol{A} \xleftarrow{\mathsf{U}} \mathbb{Z}_q^{n \times m}$ など）は SIS 仮定で用いるものと同じであり，認証システムの共通パラメータとして利用者に共有されているものとする．

ある利用者（証明者）の秘密鍵は $\boldsymbol{x} \xleftarrow{\mathsf{U}} \{0,1\}^m$ であり，その公開情報は $\boldsymbol{u} = \boldsymbol{A}\boldsymbol{x} \in \mathbb{Z}_q^n$ とする．

認証プロトコルでは，利用者（証明者）は，公開鍵 $\boldsymbol{u}$ に対応する秘密鍵をもっていることを検証者に対して証明しようとする．まず，その基本となる3回の交信による認証プロトコルを以下に示す．

利用者（証明者）		検証者
$\boldsymbol{y} \xleftarrow{\mathsf{U}} \{0,\ldots,5m-1\}^m$		
$\boldsymbol{v} = \boldsymbol{A}\boldsymbol{y}$	$\xrightarrow{\quad \boldsymbol{v} \quad}$	
	$\xleftarrow{\quad c \quad}$	$c \xleftarrow{\mathsf{U}} \{0,1\}$
$\boldsymbol{z} = c\boldsymbol{x} + \boldsymbol{y}$		
$\boldsymbol{z} \in \{1,\ldots,5m-1\}^m$ ならば	$\xrightarrow{\quad \boldsymbol{z} \quad}$	以下の検証を行う
		$\boldsymbol{A}\boldsymbol{z} \stackrel{?}{=} c\boldsymbol{u} + \boldsymbol{v}$
		$\boldsymbol{z} \stackrel{?}{\in} \{1,\ldots,5m-1\}^m$

D.4 ルバシェフスキー認証方式および署名方式

　実際の認証プロトコルでは，以上の基本プロトコルを並列的に n 回繰り返す．なお，並列的に繰り返すので交信回数は 3 回のままである．この認証方式の安全性証明は，従来知られている手法と同様に証拠識別不可能性 (WI: Witness Indistinguishability) と知識の証明という性質を用いる [72, 156].

　まず，公開鍵 $(\boldsymbol{A}, \boldsymbol{u})$ を与えられたとき，$\boldsymbol{u} = \boldsymbol{A}\boldsymbol{w}$ を満足する解（証拠）$\boldsymbol{w}$ は多数存在する．つまり，秘密鍵 $\boldsymbol{x}$ はこのような多数ある解（証拠）$\boldsymbol{w}$ の中の一つである．次に，この認証プロトコルの 1 ラウンド（基本プロトコル）のみに着目する．このとき，検証者から見える情報（ビュー）からは，多数の証拠の中でどの証拠を証明者が秘密鍵として実際に使ったかは情報理論的に（検証者が無限の計算能力をもっていても）分からない．このような性質を証拠識別不可能性 (WI) という．この性質は並列に n 回繰り返しても成立するので，この認証プロトコルは WI である．

　一方この認証プロトコルでは，検証者に（高い確率で）受理されるような（証明者になりすませる）攻撃者がいたならば，その攻撃者をブラックボックスとして利用して証拠を取り出す抽出アルゴリズムが構成できる．このような性質を知識の証明とよぶ．もし，ある攻撃者が正しい利用者とこの認証プロトコルを実行した後にその利用者のなりすましに成功したとすると，その攻撃者を利用して $\boldsymbol{A}$ に関する SIS 問題を解くことができる．そのために，まず正しい利用者の秘密鍵 $\boldsymbol{x}$ および公開鍵 $\boldsymbol{u} = \boldsymbol{A}\boldsymbol{x}$ を設定し，攻撃者に対して認証プロトコルを実行する．次に，その攻撃者がなりすましに成功すれば，抽出アルゴリズムを用いて証拠 $\boldsymbol{w}$ を取り出す ($\boldsymbol{u} = \boldsymbol{A}\boldsymbol{w}$)．WI の性質より $\boldsymbol{x}$ と $\boldsymbol{w}$ は独立なので，高い確率で $\boldsymbol{x} \neq \boldsymbol{w}$ であり，$\boldsymbol{x} - \boldsymbol{w}$ は，$\boldsymbol{A}(\boldsymbol{x} - \boldsymbol{w}) = \boldsymbol{0}$ を満たす，つまり $\boldsymbol{A}$ に関する SIS 問題の解となっている．

　このような 3 交信認証方式に基づき，フィアット-シャミア変換を用いて署名方式を構成することができる．3 交信認証方式を $(\boldsymbol{v}_i)_{i=1,\ldots,n}$, $(c_i)_{i=1,\ldots,n}$, $(\boldsymbol{x}_i)_{i=1,\ldots,n}$ とすると，署名方式は以下のようになる．

[鍵生成]　1^n を入力として $\boldsymbol{x} \xleftarrow{U} \{0,1\}^m$ を秘密鍵とし，$\boldsymbol{A} \xleftarrow{U} \mathbb{Z}_q^{n \times m}$, $\boldsymbol{u} = \boldsymbol{A}\boldsymbol{x}$, および適当なハッシュ関数 $H: \{0,1\}^* \to \{0,1\}^n\}$, (q, β) を公開

鍵とする.

[署名] 文書 $M \in \{0,1\}^*$ に対し, $(\boldsymbol{y}_i)_{i=1,\ldots,n}$ から認証方式の $(\boldsymbol{v}_i)_{i=1,\ldots,n}$ を生成しハッシュ関数 H を用いて $(c_i)_{i=1,\ldots,n} = H(M, (\boldsymbol{v}_i)_{i=1,\ldots,n}) \in \{0,1\}^n$ を計算する. $(\boldsymbol{y}_i)_{i=1,\ldots,n}$ と $(c_i)_{i=1,\ldots,n}$ より, 認証方式の $(\boldsymbol{z}_i)_{i=1,\ldots,n}$ を生成する. $\boldsymbol{z}_i \stackrel{?}{\in} \{1,\ldots,5m-1\}^m$ を検証し, 満たさないものがあれば, $(\boldsymbol{v}_i)_{i=1,\ldots,n}$ の生成に戻る. 署名は, $(c_i)_{i=1,\ldots,n}$ と $(\boldsymbol{z}_i)_{i=1,\ldots,n}$ とする.

[検証] $i = 1,\ldots,n$ に対して, $\boldsymbol{z}_i \stackrel{?}{\in} \{1,\ldots,5m-1\}^m$ を検証する. また, $\boldsymbol{v}_i = \boldsymbol{A}\boldsymbol{z}_i - c_i\boldsymbol{u}$ を計算し, $(c_i)_{i=1,\ldots,n} \stackrel{?}{=} H(M, (\boldsymbol{v}_i)_{i=1,\ldots,n}) \in \{0,1\}^n$ を検証する. 以上がすべて成立していれば合格とする.

上記の方式に基づき効率を改善した方式が提案されており [106], さらに環 LWE 上でソフトウェア実装された方式は **BLISS** とよばれ [68], ポスト量子暗号の署名として仮想通貨でも使われている.

D.5 環 LWE 仮定に基づく効率的公開鍵暗号

LWE 仮定に基づくレゲフ暗号方式の効率を改善したリンドナー–パイカート (Lindner-Peikert) 方式 [123] を環 LWE 仮定版に変換した方式を以下に紹介する [126, 127].

[鍵生成] 1^n を入力として環 LWE 分布と同じパラメータ設定を行う. つまり, $m, q \in \mathbb{N}$ に対して (q, m は n の多項式で表現できる), (円分) 環 $R = \mathbb{Z}[X]/(f(X))$ ($f(X)$ の次数は n) およびその剰余環 $R_q = R/qR = \mathbb{Z}_q[X]/(f(X))$ を定め, χ を R 上の確率分布とする. $\boldsymbol{a} \stackrel{U}{\leftarrow} R_q$, $\boldsymbol{s} \stackrel{R}{\leftarrow} \chi$, $\boldsymbol{e} \stackrel{R}{\leftarrow} \chi$ のとき, $\boldsymbol{b} = \boldsymbol{s} \cdot \boldsymbol{a} + \boldsymbol{e} \in R_q$ とする. 公開鍵を $(\boldsymbol{a}, \boldsymbol{b})$ とし, 秘密鍵を $\boldsymbol{s}$ とする.

[暗号化] 平文 $\mu \in R_2$ (n ビットの値に対応) に対し, $\boldsymbol{r}, \boldsymbol{e}_0, \boldsymbol{e}_1 \stackrel{R}{\leftarrow} \chi$ を選んで, $\boldsymbol{c}_0 = \boldsymbol{a} \cdot \boldsymbol{r} + \boldsymbol{e}_0 \in R_q, \boldsymbol{c}_1 = \boldsymbol{b} \cdot \boldsymbol{r} + \boldsymbol{e}_1 + m \cdot \lfloor q/2 \rfloor \in R_q$ を計算し, $\boldsymbol{c} = (\boldsymbol{c}_0, \boldsymbol{c}_1)$ を暗号文とする.

[復号] 秘密鍵 $\boldsymbol{s}$ を用いて以下を計算する.

$$c_1 - s \cdot c_0 = (s \cdot a + e) \cdot r + e_1 + m \cdot \lfloor q/2 \rceil - s \cdot (a \cdot r + e_0)$$
$$\approx m \cdot \lfloor q/2 \rceil.$$

上記計算結果（R_q の要素）の各次数（0 から $n-1$）の係数が 0 に近いか $\lfloor q/2 \rceil$ に近いかで，R_2 の値を出力する．

この方式の安全性は，環 LWE 仮定（判定版）の下で IND-CPA である（受動的攻撃に対して強秘匿）[126, 127].

付録 E

完全準同型暗号の実現例

E.1 GSW 完全準同型暗号方式

本章では，現在知られている完全準同型暗号方式で最も優れた性能をもつ，いわゆる第 3 世代完全準同型暗号の GSW(Gentry-Sahai-Waters) 暗号方式の説明を行う [88, 168]．この方式は格子に基づいており，LWE 仮定の下で安全（受動的攻撃に対して強秘匿：IND-CPA）である．

6.1 節でも述べたように完全準同型暗号は公開鍵暗号であり，さらに加算と乗算に対して準同型性をもつものである．そこで，以下ではまず公開鍵暗号としてのアルゴリズム（鍵生成，暗号化，復号）を紹介し，そのあとに加算と乗算の準同型性をもつことを示す．なお，完全準同型暗号では，ビット単位で処理を行うゲートの演算を暗号化したまま行うことをめざす．つまり，1 ゲート（たとえば NAND ゲート）でそれを実現できれば，ノイズが一定の限度を超えない範囲で，任意の回路の演算も暗号化したまま行うことができるということである．暗号化の対象となる平文は 1 ビットとする．つまり，平文空間は $\{0,1\} \subset \mathbb{Z}$ とする．

[鍵生成] 1^n を入力とし，LWE 分布 $(\bar{\boldsymbol{A}} \xleftarrow{\mathsf{U}} \mathbb{Z}_q^{n \times m}, \boldsymbol{b}^\mathrm{T} = \bar{\boldsymbol{s}}^\mathrm{T} \bar{\boldsymbol{A}} + \boldsymbol{e}^\mathrm{T}) \xleftarrow{\mathsf{R}} \mathcal{A}_{\bar{s},\chi}$ を作る．ここで，$m \approx (n+1) \log q$ である．$\boldsymbol{A}$ および $\boldsymbol{s}$ を以下のように定める．

$$\boldsymbol{A} = \begin{bmatrix} \bar{\boldsymbol{A}} \\ \boldsymbol{b}^\mathrm{T} \end{bmatrix} \in \mathbb{Z}_q^{(n+1) \times m},$$

$$\boldsymbol{s} = (-\bar{\boldsymbol{s}}, 1).$$

公開鍵を $\boldsymbol{A}$ とし，秘密鍵を $\boldsymbol{s}$ とする．なお，$\boldsymbol{s}^\mathrm{T} \cdot \boldsymbol{A} = \boldsymbol{e}^\mathrm{T} \approx \vec{0}^m$ となることに注意．

[暗号化]　平文 $\mu \in \{0,1\}$ に対し $\boldsymbol{R} \xleftarrow{U} \{0,1\}^{m \times n\ell}$ を選び $(\ell = |q|)$，$\boldsymbol{G}$ をガジェット行列（A.5.4 節参照）としたとき，$\boldsymbol{C} = \mu \boldsymbol{G} - \boldsymbol{A}\boldsymbol{R}$ を計算し，$\boldsymbol{C}$ を暗号文とする．

[復号]　秘密鍵 $\boldsymbol{s}$ を用いて以下を計算する．

$$\boldsymbol{s}^\mathrm{T} \cdot \boldsymbol{C} = \mu \boldsymbol{s}^\mathrm{T} \cdot \boldsymbol{G} + \boldsymbol{e}^\mathrm{T} \cdot \boldsymbol{R} \approx \mu \boldsymbol{s}^\mathrm{T} \cdot \boldsymbol{G}.$$

付録 A.5.4 節で示したように $\boldsymbol{G}$ に関する LWE 問題は容易に解けるので，$\mu \boldsymbol{s}^\mathrm{T}$ が計算でき，μ が得られる．

上記の復号アルゴリズムで明らかなように，平文空間は $\mathbb{Z}_q$ に拡張できる．ただし，以下に述べる準同型演算を重ねて行うことによるノイズの増加を抑えるためには，平文を小さく（たとえば，1 ビット）にしておくことが必要となる．

この安全性証明は以下のように示すことができる．まず，LWE 仮定より $\boldsymbol{A}$ は一様に分布する行列と識別不可である．さらに，レフトオーバーハッシュ補題より $[\boldsymbol{A} \mid \boldsymbol{A}\boldsymbol{R}]$ は一様に分布する行列と統計的識別不可である．このことより直ちに強秘匿性が導かれる．

次に，加算と乗算に関する準同型性を示す．いま，2 つの暗号 $\boldsymbol{C}_1 = \mu_1 \boldsymbol{G} - \boldsymbol{A}\boldsymbol{R}_1$，$\boldsymbol{C}_2 = \mu_2 \boldsymbol{G} - \boldsymbol{A}\boldsymbol{R}_2$ に対する加算と乗算に関する準同型演算を以下とする．

$$\begin{aligned}
\text{加算}\quad \boldsymbol{C}_1 + \boldsymbol{C}_2 &= (\mu_1 + \mu_2)\boldsymbol{G} - \boldsymbol{A}(\boldsymbol{R}_1 + \boldsymbol{R}_2) \\
&= (\mu_1 + \mu_2)\boldsymbol{G} - \boldsymbol{A}\boldsymbol{R}'. \\
\text{乗算}\quad \boldsymbol{C}_1 \boldsymbol{G}^{-1}(\boldsymbol{C}_2) &= (\mu_1 \boldsymbol{G} - \boldsymbol{A}\boldsymbol{R}_1)\boldsymbol{G}^{-1}(\boldsymbol{C}_2) \\
&= \mu_1 \boldsymbol{C}_2 - \boldsymbol{A}\boldsymbol{R}_1 \boldsymbol{G}^{-1}(\boldsymbol{C}_2) \\
&= \mu_1 \mu_2 \boldsymbol{G} - \boldsymbol{A}(\boldsymbol{R}_1 \boldsymbol{G}^{-1}(\boldsymbol{C}_2) - \mu_1 \boldsymbol{R}_2) \\
&= \mu_1 \mu_2 \boldsymbol{G} - \boldsymbol{A}\boldsymbol{R}''.
\end{aligned}$$

任意の回路は NAND ゲート $((x_1 \text{ NAND } x_2) = 1 - x_1 x_2)$ のみで実現することができるので，以上の準同型演算を用いて，ノイズが一定の値以下となるような深さの回路 F に対して以下の評価関数を実現できる．

[評価]　$\mathsf{Eval}(F, \mathsf{Enc}(\mathsf{pk}, M)) = \mathsf{Enc}(\mathsf{pk}, F(M))$.

E.2　ブートストラップ

ブートストラップ (bootstrap) の役目は準同型演算を一定以上回数を行うことで蓄積した暗号文のノイズを縮小させることであり，ジェントリにより提案された [86]．E.1 節で説明した GSW 暗号においては，加算および乗算の準同型演算を行うことで暗号文における $\boldsymbol{R}'$ や $\boldsymbol{R}''$ が少しずつ大きな要素をもつようになる．しかし，復号時に $\boldsymbol{e}^\mathrm{T} \cdot \boldsymbol{R}''$ などの値が大きくなりすぎると復号が困難となる．そこで，以下のようなブートストラップを行うことで，大きな $\boldsymbol{R}$ をもつ暗号文を小さな $\boldsymbol{R}$ をもつ暗号文に変換することが可能となる．

まず，公開鍵に以下の情報を追加する．

$$\boldsymbol{c}_{\mathsf{sk}} = \mathsf{Enc}(\mathsf{pk}, \mathsf{sk}).$$

続いて以下の関数 $F_{\boldsymbol{c}}(\cdot) = \mathsf{Dec}(\cdot, \boldsymbol{c})$ を定める．ここで，$\boldsymbol{c} = \mathsf{Enc}(\mathsf{pk}, \mu)$ である．次に以下の評価演算を行う．

$\mathsf{Eval}(F_{\boldsymbol{c}}, \boldsymbol{c}_{\mathsf{sk}}) = \mathsf{Eval}(F_{\boldsymbol{c}}, \mathsf{Enc}(\mathsf{pk}, \mathsf{sk})) = \mathsf{Enc}(\mathsf{pk}, F_{\boldsymbol{c}}(\mathsf{sk})) = \mathsf{Enc}(\mathsf{pk}, \mu)$.

ここで，$F_{\boldsymbol{c}}(\cdot)$ の演算が浅い回路で実現できれば，最終的な暗号文である $\mathsf{Enc}(\mathsf{pk}, \mu)$ は（復号結果が）小さいノイズをもつ（小さい $\boldsymbol{R}$ をもつ）．実際，GSW 方式では $F_{\boldsymbol{c}}(\cdot)$ が浅い回路で実現可能である．したがって，元の暗号文 $\boldsymbol{c}$ が（復号できる限度内で）大きなノイズをもつ暗号文であっても，ブートストラップ手法で変換した暗号文のノイズは大幅に軽減されることになる．

一方，ブランチングプログラムを用いる手法などを用いてブートストラッ

プ（復号処理）の効率を改善する試みも行われている [12, 39]．また現在，最も高速なブートストラップの方法の一つとして SIMD (Single Intruction Multiple Data) の手法を用いた方式が提案されている [109]．

付録 F

関数型暗号の実現例

6.2節で述べたように，関数型暗号（述語暗号）には属性秘匿タイプのものと属性公開タイプのものがある．単に述語暗号というと前者を意味することが多く，後者は属性ベース暗号とよぶことが多い．

標準的な仮定の下で実現され，十分な安全性（適応的安全性）をもつ属性秘匿述語暗号において，現在知られている最も広いクラスの関数は内積述語である．内積述語は論理演算や多項式演算を含む広範な述語を含み，多くの実用的な応用をもつ．このような十分な安全性をもつ属性秘匿タイプの内積述語暗号としては，双線形写像の標準的な仮定（DLIN 仮定，付録 A.4 節参照）に基づく方式 [160] が知られており，本章の F.2.3 項でこの方式を紹介する．

一方，最も一般的な関数に対する（属性秘匿）述語暗号を実現するには，現在のところ難読化といった非常に強い非標準的な仮定を必要とする．属性公開の属性ベース暗号に関しては，標準的な仮定（LWE 仮定，付録 A.5.3 項参照）の下で一般的な関数に関する属性ベース暗号が実現できるが，その安全性は弱い安全性（選択的安全性）である．本章の F.3 節でこの属性ベース暗号を紹介する．

これらの方式を紹介する前に，まず関数型暗号の定義と安全性を述べ，さらに内積述語暗号の紹介を行う．

F.1 関数型暗号の定義と安全性

関数型暗号 (FE) の概念の定義とその安全性（ゲームベース安全性とシミ

ュレーションベース安全性）の定義を示す．ここでは，$\mathcal{F} = \{\mathcal{F}_k\}_{k\in\mathbb{N}}$ を，ブール関数 $F: \{0,1\}^* \to \{0,1\}$ を関数型暗号で扱う関数とし，それをセキュリティパラメータ k ごとに表現した関数（回路）の集合（関数族）を $\mathcal{F}_k$ とし，それぞれの関数（回路）を $f \in \mathcal{F}_k \{0,1\}^{l(k)} \to \{0,1\}$ とする（$l(k)$ は k のある多項式関数）．特に断らない限り，$f \in \mathcal{F}_k$ は k に関して多項式サイズ回路とする．

定義 F.1.1（関数型暗号） 関数型暗号 (FE) は以下の 4 つの（確率的）多項式時間アルゴリズム (Setup, KeyGen, Enc, Dec) からなっている．

[Setup（初期設定）] 1^k（k はセキュリティパラメータ）を入力とし，マスター公開鍵とマスター秘密鍵のペア (mpk, msk) を出力するアルゴリズムである．システム管理者が用いるアルゴリズムで，マスター公開鍵をシステムパラメターとして公開し，マスター秘密鍵はシステム管理者が秘密に保管する．

$$1^k \to \boxed{\text{Setup}} \to (mpk, msk)$$

[KeyGen（鍵生成）] マスター公開鍵とマスター秘密鍵および関数 $f \in \mathcal{F}_k$ を入力して秘密鍵 sk_f を出力するアルゴリズムである．システム管理者が用いるアルゴリズムで，sk_f は利用者（暗号文の受信者）が用いる秘密鍵とする．

$$(mpk, msk, f) \to \boxed{\text{KeyGen}} \to sk_f$$

[Enc（暗号化）] マスター公開鍵 mpk と（関数への）入力 $x \in \{0,1\}^{l(k)}$ を入力とし，暗号文 c_x を出力するアルゴリズムである．利用者（暗号文の作成者）が用いる．

$$(mpk, x) \to \boxed{\text{Enc}} \to c_x$$

[Dec（復号）] マスター公開鍵 mpk と秘密鍵 sk_f と暗号文 c_x を入力とし，ブール値 $f(x)$ もしくは復号不可を表す特別な記号 $\perp$ を出力するアルゴリズムである．

$$(mpk, sk_f, c_x) \to \boxed{\mathsf{Dec}} \to 0/1 (= f(x)) \text{ もしくは } \bot$$

以上のアルゴリズムは，以下の性質を満たす（正当性）．

すべての $(mpk, msk) \xleftarrow{\mathsf{R}} \mathsf{Setup}(1^k)$, $f \in \mathcal{F}_k$, $x \in \{0,1\}^{l(k)}$, $sk_f \xleftarrow{\mathsf{R}} \mathsf{KeyGen}(mpk, msk, f)$, $c_x \xleftarrow{\mathsf{R}} \mathsf{Enc}(mpk, x)$ に対して，無視できる確率を除いて，$f(x) = \mathsf{Dec}(mpk, sk_f, c_x)$ が成立する．

次に，安全性の定義を紹介する．まず，ゲームベース安全性を示す．ここでは簡単のため，攻撃は選択平文攻撃 (CPA) に限定するが，選択暗号文攻撃 (CCA) は公開鍵暗号の安全性定義（付録 A.6.3 項参照）で示した方法と同様に定義できる．

定義 F.1.2（関数型暗号のゲームベース安全性ゲーム） 攻撃者（CPA の場合）と挑戦者の間の安全性ゲーム（適応的安全性ゲーム）を以下のように定義する．

[初期設定] 各セキュリティパラメータ k に対して挑戦者は $(mpk, msk) \xleftarrow{\mathsf{R}} \mathsf{Setup}(1^k)$ を生成し，マスター公開鍵 mpk を攻撃者 $\mathcal{A}$ に渡す．なお，mpk には 1^k の情報が含まれているとする．

[事前攻撃] 攻撃者 $\mathcal{A}$ が自分で選んだ関数 $f_i \in \mathcal{F}_k$ を挑戦者に送ると，挑戦者はそれに対応する秘密鍵 $sk_{f_i} \xleftarrow{\mathsf{R}} \mathsf{KeyGen}(mpk, msk, f_i)$ を返す．攻撃者 $\mathcal{A}$ はこの攻撃を適応的に何回でも繰り返すことができる ($i = 1, \ldots, q_1$)．

[チャレンジ] 攻撃者 $\mathcal{A}$ は挑戦者に 2 つの入力 (x_0, x_1) を送り，チャレンジ暗号文の作成を依頼する．ここで，この 2 つの入力は，事前攻撃で用いたすべての関数 f_i ($i = 1, \ldots, q_1$) に対して $f_i(x_0) = f_i(x_1)$ を満たすことが要求される．挑戦者は $b \xleftarrow{\mathsf{U}} \{0,1\}$ をランダムに選び，チャレンジ暗号文 $c_{x_b} \xleftarrow{\mathsf{R}} \mathsf{Enc}(mpk, x_b)$ を作成し $\mathcal{A}$ に送る．

[事後攻撃] 攻撃者 $\mathcal{A}$ は $f_j(x_0) = f_j(x_1)$ の制約の下で事前攻撃と同じ攻撃を行い，秘密鍵 $sk_{f_j} \xleftarrow{\mathsf{R}} \mathsf{KeyGen}(mpk, msk, f_j)$ を受け取る ($j = q_1 +$

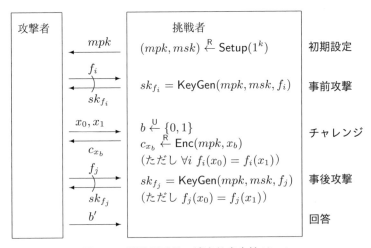

図 F.1 関数型暗号の適応的安全性ゲーム

$1, \ldots, q$).

[回答] 攻撃者 $\mathcal{A}$ は平文 $b' \in \{0, 1\}$ を出力する．このとき $b' = b$ であれば，攻撃者の勝ちとする．

定義 F.1.3 (関数型暗号のゲームベース安全性) 関数型暗号方式 $\Sigma =$ (Setup, KeyGen, Enc, Dec) に関する上記の安全性ゲームにおいて，すべての確率的多項式時間攻撃者 $\mathcal{A}$ に対して，$|\Pr[b = b' (\mathcal{A} が勝つ)] - 1/2| < \epsilon(k)$ が成立するならば，関数型暗号方式 Σ は適応的に IND-安全 (adaptively IND-secure) であるという．

[補記] 上記の安全性（適応的安全性）よりも弱い安全性として，**選択的安全性** (selective security) が定義されている．この安全性は，上記の安全性ゲームにおいて，まずゲーム開始直後に攻撃者にチャレンジ暗号文に関する 2 つの入力 $(x_0, x_1) \in \{0, 1\}^{2k}$ を送ることを要求する．なお，挑戦者はこの段階で $b \xleftarrow{U} \{0, 1\}$ を選び x_b を定めてよい．その後は上記の安全性ゲームと同じであり，初期設定，事前攻撃，チャレンジ暗号文作成（x_b を使う），事後攻撃，回答と進む．後に示す内積述語暗号（F.2 節参照）は適応的安全性を満たすが，一般関数の属性ベース暗号（F.3 節参照）は選択的安全性しか

F.1 関数型暗号の定義と安全性

証明されていない．

次に，シミュレーションベース安全性の定義を示す．3.2.3 項のシミュレーションンパラダイムで説明したように，この定義では，「現実世界」で攻撃者に見える（漏れる）情報と，（秘密情報を一切使わずにシミュレーションした）「理想世界」において攻撃者に見える情報とが区別できないことにより安全性を定式化する．

まず，現実世界と理想世界に対応する確率変数族 $\{\mathsf{Real}_k\}_{k\in\mathbb{N}}$ と $\{\mathsf{Ideal}_k\}_{k\in\mathbb{N}}$ を以下のように定義する．ここで，$\boldsymbol{A}$ は攻撃者，$\boldsymbol{S}$ はシミュレータであり，いずれも確率的多項式時間アルゴリズムである．また，$\boldsymbol{A}^{O(\cdot)}$ は $\boldsymbol{A}$ が適応的に回数に制限なく関数 $O(\cdot)$ をオラクルとして使うことを意味する．

Real_k

1. $(mpk, msk) \xleftarrow{\mathsf{R}} \mathsf{Setup}(1^k)$
2. $(x_1, \ldots, x_\ell) \xleftarrow{\mathsf{R}} \boldsymbol{A}^{\mathsf{KeyGen}(mpk, msk, \cdot)}(\mathsf{mpk})$
3. $c_i \xleftarrow{\mathsf{R}} \mathsf{Enc}(mpk, x_i)(i=1, \ldots, \ell)$
4. $\alpha \xleftarrow{\mathsf{R}} \boldsymbol{A}^{\mathsf{KeyGen}(msk, \cdot)}(\mathsf{mpk}, (c_1, \ldots, c_\ell))$
5. Output $(mpk, (x_1, \ldots, x_\ell), \alpha)$

Ideal_k

1. $mpk \xleftarrow{\mathsf{R}} \boldsymbol{S}(1^k)$
2. $(x_1, \ldots, x_\ell) \xleftarrow{\mathsf{R}} \boldsymbol{A}^{\boldsymbol{S}(\cdot)}(mpk)$
3. $(c_1, \ldots, c_\ell) \xleftarrow{\mathsf{R}} \boldsymbol{S}(1^\lambda, \{f_h(x_i)\}_{h=1,\ldots,q'_1, i=1,\ldots,\ell})$
4. $\alpha \xleftarrow{\mathsf{R}} \boldsymbol{A}^{\boldsymbol{S}^{U((x_1, \ldots, x_\ell), \cdot)}(\cdot)}(mpk, (c_1, \ldots, c_\ell))$
5. Output $(\mathsf{mpk}, (x_1, \ldots, x_\ell), \alpha)$

ここで，ステップ 2 での $\boldsymbol{A}$ のオラクルへの質問回数（事前攻撃回数）を高々 q_1 とし，ステップ 4 での $\boldsymbol{A}$ のオラクルへの質問回数（事後攻撃回数）を高々 q_2 とする．このとき，$U((x_1, \ldots, x_\ell), f_h) = (f_h(x_1), \ldots, f_h(x_\ell))$ ($h = q'_1 + 1, \ldots, q'_1 + q'_2$) であり，$q'_1 \leq q_1, q'_2 \leq q_2$ である．

ここで，Ideal_k においてはシミュレータ $\boldsymbol{S}$ が $(x_1, \ldots, x_\ell)$ の値を知ること

なく，攻撃者から必然的に見える情報 $\{f_h(x_i)\}_{h=1,\ldots,q_1',i=1,\ldots,\ell}$ のみを使って暗号文 $(c_1,\ldots,c_\ell)$ をシミュレーションすることに注意する．また，事後攻撃（ステップ 4）のシミュレーションにおいても，$(x_1,\ldots,x_\ell)$ の値を知ることなく，攻撃者から必然的に見える情報 $f_h(x_i(h=q_1'+1,\ldots,q_1'+q_2',i=1,\ldots,\ell)$ のみを使って秘密鍵生成をシミュレーションする．つまり，この理想世界においては攻撃者から必然的に見える情報 $\{f_h(x_i)\}_{h=1,\ldots,q_1'+q_2',i=1,\ldots,\ell}$ のみが開示されるという意味において，安全性（情報秘匿）の観点から理想的な世界である．

定義 F.1.4（関数型暗号のシミュレーションベース安全性） 関数型暗号方式 Σ = (Setup, KeyGen, Enc, Dec) に関する上記の 2 つの確率変数族 $\{\mathsf{Real}_k\}_{k\in\mathbb{N}}$ と $\{\mathsf{Ideal}_k\}_{k\in\mathbb{N}}$ を考える．このとき，すべての確率的多項式時間の攻撃者 $\boldsymbol{A}$ に対して確率的多項式時間のシミュレータ $\boldsymbol{S}$ が存在し，$\{\mathsf{Real}_k\}_{k\in\mathbb{N}}$ と $\{\mathsf{Ideal}_k\}_{k\in\mathbb{N}}$ が計算量的識別不可ならば，関数型暗号方式 Σ は SIM-安全 (SIM-secure) であるという．また，事前攻撃回数 q_1，暗号文数 ℓ，事後攻撃回数 q_2 をパラメータとして用いた場合，関数型暗号方式 Σ は $(q_1\text{-}\ell\text{-}q_2)$-SIM-安全であるという．

$(q_1\text{-}\ell\text{-}q_2)$-SIM-安全の表記において，パラメータに特に上限がない場合は poly と表記する．たとえば q_1 と q_2 に上限がない場合は，(poly, ℓ, poly)-SIM-安全とする．なお，すべてのパラメータに上限がないような (poly, poly, poly)-SIM-安全な（非自明な）関数型暗号は実現不可能であることが知られている [48]．それに対して，ゲームベース安全性においては適応的に (poly, poly, poly)-IND-安全な関数型暗号の構成が可能である．

F.2 内積述語暗号

F.2.1 内積述語暗号の定義と応用

定義 F.2.1（内積述語暗号） 内積述語暗号 (IPE) は以下の 4 つの（確率的）多項式時間アルゴリズム (Setup, KeyGen, Enc, Dec) からなっている．こ

F.2 内積述語暗号

こで,ベクトルは適当な体もしくは環の上で定義されているものとする.ここではそれを $\mathbb{F}_q$ として表記する.

[Setup(初期設定)] 1^k(k はセキュリティパラメータ)を入力とし,マスター公開鍵とマスター秘密鍵のペア $(mpk, msk) = \mathsf{Setup}(1^k)$ を出力する.

[KeyGen(鍵生成)] マスター公開鍵 msk とマスター秘密鍵および述語ベクトル $\vec{v} \in \mathbb{F}_q^n$ を入力して,秘密鍵 $\mathsf{sk}_{\vec{v}} = \mathsf{KeyGen}(msk, \vec{v})$ を出力する.

[Enc(暗号化)] マスター公開鍵 mpk と属性ベクトル $\vec{x} \in \mathbb{F}_q^n$ および平文 m を入力し,暗号文 $c_{(\vec{x},m)} = \mathsf{Enc}(mpk, \vec{x}, m)$ を出力する.

[Dec(復号)] マスター公開鍵 mpk と秘密鍵 $\mathsf{sk}_{\vec{v}}$ と暗号文 $c_{(\vec{x},m)}$ を入力し,平文 m もしくは復号不可を表す特別な記号 $\perp$ を出力する.

以上のアルゴリズムは,以下の性質を満たす(正当性).

$$\mathsf{Dec}(mpk, sk_{\vec{v}}, c_{(\vec{x},m)}) = \begin{cases} m & (\vec{v} \cdot \vec{x} = 0 \text{ のとき}) \\ \perp & (\vec{v} \cdot \vec{x} \neq 0 \text{ のとき}) \end{cases}$$

内積述語暗号のゲームベース安全性およびシミュレーションベース安全性は,それぞれ定義 F.1.3 および定義 F.1.4 により定められる.なお,ゲームベース安全性の定義 F.1.3 において,内積述語暗号では以下のような条件が要求される(秘密鍵質問攻撃で用いたすべての関数 $f_i(i = 1, \ldots, q)$ に対して,$f_i(x_0) = f_i(x_1)$ という条件に対応).

チャレンジ暗号文の 2 つの入力を $(\vec{x}_0, m_0)$ および $(\vec{x}_1, m_1)$ としたとき,秘密鍵質問攻撃で用いた $\vec{v}_i(i = 1, \ldots, q)$ に対して,「ケース 1:すべての i において $\vec{v}_i \cdot \vec{x}_0 \neq 0$ かつ $\vec{v}_i \cdot \vec{x}_1 \neq 0$」もしくは「ケース 2:ある i において $\vec{v}_i \cdot \vec{x}_0 = \vec{v}_i \cdot \vec{x}_1 = 0$(内積値が 0 でない i' においては $\vec{v}_{i'} \cdot \vec{x}_0 \neq 0$ かつ $\vec{v}_{i'} \cdot \vec{x}_1 \neq 0$])かつ $m_0 = m_1$」.

以上が,ゲームベース安全性の定義 F.1.3 において,内積述語暗号の場合の注意点である.この定義を満足するとき,十分に安全(属性秘匿で適応的

安全性をもつ）という．

内積述語暗号は，内積述語 $R(\vec{v},\vec{x})=1 \Leftrightarrow \vec{v}\cdot\vec{x}=0$ に関する関数型暗号（述語暗号）である．内積述語は，以下に示すように等価関係，CNF/DNFなどの論理式，多項式演算などを含む比較的広いクラスの述語であり，多くの応用をもつ [112]．

等価関係 $\delta,\sigma \in \mathbb{F}_q \setminus \{0\}$ として，$\vec{x}=\delta(x,1), \vec{v}=\sigma(1,-a)$ とすると，$\vec{v}\cdot\vec{x}=0 \Leftrightarrow x=a$．

等価関係の OR $\delta,\sigma \in \mathbb{F}_q \setminus \{0\}$ として，$\vec{x}=\delta(x^2,x,1), \vec{v}=\sigma(1,-(a+b),ab)$ とすると，$\vec{v}\cdot\vec{x}=0 \Leftrightarrow (x=a)\vee(x=b)$．

等価関係の AND $\delta,\sigma,\delta',\sigma' \overset{\text{U}}{\leftarrow} \mathbb{F}_q \setminus \{0\}$ として，$\vec{x}=(\delta(x,1),\sigma(y,1))$, $\vec{v}=(\delta'(1,-a),\sigma'(1,-b))$ とすると，高い確率で $\vec{v}\cdot\vec{x}=0 \Leftrightarrow (x=a)\wedge(y=b)$ が成立．

多項式関係 $f(X)=a_0+a_1X+\cdots+a_nX^n$ とする．$\delta,\sigma \in \mathbb{F}_q \setminus \{0\}$ として，$\vec{x}=\delta(1,x,\ldots,x^n), \vec{v}=\sigma(a_0-b,a_1,\ldots,a_n)$ とすると，$\vec{v}\cdot\vec{x}=0 \Leftrightarrow f(x)=b$．

F.2.2 双線形写像の線形演算への利用方法

離散対数が難しい（加算演算の）巡回群は，G と $xG=G+\cdots+G$（x 回）から x を求めることが難しい．このとき，(G,x_1G,x_2G) から $(a+b_1x_1+b_2x_2)G$（x_1,x_2 の 1 次関数）を作ることは容易である．しかし，x_1x_2G（x_1,x_2 の 2 次関数）を作ることは難しい．もしこのような x_1,x_2 に対する 2 次関数が容易に計算できるならば，離散対数を計算しないで（暗号化したまま）ベクトルの線形演算のみならず内積演算も行うことができる．

双線形写像 $e:\mathbb{G}_1\times\mathbb{G}_2\to\mathbb{G}_T$ は，このような 2 次関数の計算を行う手段を提供するものである．たとえば $(x_1G_1,\ldots,x_nG_1)$（これを $[(x_1,\ldots,x_n)]_1=[\vec{x}]_1$ と表す）と $(y_1G_2,\ldots,y_nG_2)([(y_1,\ldots,y_n)]_2=[\vec{y}]_2)$ が与えられたとき，$(x_1y_1+\cdots+x_ny_n)G_T=\prod_{i=1}^n e(x_iG_1,y_iG_2)([(x_1y_1,\ldots,x_ny_n)]_T=[\vec{x}\cdot\vec{y}]_T)$ が容易に計算できる．

ここで，$(x_1G_1,\ldots,x_nG_1)=[\vec{x}]_1$ は $\mathbb{V}=\mathbb{G}_1\times\cdots\times\mathbb{G}_1$ の要素であるが，

以下のような自然な加算とスカラー倍を導入すれば，$\mathbb{V}$ は線形空間になる．

$$[\vec{x}]_1 + [\vec{y}]_1 = [\vec{x}+\vec{y}]_1, \quad a[\vec{x}]_1 = [a\vec{x}]_1 \quad (a \in \mathbb{F}_q)$$

このとき，$\vec{u}_1,\ldots,\vec{u}_n$ を n 個の独立なベクトルとすると，$\boldsymbol{b}_1 = [\vec{u}_1]_1,\ldots,\boldsymbol{b}_n = [\vec{u}_n]_1$ は $\mathbb{V}$ の基底となり，$\mathbb{B} = (\boldsymbol{b}_1,\ldots,\boldsymbol{b}_n)$ と記す．

次に，$U = (\vec{u}_1,\ldots,\vec{u}_n) \in \mathbb{Z}_q^{n \times n}$ としたとき，$(\vec{v}_1,\ldots,\vec{v}_n) = (U^{-1})^T$ とする．ここで，$\vec{u}_i \cdot \vec{v}_j = \delta_{i,j}$ $(i,j=1,\ldots,n)$（ここで，$i=j$ のとき $\delta_{i,j}=1$, $i \neq j$ のとき $\delta_{i,j}=0$）が成立することに注意．このとき，$\boldsymbol{b}_1^* = [\vec{v}_1]_2,\ldots,\boldsymbol{b}_n^* = [\vec{v}_n]_2$ は $\mathbb{V}^* = \mathbb{G}_2 \times \cdots \times \mathbb{G}_2$ の基底となり，$\mathbb{B}^* = (\boldsymbol{b}_1^*,\ldots,\boldsymbol{b}_n^*)$ と記す．

写像 $e: \mathbb{V} \times \mathbb{V}^* \to \mathbb{G}_T$ を群の双線形写像 e を用いて定義する（同じ記号 e を用いる）．$\boldsymbol{x} = (G_{1,1},\ldots,G_{1,n}) \in \mathbb{V}$, $\boldsymbol{y} = (G_{2,1},\ldots,G_{2,n}) \in \mathbb{V}^*$ としたとき，

$$e(\boldsymbol{x},\boldsymbol{y}) = \prod_{i=1}^n e(G_{1,i}, G_{2,i}).$$

このとき，$e(\boldsymbol{b}_i, \boldsymbol{b}_j^*) = g_T^{\vec{u}_i \cdot \vec{v}_j} = g_T^{\delta_{i,j}}$ が成立する．以上より，任意の $\boldsymbol{x} \in \mathbb{V}$ および $\boldsymbol{y} \in \mathbb{V}^*$ は基底 $\mathbb{B}$ および $\mathbb{B}^*$ の線形和で表現され，以下のように記される．

$$\boldsymbol{x} = x_1 \boldsymbol{b}_1 + \cdots + x_n \boldsymbol{b}_n = (\vec{x})_\mathbb{B}, \quad \boldsymbol{y} = y_1 \boldsymbol{b}_1^* + \cdots + y_n \boldsymbol{b}_n^* = (\vec{y})_{\mathbb{B}^*}.$$

このとき，以下が成立する．

$$e(\boldsymbol{x},\boldsymbol{y}) = e((\vec{x})_\mathbb{B}, (\vec{y})_{\mathbb{B}^*}) = \prod_{i=1}^n e(x_i \boldsymbol{b}_i, y_i \boldsymbol{b}_i^*) = g_T^{\vec{x} \cdot \vec{y}}.$$

ベクトル $\vec{x}, \vec{y}$ を $\mathbb{V}$ や $\mathbb{V}^*$ の要素で表現する方法としては，$[\vec{x}]_1, [\vec{y}]_2$ とすれば写像 e が利用でき，$e([\vec{x}]_1, [\vec{y}]_2) = g_T^{\vec{x} \cdot \vec{y}}$ が成立する．それに対して $(\vec{x})_\mathbb{B}$, $(\vec{y})_{\mathbb{B}^*}$ により $\mathbb{V}$ と $\mathbb{V}^*$ の要素で表現しても，やはり $e((\vec{x})_\mathbb{B}, (\vec{y})_{\mathbb{B}^*}) = g_T^{\vec{x} \cdot \vec{y}}$ となる．したがって，写像 e を用いて内積関係を表現するという観点だけでは，$(\vec{x})_\mathbb{B}, (\vec{y})_{\mathbb{B}^*}$ を用いる意義は明確ではない．しかし，$[\vec{x}]_1, [\vec{y}]_2$ は $\vec{x}, \vec{y}$ との対応関係が明示的で，部分空間への分解可能性があるという欠点をもつ．さらに，ランダム双対基底 $\mathbb{B}, \mathbb{B}^*$ の一部の基底を秘匿することによる情報理

論的な手法が使えるなど，$(\vec{x})_{\mathbb{B}},(\vec{y})_{\mathbb{B}^*}$ の表現を用いる利点は大きい．このような表現を DPVS(Dual Pairing Vector Spaces) とよぶ [159]．

F.2.3 岡本-高島内積述語暗号方式

ここでは，標準モデルと標準仮定の下で（完全）属性秘匿かつ適応的安全性をもつ内積述語暗号を初めて実現した岡本-高島暗号方式 [160] を紹介する．この方式は，F.2.2 項で紹介した DPVS の上で開発された新たな証明手法を用いて実現したものである [159]．

[セットアップ] 1^λ（セキュリティ・パラメータ）および n（ベクトルの次元）を入力とする．まず，双線形写像群 $(\mathbb{G}_1, \mathbb{G}_2, \mathbb{G}_T, e, \mathbb{F}_q)$ の上で $(4n+2)$ 次元の双対空間 $\mathbb{V}, \mathbb{V}^*$ の基底 $\mathbb{B} = (\boldsymbol{b}_0, \ldots, \boldsymbol{b}_{4n+1})$, $\mathbb{B}^* = (\boldsymbol{b}_0^*, \ldots, \boldsymbol{b}_{4n+1}^*)$ を生成する．上で説明したように，ランダムな正則行列 U を用いる．

$$\hat{\mathbb{B}} = (\boldsymbol{b}_0, \ldots, \boldsymbol{b}_n, \boldsymbol{b}_{4n+1}),$$
$$\hat{\mathbb{B}}^* = (\boldsymbol{b}_0^*, \ldots, \boldsymbol{b}_n^*, \boldsymbol{b}_{3n+1}^*, \ldots, \boldsymbol{b}_{4n}^*).$$

マスター公開鍵を $\hat{\mathbb{B}}$ とし，マスター秘密鍵を $\hat{\mathbb{B}}^*$ とする．

[暗号化] 平文 $m \in \mathbb{G}_T$ および属性ベクトル $\vec{x} = (x_1, \ldots, x_n) \in \mathbb{F}_q^n \setminus \{\vec{0}^n\}$ が与えられたとき，マスター公開鍵 $\hat{\mathbb{B}}$ および $\omega, \varphi, \zeta \xleftarrow{\mathsf{U}} \mathbb{F}_q$ を用いて以下を求める．

$$\boldsymbol{c}_1 = (\zeta, \omega\vec{x}, \vec{0}^{2n}, \vec{0}^n, \varphi)_{\mathbb{B}},$$
$$c_2 = g_T^\zeta m.$$

$(\boldsymbol{c}_1, c_2)$ を暗号文とする．

[鍵生成] 述語ベクトル $\vec{v} \in \mathbb{F}_q^n \setminus \{\vec{0}^n\}$ が与えられたとき，マスター秘密鍵 $\hat{\mathbb{B}}^*$ および $\sigma \xleftarrow{\mathsf{U}} \mathbb{F}_q, \vec{\eta} \xleftarrow{\mathsf{U}} \mathbb{F}_q^n$ を用いて以下を計算し，秘密鍵とする．

$$\boldsymbol{k}^* = (1, \sigma\vec{v}, \vec{0}^{2n}, \vec{\eta}, 0)_{\mathbb{B}^*}.$$

[復号] 秘密鍵 $\boldsymbol{k}^*$ を用いて，暗号文 $(\boldsymbol{c}_1, c_2)$ を以下のように復号する．

$$m' = c_2/e(\boldsymbol{c}_1, \boldsymbol{k}^*).$$

これが正しく復号できることは,

$$e(\boldsymbol{c}_1, \boldsymbol{k}^*) = g_T^{(\zeta, \omega\vec{x}, \vec{0}^{2n}, \vec{0}^n, \varphi) \cdot (1, \sigma\vec{v}, \vec{0}^{2n}, \vec{\eta}, 0)} = g_T^{\zeta + \omega\sigma\vec{x} \cdot \vec{v}}$$

であることより, $\vec{x} \cdot \vec{v} = 0$ ならば正しく復号できる.

この方式の安全性は,標準仮定である DLIN 仮定の下でゲームベース安全性(定義 F.1.3)の望ましい安全性をもつこと,つまり十分に安全(属性秘匿であり適応的安全性をもつ)であることが証明される [160]. 内積述語暗号の安全性を定義 F.1.3 に適用すると,F.2.1 項に示したように 2 つの場合(ケース 1 とケース 2)がある. ケース 1 の安全性証明は,関数型暗号の安全性証明における標準的手法である双対系暗号化 (dual system encryption) [201] を用いて比較的容易に示すことができる. より難しいのはケース 2 の証明で,これは $\vec{v}_i \cdot \vec{x}_b = 0$ と $\vec{v}_{i'} \cdot \vec{x}_b \neq 0$ が混在することによるものである. このケースの証明では,基底 $(b_{n+1}, \ldots, b_{3n}, b_{n+1}^*, \ldots, b_{3n}^*)$ を秘匿した $2n$ 次元の部分空間を n 次元の作業空間(順次対象とする 1 つの秘密鍵を形式変換するときに用いる)と n 次元の保存空間(形式変換した秘密鍵の値を保存する)として用いる. この形式変換では,情報理論的手法と計算量的手法を巧みに組み合わせて行う. [159] にこの証明の概説がある.

F.3 一般関数の属性ベース暗号

本節では,一般の関数(多項式サイズ回路)に対する(鍵ポリシー)属性ベース暗号 [32, 100, 168] として BGGHNSVV 方式 [32] を紹介する. この方式は格子に基づいており,LWE 仮定の下での選択的安全性をもつ(定義 F.1.3 の補記参照). なお,望ましい安全性は適応的安全性であるが,選択的安全性はそれよりも弱い安全性である. 現在のところ,標準的な仮定の下で適応的安全性を満たす一般関数に対する属性ベース暗号を実現することは,未解決問題となっている. また,標準的な仮定の下で選択的安全性を満

たす一般関数に対する属性ベース暗号は，ここで紹介する格子を用いた構成のみが知られており，双線形写像に基づく方式は知られていない．

この方式の構成では，GSW 完全準同型暗号（付録 E.1 節参照）の加算と乗算に関する準同型演算が利用されていることに注意されたい．

[セットアップ] 1^n を入力とし，A.5.4 項で紹介した方法で，$\bar{\boldsymbol{A}} \in \mathbb{Z}_q^{n \times \bar{m}}$ およびトラップドア $\boldsymbol{T}$, $\boldsymbol{A}_i \xleftarrow{U} \mathbb{Z}_q^{n \times n\ell}$ $(i = 1, \ldots, k)$ および $\boldsymbol{u} \xleftarrow{U} \mathbb{Z}_q^n$ を生成する．ここで $\ell = |q|$ であり，k は属性情報のビット数である．マスター秘密鍵を $\boldsymbol{T}$，マスター公開鍵を $(\bar{\boldsymbol{A}}, \boldsymbol{A}_1, \ldots, \boldsymbol{A}_k, \boldsymbol{u})$ とする．

[暗号化] 平文 $\mu \in \{0,1\}$ および属性情報 $x = (x_1, \ldots, x_k) \in \{0,1\}^k$ が与えられたとき，暗号文を LWE 分布 $\mathcal{A}_{s,\chi}$ を用いて以下のように生成する（以下の情報に x を付加したものを暗号文とする）．

$[\bar{\boldsymbol{c}}^{\mathrm{T}} \mid \boldsymbol{c}_1^{\mathrm{T}} \mid \cdots \mid \boldsymbol{c}_k^{\mathrm{T}} \mid c]$
$= \boldsymbol{s}^{\mathrm{T}} \cdot [\bar{\boldsymbol{A}} \mid \boldsymbol{A}_1 - x_1 \boldsymbol{G} \mid \cdots \mid \boldsymbol{A}_k - x_k \boldsymbol{G} \mid \boldsymbol{u}] + \boldsymbol{e}^{\mathrm{T}} + (\vec{0}^{m-1}, \mu \cdot \lfloor q/2 \rfloor)$
$\in \mathbb{Z}_q^m$.

ここで，$\boldsymbol{s} \xleftarrow{U} \mathbb{Z}_q^n$, $m = \bar{m} + kn\ell + 1$, $\boldsymbol{e} \xleftarrow{R} \chi^m$, $\boldsymbol{G}$ はガジェット行列．

[鍵生成] 関数 $f : \{0,1\}^k \to \{0,1\}$ が与えられたとき，一般性を失うことなく，この関数 f が XOR（加算）と AND（乗算）のゲートからなる（多項式サイズの）回路で構成されているとする．このとき，以下を再帰的に用いることで行列 $\boldsymbol{A}_f$ を求める．関数 g は f の部分関数とする．

- $g(x) = x_i$ $(i = 1, \ldots, k)$ のとき，$\boldsymbol{A}_g = \boldsymbol{A}_i$ とする．このとき，すべての $x \in \{0,1\}^k$ に対して式 (F.1) が成り立つ．

$$\boldsymbol{A}_i - x_i \boldsymbol{G} = \boldsymbol{A}_g - g(x)\boldsymbol{G}. \tag{F.1}$$

- $g = g_1 + g_2$ のとき，$\boldsymbol{A}_g = \boldsymbol{A}_{g_1} + \boldsymbol{A}_{g_2}$ とする．このとき，すべての $x \in \{0,1\}^k$ に対して式 (F.2) が成り立つ．

$$[\boldsymbol{A}_{g_1} - g_1(x)\boldsymbol{G} \mid \boldsymbol{A}_{g_2} - g_2(x)\boldsymbol{G}] \cdot \begin{bmatrix} \boldsymbol{I} \\ \boldsymbol{I} \end{bmatrix} = \boldsymbol{A}_g - g(x)\boldsymbol{G}. \tag{F.2}$$

F.3 一般関数の属性ベース暗号

- $g = g_1 \cdot g_2$ のとき,$\boldsymbol{A}_g = \boldsymbol{A}_{g_1} \cdot \boldsymbol{G}^{-1}(\boldsymbol{A}_{g_2})$ とする.このとき,すべての $x\{0,1\}^k$ に対して式 (F.3) が成り立つ.

$$[\boldsymbol{A}_{g_1} - g_1(x)\boldsymbol{G} \mid \boldsymbol{A}_{g_2} - g_2(x)\boldsymbol{G}] \cdot \begin{bmatrix} \boldsymbol{G}^{-1}(\boldsymbol{A}_{g_2}) \\ g_1(x)\boldsymbol{I} \end{bmatrix} = \boldsymbol{A}_g - g(x)\boldsymbol{G}. \tag{F.3}$$

与えられた関数 f に関して,上記のようにして $\boldsymbol{A}_f$ を求めた後,マスター秘密鍵 $\boldsymbol{T}$ を用いて,以下の式を満足する正規分布の SIS 解 $\boldsymbol{k}_f$ を求めて,それを f に対する秘密鍵とする.

$$[\bar{\boldsymbol{A}} \mid \boldsymbol{A}_f] \cdot \boldsymbol{k}_f = \boldsymbol{u}.$$

[復号] 属性 $x \in \{0,1\}^k$ および秘密鍵 $\boldsymbol{k}_f$ を用いて,暗号文 $[\bar{\boldsymbol{c}}^{\mathrm{T}} \mid \boldsymbol{c}_1^{\mathrm{T}} \mid \cdots \mid \boldsymbol{c}_k^{\mathrm{T}} \mid c]$ を復号する.このとき,$f(x) = 0$(満足する)としたとき,$\boldsymbol{c}_{f,x}^{\mathrm{T}} \approx \boldsymbol{s}^{\mathrm{T}}(\boldsymbol{A}_f - f(x)\boldsymbol{G}) = \boldsymbol{s}^{\mathrm{T}}\boldsymbol{A}_f$ を式 (F.1)〜(F.3) を再帰的に適用することで計算する.たとえば $g = g_1 \cdot g_2$ のときは,

$$\boldsymbol{c}_{g,x}^{\mathrm{T}} = [\boldsymbol{c}_{g_1,x}^{\mathrm{T}} \mid \boldsymbol{c}_{g_2,x}^{\mathrm{T}}] \cdot \begin{bmatrix} \boldsymbol{G}^{-1}(\boldsymbol{A}_{g_2}) \\ g_1(x)\boldsymbol{I} \end{bmatrix}.$$

次に,秘密鍵 $\boldsymbol{k}_f$ を用いて,

$$(\bar{\boldsymbol{c}}, \boldsymbol{c}_{f,x})^{\mathrm{T}} \cdot \boldsymbol{k}_f = \boldsymbol{s}^{\mathrm{T}}[\bar{\boldsymbol{A}} \mid \boldsymbol{A}_f] \cdot \boldsymbol{k}_f = \boldsymbol{s}^{\mathrm{T}} \cdot \boldsymbol{u} = c - \mu \cdot \lfloor q/2 \rfloor).$$

これより,μ が得られる.

この方式が LWE 仮定の下で(ゲームベース安全性の)選択的安全性(定義 F.1.3 の補記)をもつことは,以下のように証明することができる.

まず,選択的安全性においては,攻撃者は最初にチャレンジ暗号文の属性 x^* を挑戦者に送る.ここで $x^* = (x_1^*, \ldots, x_k^*) \in \{0,1\}^k$ とする.この方式の安全性を LWE 仮定に帰着するアルゴリズム(シミュレータ)は,LWE 仮定より受け取った問題 $(\bar{\boldsymbol{A}}, \boldsymbol{b})$ を用いて,攻撃者に渡すマスター公開鍵を以下のように作成する.$\boldsymbol{A}_i = x_i^* \boldsymbol{G} - \bar{\boldsymbol{A}}\boldsymbol{R}_i$,$\boldsymbol{u} = \bar{\boldsymbol{A}}\boldsymbol{R}_u$ とし $(i = 1, \ldots, k)$

マスター公開鍵を $(\bar{A}, A_1, \ldots, A_k])$ とする．ここで，G はガジェット行列であり，R_i は，A.5.4 項で示したトラップドアを作るときに使った R と同様に作成する．これは GSW 完全準同型暗号と全く同じであることに注意されたい．$R_u \in \mathbb{Z}_q^{\bar{m} \times 1}$．

まず，攻撃者からの関数 f に対する秘密鍵要求を受けたシミュレータは，以下のように秘密鍵 k_f を作る．A_i が x_i^* を平文とする GSW 暗号となっており，A_f の作成手順が GSW 暗号の準同型演算と同じであることより，シミュレータは $A_f = f(x^*)G - \bar{A}R_f$ となる（小さい要素からなる）R_f を計算できる．安全性定義の条件より $f(x^*) = 1$ であることから，R_f は $[\bar{A} \mid A_f] \cdot k_f = u$ を満たす SIS 解 k_f を求めるためのトラップドアとなっているため，シミュレータはこれを用いて本来の分布の k_f と同じ秘密鍵を計算できる．つまり，実際の鍵生成では，$\bar{A}$ のトラップドア T を用いて k_f を計算するが，シミュレータは $[\bar{A} \mid A_f]$ のトラップドア $\begin{bmatrix} R_f \\ I_{n\ell} \end{bmatrix}$ を用いて k_f を計算するのである．

また $A_i - x_1^* G = -\bar{A}R_i$ となるため，平文 $\mu^* \xleftarrow{U} \{0,1\}$ に対するチャレンジ暗号文を LWE 問題 $(\bar{A}, b)$ を用いて以下のように作る．

$$[\bar{c}^T \mid c_1^T \mid \cdots \mid c_k^T \mid c]$$
$$\approx [b^T \mid -b^T R_1 \mid \cdots \mid -b^T R_k \mid -b^T R_u] + (\vec{0}^{m-1}, \mu^* \cdot \lfloor q/2 \rfloor)$$

このとき，与えられた LWE 問題の b が LWE 分布ならば，この暗号文は実際の暗号文とほぼ同様の分布となる．一方，LWE 問題の b が一様分布ならば，この暗号文もほぼ一様に分布する．つまり，平文 μ^* を情報理論的に秘匿する．LWE 仮定の下ではこの 2 つの場合が識別不可である．

以上のような論法により，この方式が選択的安全性を満たすことを示すことができる．

おわりに

　現代暗号は誕生してからまだ40年余りにすぎないが，その間に確固とした理論体系を築き上げ，現在のネットワーク社会では必要不可欠な技術として広く利用されるようになり，ポスト量子暗号や完全準同型暗号，関数型暗号などの新しい暗号概念の実現方法を確立し，数々の斬新な暗号解析手法を開拓し，さらに仮想通貨やブロックチェーンなどへの応用を生み出した．本書は現在に至るまで大きく発展し続けている現代暗号の姿をできるだけ平易に紹介することをめざして執筆したものである．

　まず第1章で現代暗号が誕生する1970年代の時代背景とその誕生の経緯について述べた．第2章では現代暗号がどのように現在のネットワークで利用されているかを具体的に紹介した．第3章では1980年代に確立した安全性証明理論の中心概念を紹介した後，その理論がどのように発展したかについて述べた．

　第4章では1980年代から暗号分野で研究されてきた電子マネーとは本質的に異なる新しい概念としてビットコインが登場したことを紹介し，暗号技術の利用方法などその仕組みの詳細についてブロックチェーンを中心に紹介した．第5章では将来量子計算機が実用化されても安全と考えられているポスト量子暗号の各種アプローチの紹介を行い，特に格子暗号についてはその特長とともにより詳細を紹介した．第6章では公開鍵暗号が進化発展した新しい暗号概念である完全準同型暗号と関数型暗号を紹介した．そして付録では，各章で紹介した内容のより詳細な技術内容について紹介した．

　本書で紹介した技術の多くは，この10年で誕生・発展したものである．たとえば，（実装された）ビットコインや仮想通貨，ブロックチェーン，（具体的）完全準同型暗号および関数型暗号の概念，さらには実用的非対話ゼロ知識証明などは，おおよそ10年前にはこの世の中に存在しなかったもので

ある．双線形写像の利用が暗号における標準的手法となり，LWE 仮定の登場により格子暗号が大きく発展したのもこの 10 年のことといっていいだろう．暗号という分野は，このように急激に発展し変化し続ける分野である．これから 10 年後も同様に，現時点では全く存在しない技術によりこの分野が大きく変貌している可能性があるのだ．

　本書を手にとって頂いた読者には，このように変貌し続ける暗号という分野の面白さを感じて頂けただろうか？　暗号が実用的な応用としても，理論的に発展し続ける分野としても大変興味深い分野であるということを，本書を通じて読者の皆様にお伝えすることができたとするならば，著者にとり，何よりの喜びである．

参考文献

[1] Abdalla, M., Bourse, F., Caro, A.D., Pointcheval, D.: Simple functional encryption schemes for inner products, In: Public-Key Cryptography-PKC 2015-18th IACR International Conference on Practice and Theory in Public-Key Cryptography, Gaithersburg, MD, USA, March 30-April 1, 2015, Proceedings, pp. 733-751 (2015).

[2] Abdalla, M., Catalano, D., Fiore, D., Gay, R., Ursu, B.: Multi-input functional encryption for inner products: Function-hiding realizations and constructions without pairings, In: Advances in Cryptology-CRYPTO 2018-38th Annual International Cryptology Conference, Santa Barbara, CA, USA, August 19-23, 2018, Proceedings, Part I, pp. 597-627 (2018).

[3] Abdalla, M., Gay, R., Raykova, M., Wee, H.: Multi-input inner-product functional encryption from pairings, In: Advances in Cryptology-EUROCRYPT 2017-36th Annual International Conference on the Theory and Applications of Cryptographic Techniques, Paris, France, April 30-May 4, 2017, Proceedings, Part I, pp. 601-626 (2017).

[4] Abe, M., Fehr, S.: Perfect NIZK with adaptive soundness, In: Vadhan [198] (2007).

[5] Abe, M., Fuchsbauer, G., Groth, J., Haralambiev, K., Ohkubo, M.: Structure-preserving signatures and commitments to group elements, *J. Cryptology*, 29(2), pp. 363-421 (2016).

[6] Abe, M., Gennaro, R., Kurosawa, K.: Tag-kem/dem: A new framework for hybrid encryption, *J. Cryptology*, 21(1), pp. 97-130 (2008).

[7] Abe, M., Kohlweiss, M., Ohkubo, M., Tibouchi, M.: Fully structure-preserving signatures and shrinking commitments, In: Advances in Cryptology-EUROCRYPT 2015-34th Annual International Conference on the Theory and Applications of Cryptographic Techniques, Sofia, Bulgaria, April 26-30, 2015, Proceedings, Part II, pp. 35-65 (2015).

[8] Agrawal, S., Libert, B., Stehlé, D.: Fully secure functional encryption for inner products, from standard assumptions, In: Advances in Cryptology-CRYPTO 2016-36th Annual International Cryptology Conference, Santa Barbara, CA, USA, August 14-18, 2016, Proceedings, Part III, pp. 333-362 (2016).

[9] Ajtai, M.: Generating hard instances of lattice problems (extended abstract), In: Proceedings of the Twenty-Eighth Annual ACM Symposium on the Theory of Computing, Philadelphia, Pennsylvania, USA, May 22-24, 1996, pp. 99-108 (1996).

[10] Ajtai, M., Dwork, C.: A public-key cryptosystem with worst-case/average-case equivalence, In: Proceedings of the Twenty-Ninth Annual ACM Symposium on the Theory of Computing, El Paso, Texas, USA, May 4-6, 1997. pp. 284-293 (1997).

[11] Akiyama, K., Goto, Y., Okumura, S., Takagi, T., Nuida, K., Hanaoka, G.: A public-key encryption scheme based on non-linear indeterminate equations, In: Selected Areas in Cryptography-SAC 2017-24th International Conference, Ottawa, ON, Canada, August 16-18, 2017, Revised Selected Papers, pp. 215-234 (2017).

[12] Alperin-Sheriff, J., Peikert, C.: Faster bootstrapping with polynomial error, In: Advances in Cryptology-CRYPTO 2014-34th Annual Cryptology Conference, Santa Barbara, CA, USA, August 17-21, 2014, Proceedings, Part I, pp. 297-314 (2014).

[13] Attrapadung, N.: Dual system encryption via doubly selective security: Framework, fully secure functional encryption for regular languages, and more, In: Advances in Cryptology-EUROCRYPT 2014-33rd Annual International Conference on the Theory and Applications of Cryptographic Techniques, Copenhagen, Denmark, May 11-15, 2014. Proceedings, pp. 557-577 (2014).

[14] Au, M.H., Chow, S.S.M., Susilo, W., Tsang, P.P.: Short linkable ring signatures revisited, In: Atzeni, A.S., Lioy, A. (eds.) EuroPKI 2006. LNCS, vol. 4043, pp. 101-115. Springer (2006).

[15] Barak, B., Canetti, R., Nielsen, J.B., Pass, R.: Universally composable protocols with relaxed set-up assumptions, In: 45th Symposium on Foundations of Computer Science (FOCS 2004), 17-19 October 2004, Rome, Italy, Proceedings, pp. 186-195, IEEE (2004).

[16] Barbulescu, R., Gaudry, P., Joux, A., Thomé, E.: A heuristic quasi-polynomial algorithm for discrete logarithm in finite fields of small characteristic, In: Advances in Cryptology-EUROCRYPT 2014-33rd International Conference on the Theory and Applications of Cryptographic Techniques, Copenhagen, Denmark, May 11-15, 2014, Proceedings, pp. 1-16 (2014).

[17] Barker, E., Mouha, N.: NIST Special Publication 800-67, Revision 2, (2017).

[18] Barreto, P.S.L.M., Naehrig, M.: Pairing-friendly elliptic curves of prime order, In: Selected Areas in Cryptography, 12th International Workshop, SAC 2005, Kingston, ON, Canada, August 11-12, 2005, Revised Selected Papers, pp. 319-331 (2005).

[19] Bellare, M., Rogaway, P.: Random oracles are practical: A paradigm for designing efficient protocols, In: 1st ACM Conference on Computer and Communications Security, pp. 62-73, (1993).

[20] Bellare, M., Rogaway, P.: Optimal asymmetric encryption, In: Santis, A.D. (ed.) EUROCRYPT 1994, LNCS, Vol. 950, pp. 92-111, Springer (1994).

[21] Bellare, M., Rogaway, P.: The exact security of digital signatures-how to sign with rsa and rabin, In: Maurer, U.M. (ed.) EUROCRYPT 1996. LNCS, Vol. 1070, pp. 399-416. Springer (1996).

[22] Ben-Or, M., Goldreich, O., Goldwasser, S., Håstad, J., Kilian, J., Micali, S., Rogaway, P.: Everything provable is provable in zero-knowledge, In: Advances in Cryptology-CRYPTO '88, 8th Annual International Cryptology Conference, Santa Barbara, California, USA, August 21-25, 1988, Proceedings. pp. 37-56 (1988).

[23] Ben-Sasson, E., Chiesa, A., Garman, C., Green, M., Miers, I., Tromer, E., Virza, M.: Zerocash: Decentralized anonymous payments from bitcoin, In: 2014 IEEE Symposium on Security and Privacy, SP 2014, Berkeley, CA, USA, May 18-21, 2014, pp. 459-474 (2014).

[24] Bender, A., Katz, J., Morselli, R.: Ring signatures: Stronger definitions, and constructions without random oracles, In: Halevi, S., Rabin, T. (eds.) TCC 2006, LNCS, Vol. 3876, pp. 60-79. Springer (2006).

[25] Bernstein, D.J., Buchmann, J., Dahmen, E.: *Post Quantum Cryptography*, 1st edition, Springer (2008).

[26] Bernstein, D.J., Hopwood, D., Hülsing, A., Lange, T., Niederhagen, R., Papachristodoulou, L., Schneider, M., Schwabe, P., Wilcox-O'Hearn, Z.: SPHINCS: practical stateless hash-based signatures, In: Advances in Cryptology-EUROCRYPT 2015-34th Annual International Conference on the Theory and Applications of Cryptographic Techniques, Sofia, Bulgaria, April 26-30, 2015, Proceedings, Part I, pp. 368-397 (2015).

[27] Biham, E., Shamir, A.: Differential cryptanalysis of the full 16-round DES, In: Advances in Cryptology-CRYPTO '92, 12th Annual International Cryptology Conference, Santa Barbara, California, USA, August 16-20, 1992, Proceedings, pp. 487-496 (1992).

[28] Bleichenbacher, D.: Chosen ciphertext attacks against protocols based on the RSA encryption standard PKCS #1, In: Krawczyk, H. (ed.) CRYPTO 1998. LNCS, Vol. 1462, pp. 1-12. Springer (1998).

[29] Blum, M., Feldman, P., Micali, S.: Non-interactive zero-knowledge and its applications, In: STOC 1988, pp. 103-112 (1988).

[30] Blum, M., Micali, S.: How to generate cryptographically strong sequences of pseudo random bits, In: FOCS, pp. 112-117. IEEE (1982).

[31] Boneh, D., Franklin, M.K.: Identity-based encryption from the weil pairing, In: Kilian, J. (ed.) CRYPTO 2001. LNCS, Vol. 2139, pp. 213-229. Springer (2001).

[32] Boneh, D., Gentry, C., Gorbunov, S., Halevi, S., Nikolaenko, V., Segev, G., Vaikuntanathan, V., Vinayagamurthy, D.: Fully key-homomorphic encryption, arithmetic circuit ABE and compact garbled circuits, In: Advances in Cryptology-EUROCRYPT 2014-33rd Annual International Conference on the Theory and Applications of Cryptographic Techniques, Copenhagen, Denmark, May 11-15, 2014, Proceedings, pp. 533-556 (2014).

[33] Boneh, D., Sahai, A., Waters, B.: Functional encryption: Definitions and challenges, In: TCC 2011, pp. 253-273 (2011).

[34] Boneh, D., Waters, B.: Conjunctive, subset, and range queries on encrypted

data, In Vadhan [198] (2007).

[35] Bowe, S., Gabizon, A., Green, M.D.: A multi-party protocol for constructing the public parameters of the pinocchio zk-snark, IACR Cryptology ePrint Archive 2017, pp. 602 (2017).

[36] Brakerski, Z., Gentry, C., Vaikuntanathan, V.: (leveled) fully homomorphic encryption without bootstrapping, $TOCT$, 6(3), pp. 13:1-13:36 (2014).

[37] Brakerski, Z., Vaikuntanathan, V.: Efficient fully homomorphic encryption from (standard) LWE, Electronic Colloquium on Computational Complexity (ECCC) 18, p. 109 (2011).

[38] Brakerski, Z., Vaikuntanathan, V.: Fully homomorphic encryption from ring-lwe and security for key dependent messages, In: Advances in Cryptology-CRYPTO 2011-31st Annual Cryptology Conference, Santa Barbara, CA, USA, August 14-18, 2011. Proceedings. pp. 505-524 (2011).

[39] Brakerski, Z., Vaikuntanathan, V.: Lattice-based FHE as secure as PKE, In: Innovations in Theoretical Computer Science, ITCS'14, Princeton, NJ, USA, January 12-14, 2014. pp. 1-12 (2014).

[40] Bresson, E., Stern, J., Szydlo, M.: Threshold ring signatures and applications to ad-hoc groups, In: Yung, M. (ed.) CRYPTO 2002, LNCS, Vol. 2442, pp. 465-480, Springer (2002).

[41] Canetti, R.: Universally composable security: A new paradigm for cryptographic protocols, In: 42nd Annual Symposium on Foundations of Computer Science, pp. 136-145, IEEE (2001).

[42] Canetti, R.: Universally composable signature, certification, and authentication, In: 17th IEEE Computer Security Foundations Workshop (CSFW-17 2004), 28-30 June 2004, Pacific Grove, CA, USA, pp. 219 (2004).

[43] Canetti, R., Dodis, Y., Pass, R., Walfish, S.: Universally composable security with global setup, In Vadhan [198] (2007).

[44] Canetti, R., Fischlin, M.: Universally composable commitments, In: Kilian, J. (ed.) Advances in Cryptology-CRYPTO 2001, 21st Annual International Cryptology Conference, Santa Barbara, California, USA, August 19-23, 2001, Proceedings. LNCS, Vol. 2139, pp. 19-40. Springer (2001).

[45] Canetti, R., Krawczyk, H.: Universally composable notions of key exchange and secure channels, In: Advances in Cryptology-EUROCRYPT 2002, International Conference on the Theory and Applications of Cryptographic Techniques, Amsterdam, The Netherlands, April 28-May 2, 2002, Proceedings, pp. 337-351 (2002).

[46] Canetti, R., Kushilevitz, E., Lindell, Y.: On the limitations of universally composable two-party computation without set-up assumptions, In: Advances in Cryptology-EUROCRYPT 2003, International Conference on the Theory and Applications of Cryptographic Techniques, Warsaw, Poland, May 4-8, 2003, Proceedings, pp. 68-86 (2003).

[47] Canetti, R., Lindell, Y., Ostrovsky, R., Sahai, A.: Universally composable two-party and multi-party secure computation, In: Proceedings on 34th An-

nual ACM Symposium on Theory of Computing, May 19-21, 2002, Montréal, Québec, Canada, pp. 494-503 (2002).

[48] Caro, A.D., Iovino, V., Jain, A., O'Neill, A., Paneth, O., Persiano, G.: On the achievability of simulation-based security for functional encryption, In: Advances in Cryptology-CRYPTO 2013-33rd Annual Cryptology Conference, Santa Barbara, CA, USA, August 18-22, 2013, Proceedings, Part II, pp. 519-535 (2013).

[49] Castryck, W., Lange, T., Panny, C.M.L., Renes, J.: Csidh: An efficient post-quantum commutative group action, Cryptology ePrint Archive, Report 2018/383 (2018), https://eprint.iacr.org/2018/383.

[50] Chen, J., Gay, R., Wee, H.: Improved dual system ABE in prime-order groups via predicate encodings, In: Advances in Cryptology-EUROCRYPT 2015-34th Annual International Conference on the Theory and Applications of Cryptographic Techniques, Sofia, Bulgaria, April 26-30, 2015, Proceedings, Part II, pp. 595-624 (2015).

[51] Childs, A.M., Jao, D., Soukharev, V.: Constructing elliptic curve isogenies in quantum subexponential time, J. Mathematical Cryptology, 8(1), pp. 1-29 (2014).

[52] Cocks, C.: An identity based encryption scheme based on quadratic residues, In: Honary, B. (ed.) IMA Int. Conf. 2001, LNCS, Vol. 2260, pp. 360-363. Springer (2001).

[53] Coron, J., Mandal, A., Naccache, D., Tibouchi, M.: Fully homomorphic encryption over the integers with shorter public keys, In: Advances in Cryptology-CRYPTO 2011-31st Annual Cryptology Conference, Santa Barbara, CA, USA, August 14-18, 2011. Proceedings. pp. 487-504 (2011).

[54] Costello, C., Hisil, H.: A simple and compact algorithm for SIDH with arbitrary degree isogenies, In: Advances in Cryptology-ASIACRYPT 2017-23rd International Conference on the Theory and Applications of Cryptology and Information Security, Hong Kong, China, December 3-7, 2017, Proceedings, Part II, pp. 303-329 (2017).

[55] Costello, C., Jao, D., Longa, P., Naehrig, M., Renes, J., Urbanik, D.: Efficient compression of SIDH public keys, In: Advances in Cryptology-EUROCRYPT 2017-36th Annual International Conference on the Theory and Applications of Cryptographic Techniques, Paris, France, April 30-May 4, 2017, Proceedings, Part I, pp. 679-706 (2017).

[56] Courtois, N., Finiasz, M., Sendrier, N.: How to achieve a mceliece-based digital signature scheme, IACR Cryptology ePrint Archive 2001, pp. 10 (2001).

[57] Cramer, R., Shoup, V.: A practical public key cryptosystem provably secure against adaptive chosen ciphertext attack, In: Krawczyk, H. (ed.) CRYPTO 1998, LNCS, Vol. 1462, pp. 13-25. Springer (1998).

[58] Cramer, R., Shoup, V.: Design and analysis of practical public-key encryption schemes secure against adaptive chosen ciphertext attack, SIAM Journal of Computing, 33(1), pp. 167-226 (2002).

[59] Daemen, J., Rijmen, V.: Rijndael for AES, In: AES Candidate Conference, pp. 343-348 (2000).

[60] Datta, P., Okamoto, T., Tomida, J.: Full-hiding (unbounded) multi-input inner product functional encryption from the k-linear assumption, In: Public-Key Cryptography-PKC 2018-21st IACR International Conference on Practice and Theory of Public-Key Cryptography, Rio de Janeiro, Brazil, March 25-29, 2018, Proceedings, Part II, pp. 245-277 (2018).

[61] Detti, T., Lauricella, G.: *The Origins of the Internet*, Viella (2017).

[62] Deutsch, D.E.: Quantum theory, the church-turing principle and the universal quantum computer, *Proceedings of the Royal Society of London A: Mathematical, Physical and Engineering Sciences*, 400(1818), pp. 97-117 (1985).

[63] Diffie, W., Hellman, M.: New directions in cryptography, *IEEE Transactions on Information Theory*, IT-22(6), pp. 644-654 (1976).

[64] Diffie, W., Hellman, M.E.: Special feature exhaustive cryptanalysis of the NBS data encryption standard, *IEEE Computer*, 10(6), pp. 74-84 (1977).

[65] Ding, J., Schmidt, D.: Rainbow, a new multivariable polynomial signature scheme, In: Applied Cryptography and Network Security, Third International Conference, ACNS 2005, New York, NY, USA, June 7-10, 2005, Proceedings, pp. 164-175 (2005).

[66] Dods, C., Smart, N.P., Stam, M.: Hash based digital signature schemes, In: Cryptography and Coding, 10th IMA International Conference, Cirencester, UK, December 19-21, 2005, Proceedings, pp. 96-115 (2005).

[67] Dolev, D., Yao, A.C.: On the security of public key protocols, *IEEE Trans. Information Theory*, 29(2), pp. 198-207 (1983).

[68] Ducas, L., Durmus, A., Lepoint, T., Lyubashevsky, V.: Lattice signatures and bimodal gaussians, In: Advances in Cryptology-CRYPTO 2013-33rd Annual Cryptology Conference, Santa Barbara, CA, USA, August 18-22, 2013, Proceedings, Part I, pp. 40-56 (2013).

[69] Dwork, C., Naor, M.: Pricing via processing or combatting junk mail, In: Advances in Cryptology-CRYPTO '92, 12th Annual International Cryptology Conference, Santa Barbara, California, USA, August 16-20, 1992, Proceedings, pp. 139-147 (1992).

[70] El Gamal, T.: A public key cryptosystem and a signature scheme based on discrete logarithms, In: Blakley, G.R., Chaum, D. (eds.) CRYPTO 1984. LNCS, Vol. 196, pp. 10-18. Springer (1984).

[71] Eyal, I., Sirer, E.G.: Majority is not enough: Bitcoin mining is vulnerable, CoRR abs/1311.0243 (2013).

[72] Feige, U., Fiat, A., Shamir, A.: Zero-knowledge proofs of identity, *J. Cryptology*, 1(2), pp. 77-94 (1988).

[73] Feige, U., Lapidot, D., Shamir, A.: Multiple non-interactive zero knowledge proofs under general assumptions, *SIAM J. Comput*, 29(1), pp. 1-28 (1999).

[74] Feo, L.D., Jao, D., Plût, J.: Towards quantum-resistant cryptosystems from supersingular elliptic curve isogenies, *J. Mathematical Cryptology*, 8(3), pp.

209-247 (2014).

[75] Fiat, A., Shamir, A.: How to prove yourself: Practical solutions to identification and signature problems, In: Advances in Cryptology-CRYPTO '86, Santa Barbara, California, USA, 1986, Proceedings, pp. 186-194 (1986).

[76] Freeman, D., Scott, M., Teske, E.: A taxonomy of pairing-friendly elliptic curves, *J. Cryptology*, 23(2), pp. 224-280 (2010).

[77] Fujisaki, E.: Sub-linear size traceable ring signatures without random oracles, In: Topics in Cryptology-CT-RSA 2011-The Cryptographers' Track at the RSA Conference 2011, San Francisco, CA, USA, February 14-18, 2011, Proceedings, pp. 393-415 (2011).

[78] Fujisaki, E., Okamoto, T.: Secure integration of asymmetric and symmetric encryption schemes, In: Wiener, M.J. (ed.) CRYPTO 1999. LNCS, Vol. 1666, pp. 537-554. Springer (1999).

[79] Fujisaki, E., Okamoto, T.: Secure integration of asymmetric and symmetric encryption schemes, *J. Cryptology*, 26(1), pp. 80-101 (2013).

[80] Fujisaki, E., Okamoto, T., Pointcheval, D., Stern, J.: Rsa-oaep is secure under the rsa assumption, In: Kilian, J. (ed.) CRYPTO 2001, LNCS, Vol. 2139, pp. 260-274, Springer (2001).

[81] Fujisaki, E., Okamoto, T., Pointcheval, D., Stern, J.: Rsa-oaep is secure under the rsa assumption, *J. Cryptology*, 17(2), pp. 81-104 (2004).

[82] Fujisaki, E., Suzuki, K.: Traceable ring signature, *IEICE Transactions*, 91-A(1), pp. 83-93 (2008).

[83] Galbraith, S.D., Paterson, K.G., Smart, N.P.: Pairings for cryptographers, *Discrete Applied Mathematics*, 156(16), pp. 3113-3121 (2008).

[84] Gamal, T.E.: A public key cryptosystem and a signature scheme based on discrete logarithms, *IEEE Trans. Information Theory*, 31(4), pp. 469-472 (1985).

[85] Gennaro, R., Gentry, C., Parno, B., Raykova, M.: Quadratic span programs and succinct nizks without pcps, In: Advances in Cryptology-EUROCRYPT 2013, 32nd Annual International Conference on the Theory and Applications of Cryptographic Techniques, Athens, Greece, May 26-30, 2013. Proceedings, pp. 626-645 (2013).

[86] Gentry, C.: Fully homomorphic encryption using ideal lattices, In: Proceedings of the 41st Annual ACM Symposium on Theory of Computing, STOC 2009, Bethesda, MD, USA, May 31-June 2, 2009, pp. 169-178 (2009).

[87] Gentry, C., Peikert, C., Vaikuntanathan, V.: Trapdoors for hard lattices and new cryptographic constructions, In: Proceedings of the 40th Annual ACM Symposium on Theory of Computing, Victoria, British Columbia, Canada, May 17-20, 2008, pp. 197-206 (2008).

[88] Gentry, C., Sahai, A., Waters, B.: Homomorphic encryption from learning with errors: Conceptually-simpler, asymptotically-faster, attribute-based, In: Advances in Cryptology-CRYPTO 2013-33rd Annual Cryptology Conference, Santa Barbara, CA, USA, August 18-22, 2013. Proceedings, Part I, pp. 75-92

(2013).

[89] Goldreich, O.: *Foundations of Cryptography, Vol. 1: Basic Tools*, Cambridge University Press (2001).

[90] Goldreich, O.: *Foundations of Cryptography, Vol. 2: Basic Applications*, Cambridge University Press (2004).

[91] Goldreich, O., Goldwasser, S., Micali, S.: How to construct random functions (extended abstract), In: 25th Annual Symposium on Foundations of Computer Science, pp. 464-479, IEEE (1984).

[92] Goldreich, O., Goldwasser, S., Micali, S.: How to construct random functions, *Journal of ACM*, 33(4), pp. 792-807 (1986).

[93] Goldreich, O., Levin, L.A.: A hard-core predicate for all one-way functions, In: Annual ACM Symposium on Theory of Computing, pp. 25-32 (1989).

[94] Goldreich, O., Micali, S., Wigderson, A.: Proofs that yield nothing but their validity, or all languages in NP have zero-knowledge proof systems, *Journal of the ACM*, 38(3), pp. 691-729 (1991), preliminary version appeared in FOCS'86.

[95] Goldreich, O., Petrank, E.: Quantifying knowledge complexity, In: 32nd Annual Symposium on Foundations of Computer Science, San Juan, Puerto Rico, 1-4 October 1991, pp. 59-68 (1991).

[96] Goldwasser, S., Gordon, S.D., Goyal, V., Jain, A., Katz, J., Liu, F.H., Sahai, A., Shi, E., Zhou, H.S.: Multi-input functional encryption, In: EUROCRYPT 2014, pp. 578-602 (2014).

[97] Goldwasser, S., Kilian, J.: Almost all primes can be quickly certified, In: Proceedings of the 18th Annual ACM Symposium on Theory of Computing, May 28-30, 1986, Berkeley, California, USA, pp. 316-329 (1986).

[98] Goldwasser, S., Micali, S.: Probabilistic encryption, *Journal of Computer and System Sciences*, 28(2), pp. 270-299 (1984).

[99] Goldwasser, S., Micali, S., Rackoff, C.: The konwledge complexity of interactive proof systems, *SIAM Journal of Computing*, 18(1), pp. 186-208 (1989), Preliminary version appeared in STOC'85.

[100] Gorbunov, S., Vaikuntanathan, V., Wee, H.: Attribute-based encryption for circuits, In: Symposium on Theory of Computing Conference, STOC'13, Palo Alto, CA, USA, June 1-4, 2013, pp. 545-554 (2013).

[101] Goyal, V., Pandey, O., Sahai, A., Waters, B.: Attribute-based encryption for fine-grained access control of encrypted data, In: Juels, A., Wright, R.N., di Vimercati, S.D.C. (eds.) ACM Conference on Computer and Communications Security, pp. 89-98 (2006).

[102] Groth, J.: On the size of pairing-based non-interactive arguments, IACR Cryptology ePrint Archive 2016, p. 260 (2016).

[103] Groth, J., Ostrovsky, R., Sahai, A.: New techniques for noninteractive zero-knowledge, *J. ACM*, 59(3), pp. 11:1-11:35 (2012).

[104] Groth, J., Sahai, A.: Efficient non-interactive proof systems for bilinear

groups, In Smart [190] (2008).

[105] Grover, L.K.: A fast quantum mechanical algorithm for database search, In: Proceedings of the Twenty-Eighth Annual ACM Symposium on the Theory of Computing, Philadelphia, Pennsylvania, USA, May 22-24, 1996, pp. 212-219 (1996).

[106] Güneysu, T., Lyubashevsky, V., Pöppelmann, T.: Practical lattice-based cryptography: A signature scheme for embedded systems, In: Cryptographic Hardware and Embedded Systems-CHES 2012-14th International Workshop, Leuven, Belgium, September 9-12, 2012, Proceedings, pp. 530-547 (2012).

[107] Haber, S., Stornetta, W.S.: How to time-stamp a digital document, *J. Cryptology*, 3(2), pp. 99-111 (1991).

[108] Håstad, J., Impagliazzo, R., Levin, L.A., Luby, M.: A pseudorandom generator from any one-way function, *SIAM Journal of Computing*, 28(4), pp. 1364-1396 (1999).

[109] Hiromasa, R., Abe, M., Okamoto, T.: Packing messages and optimizing bootstrapping in GSW-FHE, *IEICE Transactions*, 99-A(1), pp. 73-82 (2016).

[110] IETF: X.509 Internet Public Key Infrastructure Online Certificate Status Protocol-OCSP, Request for Comments: 6960 (2013).

[111] Kaliski, B.: Elliptic curves and cryptography: a pseudorandom bit generator and other tools, Ph.D thesis, Massachusetts Institute of Technology, Cambridge, MA, USA (1988).

[112] Katz, J., Sahai, A., Waters, B.: Predicate encryption supporting disjunctions, polynomial equations, and inner products, In Smart [190] (2008).

[113] Kim, T., Barbulescu, R.: Extended tower number field sieve: A new complexity for the medium prime case, In: Advances in Cryptology-CRYPTO 2016-36th Annual International Cryptology Conference, Santa Barbara, CA, USA, August 14-18, 2016, Proceedings, Part I, pp. 543-571 (2016).

[114] Kim, T., Jeong, J.: Extended tower number field sieve with application to finite fields of arbitrary composite extension degree, In: Public-Key Cryptography-PKC 2017-20th IACR International Conference on Practice and Theory in Public-Key Cryptography, Amsterdam, The Netherlands, March 28-31, 2017, Proceedings, Part I, pp. 388-408 (2017).

[115] Kleinjung, T., Aoki, K., Franke, J., Lenstra, A.K., Thomé, E., Bos, J.W., Gaudry, P., Kruppa, A., Montgomery, P.L., Osvik, D.A., te Riele, H.J.J., Timofeev, A., Zimmermann, P.: Factorization of a 768-bit RSA modulus, In: Advances in Cryptology-CRYPTO 2010, 30th Annual Cryptology Conference, Santa Barbara, CA, USA, August 15-19, 2010, Proceedings, pp. 333-350 (2010).

[116] Koblitz, N.: Elliptic curve cryptosystems. Mathematics of Computation. 48 (177), pp. 203-209 (1987)

[117] Komano, Y., Ohta, K., Shimbo, A., Kawamura, S.: Toward the fair anonymous signatures: Deniable ring signatures, In: Pointcheval, D. (ed.) CT-RSA 2006, LNCS, Vol. 3860, pp. 174-191, Springer (2006).

[118] Kurosawa, K., Desmedt, Y.: A new paradigm of hybrid encryption scheme, In: Franklin, M.K. (ed.) CRYPTO 2004. LNCS, Vol. 3152, pp. 426-442, Springer (2004).

[119] Lamport, L.: Constructing digital signatures from a one-way function, *Technical Report SRI-CSL-98*, SRI Inernational Computer Science Laboratory (1979).

[120] Lenstra, A.K., Lenstra, H.W., Manasse, M.S., Pollard, J.M.: The number field sieve, In: STOC, pp. 564-572 (1990).

[121] Lenstra, H.W.: Factoring integers with elliptic curves, Ann. of Math, 126(3), pp. 649-673 (1987).

[122] Lewko, A.B., Okamoto, T., Sahai, A., Takashima, K., Waters, B.: Fully secure functional encryption: Attribute-based encryption and (hierarchical) inner product encryption, In: Advances in Cryptology-EUROCRYPT 2010, 29th Annual International Conference on the Theory and Applications of Cryptographic Techniques, Monaco / French Riviera, May 30-June 3, 2010. Proceedings, pp. 62-91 (2010).

[123] Lindner, R., Peikert, C.: Better key sizes (and attacks) for lwe-based encryption, In: Topics in Cryptology-CT-RSA 2011-The Cryptographers' Track at the RSA Conference 2011, San Francisco, CA, USA, February 14-18, 2011. Proceedings. pp. 319-339 (2011).

[124] Lund, C., Fortnow, L., Karloff, H.J., Nisan, N.: Algebraic methods for interactive proof systems, In: 31st Annual Symposium on Foundations of Computer Science, St. Louis, Missouri, USA, October 22-24, 1990, Volume I, pp. 2-10 (1990).

[125] Lyubashevsky, V.: Lattice-based identification schemes secure under active attacks, In: Public Key Cryptography-PKC 2008, 11th International Workshop on Practice and Theory in Public-Key Cryptography, Barcelona, Spain, March 9-12, 2008, Proceedings, pp. 162-179 (2008).

[126] Lyubashevsky, V., Peikert, C., Regev, O.: On ideal lattices and learning with errors over rings, *J. ACM*, 60(6), pp. 43:1-43:35 (2013).

[127] Lyubashevsky, V., Peikert, C., Regev, O.: A toolkit for ring-lwe cryptography, In: Advances in Cryptology-EUROCRYPT 2013, 32nd Annual International Conference on the Theory and Applications of Cryptographic Techniques, Athens, Greece, May 26-30, 2013, Proceedings, pp. 35-54 (2013).

[128] Macario-Rat, G., Patarin, J.: Two-face: New public key multivariate schemes, In: Progress in Cryptology-AFRICACRYPT 2018-10th International Conference on Cryptology in Africa, Marrakesh, Morocco, May 7-9, 2018, Proceedings, pp. 252-265 (2018).

[129] Matsui, M.: Linear cryptanalysis method for DES cipher, In: Advances in Cryptology-EUROCRYPT '93, Workshop on the Theory and Application of of Cryptographic Techniques, Lofthus, Norway, May 23-27, 1993, Proceedings, pp. 386-397 (1993).

[130] Matsui, M.: The first experimental cryptanalysis of the data encryption stan-

dard. In: Advances in Cryptology-CRYPTO '94, 14th Annual International Cryptology Conference, Santa Barbara, California, USA, August 21-25, 1994, Proceedings, pp. 1-11 (1994).

[131] Matsumoto, T., Imai, H.: Public quadratic polynominal-tuples for efficient signature-verification and message-encryption, In: Advances in Cryptology-EUROCRYPT '88, Workshop on the Theory and Application of of Cryptographic Techniques, Davos, Switzerland, May 25-27, 1988, Proceedings, pp. 419-453 (1988).

[132] McEliece, R.J.: A public key cryptosystem based on algebraic coding theory, *DSN progress report*, 42(44), pp. 114-116 (1978).

[133] Menezes, A., Okamoto, T., Vanstone, S.A.: Reducing elliptic curve logarithms to logarithms in a finite field, *IEEE Trans. Information Theory*, 39(5), pp. 1639-1646 (1993).

[134] Menezes, A., van Oorschot, P.C., Vanstone, S.A.: *Handbook of Applied Cryptography*, CRC Press (1996).

[135] Merkle, R.C.: Secure communications over insecure channels, *Commun. ACM*, 21(4), pp. 294-299 (1978).

[136] Merkle, R.C.: Secrecy, authentication and public key systems / A certified digital signature; Ph.D. dissertation, Ph.D thesis, Dept. of Electrical Engineering, Stanford University (1979).

[137] Merkle, R.C.: A certified digital signature, In: Advances in Cryptology-CRYPTO '89, 9th Annual International Cryptology Conference, Santa Barbara, California, USA, August 20-24, 1989, Proceedings, pp. 218-238 (1989).

[138] Micciancio, D., Mol, P.: Pseudorandom knapsacks and the sample complexity of LWE search-to-decision reductions, In: Advances in Cryptology-CRYPTO 2011-31st Annual Cryptology Conference, Santa Barbara, CA, USA, August 14-18, 2011, Proceedings, pp. 465-484 (2011).

[139] Micciancio, D., Peikert, C.: Trapdoors for lattices: Simpler, tighter, faster, smaller, In Pointcheval and Johansson [170] (2012).

[140] Miller, V.: Short programs for functions on curves, unpublished manuscript (1985).

[141] Miller, V.S.: Use of elliptic curves in cryptography, In: Advances in Cryptology-CRYPTO '85, Santa Barbara, California, USA, August 18-22, 1985, Proceedings, pp. 417-426 (1985).

[142] Miller, V.S.: The weil pairing, and its efficient calculation, *J. Cryptology*, 17(4), pp. 235-261 (2004).

[143] Nakamoto, S.: Bitcoin: A peer-to-peer electronic cash system (2008). https://bitcoin.org/bitcoin.pdf.

[144] NBS: Data Encryption Standard, FIPS-Pub.46, National Bureau of Standards, U.S. Department of Commerce, Washington D.C. (1977).

[145] Niederreiter, H.: Knapsack-type cryptosystems and algebraic coding theory, *Problems of Control and Information Theory*, 15(2), pp. 159-166 (1986).

[146] NIST: Digital Signature Standard (DSS), Federal Information Processing Standards Publication 186 (1994).

[147] NIST: Announcing the ADVANCED ENCRYPTION STANDARD (AES), Federal Information Processing Standards Publication 197 (2001).

[148] NIST: Recommendation for Block Cipher Modes of Operation: The CMAC Mode for Authentication, Special Publication 800-38B (2005).

[149] NIST: Recommendation for Block Cipher Modes of Operation: Galois/Counter Mode (GCM) and GMAC. Special Publication 800-38D (2007).

[150] NIST: Recommendation for Block Cipher Modes of Operation: the CCM Mode for Authentication and Confidentiality, Special Publication 800-38C (2007).

[151] NIST: The Keyed-Hash Message Authentication Code (HMAC), Federal Information Processing Standards Publication 198-1 (2008).

[152] NIST: Digital Signature Standard (DSS), Federal Information Processing Standards Publication 186-4 (2013).

[153] NIST: SHA-3 Standard: Permutation Based Hash and Extendable-Output Functions, Federal Information Processing Standards Publication 202 (2014).

[154] NIST: SECURE HASH STANDARD, Federal Information Processing Standards Publication 180-4 (2015).

[155] NIST: Post-Quantum Cryptography (2017). https://csrc.nist.gov/projects/post-quantum-cryptography

[156] Okamoto, T.: Provably secure and practical identification schemes and corresponding signature schemes, In: Advances in Cryptology-CRYPTO '92, 12th Annual International Cryptology Conference, Santa Barbara, California, USA, August 16-20, 1992, Proceedings, pp. 31-53 (1992).

[157] Okamoto, T.: On relationships between statistical zero-knowledge proofs. J. Comput. Syst. Sci. 60(1) pp. 47-108 (2000).

[158] Okamoto, T., Takashima, K.: Fully secure functional encryption with general relations from the decisional linear assumption, In: Advances in Cryptology-CRYPTO 2010, 30th Annual Cryptology Conference, Santa Barbara, CA, USA, August 15-19, 2010. Proceedings, pp. 191-208 (2010).

[159] Okamoto, T., Takashima, K.: Dual pairing vector spaces and their applications, IEICE Transactions, 98-A(1), pp. 3-15 (2015).

[160] Okamoto, T., Takashima, K.: Adaptively attribute-hiding (hierarchical) inner product encryption, *IEICE Transactions*, 99-A(1), pp. 92-117 (2016).

[161] Okamoto, T., Uchiyama, S.: A new public-key cryptosystem as secure as factoring, In: Advances in Cryptology-EUROCRYPT '98, International Conference on the Theory and Application of Cryptographic Techniques, Espoo, Finland, May 31-June 4, 1998, Proceeding, pp. 308-318 (1998).

[162] O'Neill, A.: Definitional issues in functional encryption, IACR Cryptology ePrint Archive 2010, pp. 556 (2010).

[163] Paillier, P.: Public-key cryptosystems based on composite degree residuosity

classes, In: Advances in Cryptology-EUROCRYPT '99, International Conference on the Theory and Application of Cryptographic Techniques, Prague, Czech Republic, May 2-6, 1999, Proceeding, pp. 223-238 (1999).

[164] Parno, B., Howell, J., Gentry, C., Raykova, M.: Pinocchio: nearly practical verifiable computation, *Commun. ACM*, 59(2), pp. 103-112 (2016).

[165] Patarin, J.: Hidden fields equations (HFE) and isomorphisms of polynomials (IP): two new families of asymmetric algorithms, In: Advances in Cryptology-EUROCRYPT '96, International Conference on the Theory and Application of Cryptographic Techniques, Saragossa, Spain, May 12-16, 1996, Proceeding, pp. 33-48 (1996).

[166] Pedersen, T.P.: Non-interactive and information-theoretic secure verifiable secret sharing, In: Feigenbaum, J. (ed.) CRYPTO 1991, LNCS, Vol. 576, pp. 129-140, Springer (1991).

[167] Peikert, C.: Public-key cryptosystems from the worst-case shortest vector problem: extended abstract, In: Proceedings of the 41st Annual ACM Symposium on Theory of Computing, STOC 2009, Bethesda, MD, USA, May 31-June 2, 2009, pp. 333-342 (2009).

[168] Peikert, C.: A decade of lattice cryptography, *Foundations and Trends in Theoretical Computer Science*, 10(4), pp. 283-424 (2016).

[169] Peikert, C., Waters, B.: Lossy trapdoor functions and their applications, In: Proceedings of the 40th Annual ACM Symposium on Theory of Computing, Victoria, British Columbia, Canada, May 17-20, 2008, pp. 187-196 (2008).

[170] Pointcheval, D., Johansson, T. (eds.): Advances in Cryptology-EUROCRYPT 2012-31st Annual International Conference on the Theory and Applications of Cryptographic Techniques, Cambridge, UK, April 15-19, 2012. Proceedings LNCS, Vol. 7237, Springer (2012).

[171] Regev, O.: On lattices, learning with errors, random linear codes, and cryptography, In: Proceedings of the 37th Annual ACM Symposium on Theory of Computing, Baltimore, MD, USA, May 22-24, 2005, pp. 84-93 (2005).

[172] Rivest, R.L.: The MD4 message digest algorithm, In: Advances in Cryptology-CRYPTO '90, 10th Annual International Cryptology Conference, Santa Barbara, California, USA, August 11-15, 1990, Proceedings, pp. 303-311 (1990).

[173] Rivest, R.L.: The MD5 message-digest algorithm, RFC 1321, pp. 1-21 (1992).

[174] Rivest, R.L., Shamir, A., Adleman, L.M.: A method for obtaining digital signatures and public-key cryptosystems, *Communications of the ACM*, 21(2), pp. 120-126 (1978).

[175] Rivest, R.L., Shamir, A., Tauman, Y.: How to leak a secret: Theory and applications of ring signatures, In: *Theoretical Computer Science, Essays in Memory of Shimon Even*, pp. 164-186, Springer (2006).

[176] Rivest, R., Adleman, L., Dertouzos, M.: On data banks and privacy homomorphisms, In: *Foundations of Secure Computation*, pp. 169-180, Academic Press (1978).

[177] Rostovtsev, A., Stolbunov, A.: Public-key cryptosystem based on isogenies,

IACR Cryptology ePrint Archive 2006, pp. 145 (2006).

[178] Sahai, A., Vadhan, S.P.: A complete promise problem for statistical zero-knowledge, In: 38th Annual Symposium on Foundations of Computer Science, FOCS '97, Miami Beach, Florida, USA, October 19-22, 1997, pp. 448-457 (1997).

[179] Sahai, A., Waters, B.: Fuzzy identity-based encryption, In: Cramer, R. (ed.) EUROCRYPT 2005, LNCS, Vol. 3494, pp. 457-473, Springer (2005).

[180] Sakai, R., Ohgishi, K., Kasahara, M.: Cryptosystems based on pairing, Symposium on Cryptography and Information Security (SCIS 2000) (2000).

[181] Schoof, R.: Elliptic curves over finite fields and the computation of square roots mod p, *Mathematics of Computation*, 44 (170), pp. 483-494 (1985).

[182] Shamir, A.: Identity-based cryptosystems and signature schemes, In: CRYPTO, pp. 47-53 (1984).

[183] Shamir, A.: Ip=pspace. In: 31st Annual Symposium on Foundations of Computer Science, St. Louis, Missouri, USA, October 22-24, 1990, Volume I, pp. 11-15 (1990).

[184] Shannon, C.: A mathematical theory of communication, *Bell System Technical Journal*, 27, pp. 379-423 & 623-656 (1948).

[185] Shor, P.W.: Polynominal time algorithms for discrete logarithms and factoring on a quantum computer, In: Algorithmic Number Theory, First International Symposium, ANTS-I, Ithaca, NY, USA, May 6-9, 1994, Proceedings, p. 289 (1994).

[186] Shoup, V.: Lower bounds for discrete logarithms and related problems, In: EUROCRYPT, pp. 256-266 (1997).

[187] Shoup, V.: Oaep reconsidered. In: CRYPTO 2001. LNCS, Vol. 2139, pp. 239-259, Springer (2001).

[188] Silverman, J.: *The Arithmetic of Elliptic Curves*, Graduate Texts in Mathematics, Springer (2009).

[189] Sipser, M.: *Introduction to the theory of computation*, PWS Publishing Company (1997)（渡辺治，太田和夫（監訳）『計算理論の基礎』，共立出版 (2000)）.

[190] Smart, N.P. (ed.): Advances in Cryptology-EUROCRYPT 2008, 27th Annual International Conference on the Theory and Applications of Cryptographic Techniques, Istanbul, Turkey, April 13-17, 2008. Proceedings LNCS, Vol. 4965, Springer (2008).

[191] Stehlé, D., Steinfeld, R., Tanaka, K., Xagawa, K.: Efficient public key encryption based on ideal lattices, In: Advances in Cryptology-ASIACRYPT 2009, 15th International Conference on the Theory and Application of Cryptology and Information Security, Tokyo, Japan, December 6-10, 2009, Proceedings, pp. 617-635 (2009).

[192] Stern, J.: A new identification scheme based on syndrome decoding, In: Advances in Cryptology-CRYPTO '93, 13th Annual International Cryptology Conference, Santa Barbara, California, USA, August 22-26, 1993, Proceedings, pp. 13-21 (1993).

[193] Sun, S., Au, M.H., Liu, J.K., Yuen, T.H.: Ringct 2.0: A compact accumulator-based (linkable ring signature) protocol for blockchain cryptocurrency monero, In: Computer Security-ESORICS 2017-22nd European Symposium on Research in Computer Security, Oslo, Norway, September 11-15, 2017, Proceedings, Part II, pp. 456-474 (2017).

[194] Tomida, J., Abe, M., Okamoto, T.: Efficient functional encryption for inner-product values with full-hiding security, In: Information Security-19th International Conference, ISC 2016, Honolulu, HI, USA, September 3-6, 2016, Proceedings, pp. 408-425 (2016).

[195] Tsang, P.P., Wei, V.K.: Short linkable ring signatures for e-voting, e-cash and attestation, In: Deng, R.H., Bao, F., Pang, H., Zhou, J. (eds.) ISPEC 2005, LNCS, Vol. 3439, pp. 48-60, Springer (2009).

[196] Tsang, P.P., Wei, V.K., Chan, T.K., Au, M.H., Liu, J.K., Wong, D.S.: Separable linkable threshold ring signatures, In: Canteaut, A., Viswanathan, K. (eds.) INDOCRYPT 2004, LNCS, Vol. 3348, pp. 384-398, Springer (2004).

[197] Tsujii, S., Tadaki, K., Fujita, R., Gotaishi, M.: Proposal of the multivariate public key cryptosystem relying on the difficulty of factoring a product of two large prime numbers, *IEICE Transactions*, 99-A(1), pp. 66-72 (2016).

[198] Vadhan, S.P. (ed.): Theory of Cryptography, 4th Theory of Cryptography Conference, TCC 2007, Amsterdam, The Netherlands, February 21-24, 2007, Proceedings LNCS, Vol. 4392, Springer (2007).

[199] van Dijk, M., Gentry, C., Halevi, S., Vaikuntanathan, V.: Fully homomorphic encryption over the integers, In: Advances in Cryptology-EUROCRYPT 2010, 29th Annual International Conference on the Theory and Applications of Cryptographic Techniques, Monaco / French Riviera, May 30-June 3, 2010. Proceedings, pp. 24-43 (2010).

[200] Wang, X., Yin, Y.L., Yu, H.: Finding collisions in the full SHA-1, In: Advances in Cryptology-CRYPTO 2005: 25th Annual International Cryptology Conference, Santa Barbara, California, USA, August 14-18, 2005, Proceedings, pp. 17-36 (2005).

[201] Waters, B.: Dual system encryption: Realizing fully secure ibe and hibe under simple assumptions, In: Halevi, S. (ed.) CRYPTO. LNCS, Vol. 5677, pp. 619-636, Springer (2009).

[202] Yao, A.C.C.: Theory and applications of trapdoor functions (extended abstract), In: FOCS. pp. 80-91 (1982).

[203] Yoo, Y., Azarderakhsh, R., Jalali, A., Jao, D., Soukharev, V.: A post-quantum digital signature scheme based on supersingular isogenies, In: Financial Cryptography and Data Security-21st International Conference, FC 2017, Sliema, Malta, April 3-7, 2017, Revised Selected Papers, pp. 163-181 (2017).

[204] Zcash: Technology. https://z.cash/technology/index.html

[205] 日本電信電話株式会社：Camellia http://info.isl.ntt.co.jp/crypt/camellia/

[206] 日本電信電話株式会社：Psec-kem http://info.isl.ntt.co.jp/crypt/psec/

[207] アントノプロス：『ビットコインとブロックチェーン』，NTT 出版 (2016).
[208] サイモン・シン：『暗号解読』，新潮社 (2011).
[209] ナラヤナンほか：『仮想通貨の教科書』，日経 BP 社 (2016).
[210] 翁百合，柳川範之，岩下直行：『ブロックチェーンの未来』，日本経済新聞出版社 (2017).
[211] 岡田仁志：『ビットコイン & ブロックチェーン』，東洋経済新聞社 (2018).
[212] 岡本龍明，山本博資：『現代暗号』，シリーズ/情報科学の数学，産業図書 (1997).
[213] 金子晃：『応用代数講義』，ライブラリ数理・情報系の数学講義，サイエンス社 (2006).
[214] 桂利行：『代数学 1 群と環』，東京大学出版会 (2004).
[215] 萩谷昌己，塚田恭章：『数理的技法による情報セキュリティ』，共立出版 (2010).
[216] 松尾真一郎ほか：『ブロックチェーンの未解決問題』，日経 BP 社 (2018).
[217] 森山大輔，西巻陵，岡本龍明：『公開鍵暗号の数理』，共立出版 (2011).
[218] 鳥谷部昭寛，加世田敏宏，林田駿弥：『スマートコントラクト本格入門』，日本経済新聞出版社 (2017).
[219] 藤崎源二郎：『代数的整数論入門』，基礎数学選書第 1 巻，裳華房 (1975).
[220] 日本応用数理学会：日本応用数理学会 設立趣意書 (1990).
http://www2.jsiam.org/foundation
[221] 野口悠紀雄：『ブロックチェーン革命』，日本経済新聞出版社 (2017).

索 引

■英数字

2 次算術問題 ……………………… 189, 191
2 次スパン問題 ……………………… 189
51% 攻撃 ……………………………………… 89

ABE(Attribute-Based Encryption)
 …………………………………… 119, 127
AES(Advanced Encryption
  Standard) ……………………………… 167
ARPANET ………………………………………… 1
authenticated encryption ……… 22

bitcoin …………………………………………… 74
BLISS …………………………………………… 202
block …………………………………………… 77
blockchain …………………………………… 78
bootstrap …………………………………… 207

CA(Certificate Authority) ………… 32
commitment ……………………… 64, 161
CP(Ciphertext-Policy) …………… 129
CRL(Certificate Revocation List) … 34
CRS(Common Reference String)
 …………………………………………… 57, 68
cryptocurrency ……………………………… 75

DDH 仮定 …………………………………… 145
DES (Data Encryption Standard) … 4
DH 鍵共有 ……………………………… 4, 175
Diffie–Hellman key exchange ……… 4
digital signatures ……………… 10, 160
discrete logarithm assumption …… 141
discrete logarithm problem … 141

DLIN 仮定 …………………………………… 145
DPoS …………………………………………… 95
ECC(Elliptic Curve Cryptosystems)
 …………………………………………… 29, 141
ECDSA 署名 ………………………… 29, 178
elliptic curve ……………………………… 141
environment ………………………………… 61
EUF-CMA ……………………………………… 28

FE(Functional Encryption) ……… 119
FHE(Fully Homomorphic
  Encryption) ………………………… 118
functionality ………………………………… 61

game-based security ………………… 52
GapSVP$_\gamma$ ………………………………… 148
generic group model ………………… 44
GPV 署名 …………………………………… 199
Grover's algorithm …………………… 108
GSW 完全準同型暗号 …………… 205

hash function …………………………… 157

IBE(Identity-Based Encryption)
 …………………………………………… 119, 126
ID ベース暗号 ……………………… 119, 126
IND-CCA2 ……………………………………… 26
indistinguishability ……………… 48, 155
inner-product predicate ………… 132
interactive proof ……………………… 55

k-LIN 仮定 ………………………………… 145
KA(Key Agreement) ………………………… 3
KE(Key Exchange) ………………………… 3

Keccak	182
KP(Key-Policy)	129
knowledge complexity	52
lattice-based cryptography	111
LWE 仮定	149
MAC(Message Authentication Code)	19
MD4	30
Merkle hash tree	86
mining	78, 84
non-interative zero-knowledge proof	57
NP 関係	190
NP 命題	190
one-way function	155
P2P (peer to peer)	78
PE(Predicate Encryption)	132
Pinocchio	58, 189
PKCS	26
PKCS#1	26
PKCS#1 v1.5 暗号	171
PKCS#1 v1.5 署名	176
PKI(Public Key Infrastructure)	32
PoS	95
PoW(Proof of Work)	83
PQ 暗号	110
pseudorandom function	49, 99
pseudorandom generator	156
pseudorandom string	49
public key cryptosystems	7
public key encryption	7, 158
QAP	189, 191
QSP	189
quantum Turing machine	106
random oracle model	44
ring LWE	153
ring signatures	100
RSA-FDH 署名	28
RSA-OAEP 暗号	26, 173
RSA-PSS 署名	28, 177
RSA 暗号	9, 24
RSA 仮定	26
RSA 署名	27
selfish mining	90
SHA-1	30
SHA-2	31, 179
SHA-256	31, 179
SHA-3	31, 182
Shor's algorithm	107
simulation-based security	52
SIS 仮定	149
$SIVP_\gamma$	148
SNARK	58
SSL(Secure Sockets Layer)	34
SVP(Shortest Vector Problem)	147
SVP_γ	148
symmetric-key encryption	5
TLS(Transport Layer Security)	34
transaction	77
transaction fee	79
trapdoor	5
trapdoor one-way permutation	26
Turing machine	106
UC(Universal Composability)	60
UC 実現する	63
UC 定理	66
ZKP(Zero-Knowledge Proofs)	53
ZK-SNARK	58, 189

■あ 行

アーパネット	1
アドレス	78
アベレージケース	113, 150

索　引

アルゴリズム公開（共通鍵）暗号 ……… 5
暗号通貨 …………………………………… 75
暗号ポリシー …………………………… 129
位数 ……………………………………… 139
一方向性関数 …………………………… 155
一般関数の属性ベース暗号 …………… 219
イデアル格子 …………………………… 154
ウォレット ………………………… 78, 99
エンタングルメント …………………… 109
オイラー関数 …………………………… 140
岡本-高島内積述語暗号 ……………… 218
オフライン検証方式 …………………… 73
オンライン検証方式 …………………… 73

■か　行

鍵共有 …………………………………… 3, 7
鍵ポリシー ……………………………… 129
ガジェット行列 ………………………… 152
仮想通貨 ………………………………… 75
環 ………………………………………… 139
環 LWE ………………………………… 153
環境 ……………………………………… 61
関係生成器 ……………………………… 190
簡潔な知識の非対話アーギュメント … 58
簡潔な知識の非対話ゼロ知識アーギュメント ……………………………………… 189
関数型暗号 ……………………… 119, 133
関数型暗号のゲームベース安全性 … 212
関数型暗号のシミュレーションベース安全性 …………………………………… 214
関数型暗号の定義 ……………………… 210
完全準同型暗号 ………………………… 118
完全性 …………………………………… 54
擬似乱数 ………………………………… 49
擬似乱数生成器 ………………………… 156
擬似ランダム関数 …………… 49, 99, 156
共通鍵暗号 ……………………………… 5
共通参照情報 ……………………… 57, 68
近似最小独立ベクトル問題 …………… 148

近似最小ベクトル問題 ………………… 148
グローバーのアルゴリズム …………… 108
グロスの ZK-SNARK ………………… 192
群 ………………………………………… 139
計算量的エントロピー ………………… 48
形式論によるモデル …………………… 44
ゲームベース安全性 …………………… 52
現実世界 ………………………………… 51
健全性 …………………………………… 54
公開鍵暗号 ………………………… 4, 7, 158
公開鍵基盤 ……………………………… 32
公開鍵証明書 …………………………… 32
格子暗号 ………………………………… 111
コミットメント ……………… 64, 101, 161

■さ　行

採掘 ………………………………… 78, 84
採掘者 …………………………………… 84
最小ベクトル問題 ……………………… 147
作業証明 ………………………………… 83
残高管理型 ……………………………… 71
ジェネリック群モデル ………………… 44
識別不可能性 …………………… 48, 155
自然数 …………………………………… 140
シミュレーションパラダイム ………… 50
シミュレーションベース安全性 ……… 52
シャノン・エントロピー ……………… 46
述語暗号 …………………………… 127, 132
巡回群 …………………………………… 139
準同型暗号 ……………………………… 117
証拠 ……………………………………… 190
衝突困難性 ……………………………… 18
情報理論的に安全 ……………………… 47
証明系 …………………………………… 54
証明書失効リスト ……………………… 34
ショーアのアルゴリズム ……………… 107
数体ふるい法 …………………………… 27
スケーラビリティ問題 ………………… 92
ストリーム暗号 ………………………… 21

スマートコントラクト …………………… 98
整数 ……………………………………… 140
生成元 …………………………………… 139
ゼロ知識証明 ………… 53, 103, 162, 164
ゼロ知識性 ……………………… 54, 164
選択暗号文攻撃に対して強秘匿 …… 26
選択文書攻撃に対して存在的偽造不可
 ………………………………………… 28
素因数分解 ………………………………… 9
素因数分解仮定 ………………………… 141
双対レゲフ公開鍵暗号 ………………… 198
属性ベース暗号 ………………… 119, 127
素数判定 …………………………………… 9

■た 行

体 ………………………………………… 139
対話証明 ………………………… 55, 162
楕円 DSA 署名 …………………… 29, 178
楕円エルガマル暗号 ……………… 29, 173
楕円曲線 ………………………………… 141
楕円曲線暗号 ……………………… 29, 141
楕円曲線法 ……………………………… 27
楕円離散対数問題 ……………………… 143
多項式時間関係 ………………………… 190
知識情報量 ……………………………… 52
知識の非対話ゼロ知識アーギュメント
 ………………………………………… 191
チャーチ–チューリングの提唱 ……… 105
チューリング機械 ……………………… 106
ディジタル署名 ………… 4, 10, 75, 160
ディフィー–ヘルマン鍵共有 ……… 4, 175
電子証書型 ……………………………… 71
電子署名 ………………………………… 10
電子マネー ……………………………… 69
トラップドア …………………………… 5
トラップドア一方向性置換関数 …… 26
トランザクション ………………… 77, 78
トランザクション料金 ………………… 79

■な 行

内積述語 ………………………………… 132
内積述語暗号の定義 …………………… 214
認証暗号 ………………………………… 22
認証局 …………………………………… 32

■は 行

ハッシュ関数 …………………… 75, 157
汎用的結合可能性 ……………………… 60
判定近似最小ベクトル問題 …………… 148
非対称暗号 ………………………………… 7
非対話ゼロ知識アーギュメント ……… 189
非対話ゼロ知識証明 …………………… 57
ビットコイン …………………………… 74
ビットコインネットワーク …………… 78
秘密アルゴリズム ………………………… 5
標準モデル ……………………………… 43
ブートストラップ ……………………… 207
フォーマルメソッドによるモデル …… 44
ブロック ………………………………… 77
ブロック暗号 …………………………… 21
ブロックチェーン ………………… 77, 82
ポスト量子暗号 ………………………… 109

■ま 行

マークルのパズル ………………………… 3
マークル・ハッシュ木 ………………… 85
マイナー ………………………………… 84
無条件に安全 …………………………… 47
メッセージ認証 ………………………… 19

■や 行

有限体 …………………………………… 139

■ら 行

ランダムオラクルモデル ……………… 44
利己的採掘 ……………………………… 90
離散対数仮定 …………………………… 141

離散対数問題 …………………141	ルバシェフスキー認証……………200
理想機能………………………61	レイヤー1技術……………………95
理想世界………………………51	レイヤー2技術……………………95
量子重ね合わせ………………109	レゲフ公開鍵暗号………………197
量子チューリング機械………106	■わ 行
量子もつれ……………………109	
利用モード………………………21	ワーストケース……………110, 148
リング署名……………………100	

著者紹介

岡本 龍明（おかもと たつあき）

1976 年　東京大学工学部計数工学科卒業
1978 年　東京大学工学系研究科計数工学専門課程修士修了
同　　年　日本電信電話公社入社
1989 年 – 1990 年　Waterloo 大学 客員助教授
1994 年 – 1995 年　AT&T Bell Laboratories 客員研究員
現　　在　日本電信電話株式会社フェロー，工学博士

主要著書

『暗号・ゼロ知識証明・数論』（共著，共立出版，1995）
『現代暗号』（共著，産業図書，1997）
『公開鍵暗号の数理』（共著，共立出版，2011）
『量子計算』（共著，近代科学社，2015）

現代暗号の誕生と発展
ポスト量子暗号・仮想通貨・新しい暗号

© 2019 Tatsuaki Okamoto　　Printed in Japan

2019 年 1 月 31 日　初 版 発 行
2020 年 3 月 31 日　初版第 2 刷発行

著　者　岡 本 龍 明
発行者　井 芹 昌 信
発行所　株式会社 近代科学社

〒162-0843 東京都新宿区市谷田町 2-7-15
電話 03-3260-6161　振替 00160-5-7625
https://www.kindaikagaku.co.jp

大日本法令印刷　　ISBN978-4-7649-0579-5

定価はカバーに表示してあります。

ナチュラルコンピューティング・シリーズ

編集委員:萩谷昌己・横森 貴

ナチュラルコンピューティング(Natural Computing:NC)とは,「自然界における様々な現象に潜む計算的な性質や情報処理的な原理,およびそれらの現象によって触発される計算過程」を意味する.したがって,様々な研究分野,特に物理学者,化学者,生物学者,計算機科学者,情報工学者などが協調して研究し,知識とアイデアを共有することが必要である.本シリーズは,"計算"という情報処理原理を基軸として様々な学問領域をダイナミックに包括し,新たな学際領域を形成しつつある「ナチュラルコンピューティング」に焦点を当てた本邦初の野心的な企画である.

第0巻 自然計算へのいざない
編著者:小林 聡,萩谷昌巳,横森 貴
A5判・224頁・本体3,400円+税

第1巻 光計算
著者:谷田 純
A5判・188頁・本体4,500円+税

第2巻 DNAナノエンジニアリング
著者:小宮 健,瀧ノ上正浩,田中文昭,浜田省吾,村田 智
A5判・216頁・本体4,500円+税

第3巻 カオスニューロ計算
著者:堀尾喜彦,安達雅春,池口 徹
A5判・224頁・本体4,500円+税

第4巻 細胞膜計算
著者:西田泰伸
A5判・200頁・本体4,500円+税

第5巻 可逆計算
著者:森田憲一
A5判・224頁・本体4,500円+税

第6巻 量子計算
著者:西野哲朗,岡本龍明,三原孝志
A5判・208頁・本体4,500円+税

第7巻 自然計算の基礎
著者:鈴木泰博
A5判・未刊

※未刊書籍のタイトルは変更となる場合があります.